Terre de sueur et de larmes

Edmond BORDES

Que soient ici très sincèrement remerciés pour leur aide précieuse et ô combien amicale : Danielle D., Denise J., Monique L., Edmond F., Guy P., Marc R.

Photos de couverture

— pâturage d'estive en Haute-Auvergne : Louis VIDAL
— paysanne d'autrefois devant son fourneau : Louis VIDAL

Photos de 4ème de couverture

— l'auteur du roman et son âne Toine : Pierre AUSTRUIT
— la butte de Montcelet : Edmond BORDES

Du même auteur :
L'orage de la Saint-Jean aux éditions USHA (épuisé)

Vous pouvez joindre l'auteur à l'adresse ci-dessous :

Edmond BORDES
15, rue de la Moutade
63540 ROMAGNAT
Tél. : 04 73 27 58 41

ISBN : 978-2-915841-42-8

Terre de sueur et de larmes

— Roman —

J'adresse ici mon entière gratitude à mon épouse Suzanne et à celles et ceux qui, nombreux, m'ont encouragé à persévérer dans l'écriture de restitution romancée d'une époque déjà lointaine.

À la mémoire de Christophe et de mes parents, et afin que Nathalie, Lisa et Tom se souviennent…

Lectrices, lecteurs,

« Terre de sueur et de larmes » m'a été inspiré par le haut pays de Margeride et Gévaudan, au carrefour des vents, là où coule la Desges et se perdent mes racines.

Les lieux cités dans ce roman existent, alors que les personnages et leur vie de chaque jour sont irréels. Mais si, par bonheur, de très nombreux souvenirs reviennent à nos esprits, se nourrissent d'une vérité futile et insaisissable, alors l'imagination s'en mêle, devient fertile et inventive, simple et féconde.

Partout ici les familles ont travaillé durement, connu trop de peines, côtoyé dignement la misère, versé tant de larmes et de sang.

Pourtant, en tous ces pays la terre sent bon, ne refuse rien à quiconque, offre ce qu'elle a de meilleur, de pire aussi…

De cette époque difficile et sans doute heureuse nos mémoires encore se souviennent, sont immensément riches.

Mais qu'en sera-t-il demain ?

PARTIE I

Adrien

Depuis Verdun et le front de l'Est parvenaient, en cette fin d'été de 1917, de bien tristes et angoissantes nouvelles. La guerre perdurait et les combats s'intensifiaient. Les soldats subissaient, souffraient, pleuraient, perdaient la vie sous les obus, dans la boue des tranchées.

Partout, dans le pays, les familles guettaient le passage du facteur, attendaient avec impatience celui qui apporterait des nouvelles d'un fils, d'un frère, d'un mari, d'un fiancé.

Les missives envoyées par l'autorité militaire étaient redoutées, laissant à penser qu'un malheur était arrivé.

Et c'était hélas trop souvent le cas. Car de cette effroyable guerre on ne voyait jamais venir l'issue.

Elle mutilait, gazait, semait désespoir et détresse, conduisait à la mort de jeunes hommes dont la seule ambition était de vivre, travailler et aimer en leur pays. Chichement certes, mais cela ne les préoccupait guère. Ils s'en accommodaient, étaient habitués au froid, aux souffrances. Car malgré toutes les difficultés rencontrées pour faire vivre leur famille, ces habitants de la Margeride, terriens et forestiers depuis toujours, s'accrochaient désespérément à leur origine paysanne, à leurs villages de pierres grises où ils étaient nés, à leur terre de misère et de liberté. Et de cette dernière ils étaient farouchement épris, quelles qu'en soient les vicissitudes.

Là était leur vie. À l'école communale ils avaient, sur les bancs, usé leurs fonds de culottes. Au cimetière reposaient leurs ancêtres qu'ils rejoindraient le moment venu.

Leurs fils seraient comme eux sans aucun doute, fiers et travailleurs, tenaces, attachés à ces plateaux granitiques, à ces vallées encaissées, à ces forêts majestueuses qui ployaient sous le vent, d'où qu'il vienne. Car il venait de partout, de nulle part, ne s'arrêtant jamais dans ce pays de confins.

Et leurs filles ! Elles auraient les joues colorées, la poitrine rebondie, les jambes solides…

En cette contrée isolée, perdue dans les nuages et les sommets boisés, à l'écart du passage des voyageurs, continueraient les difficultés de ceux qui reviendraient de l'enfer des tranchées, entiers ou amputés.

Pour les autres !

C'est en octobre 1917 que Médard Bournerie apprit, par les gendarmes venus à vélo de Pinols, le décès à Verdun de son fils Adrien, l'aîné des quatre enfants de la famille. Il allait avoir vingt-deux ans.

À la vue des képis des militaires et de leur mine renfrognée, Médard avait blêmi, tremblé, compris qu'un malheur était sans doute arrivé, ces gens-là ne venant jamais avec une bonne nouvelle dans leur sacoche de cuir noir. Et ce malheur était le pire de tous, celui de perdre un enfant à la fleur de l'âge.

Et dans quelles conditions grand Dieu !

Sans doute Adrien avait-il cessé de vivre dans le froid et la boue des tranchées, à proximité du fort de Douaumont, frappé par un obus Allemand, loin de sa maison natale, de la douce voix de sa mère Mélanie. Elle qui savait si bien apporter soutien et réconfort à tous ceux qui en éprouvaient le besoin.

La mère Bournerie sombra dans un chagrin sans fond, triturant de ses doigts usés par le travail un grand mouchoir coupé dans un vieux drap de lit depuis longtemps déjà. Elle pleura peu, sanglotant et répétant à intervalles réguliers : « c'est pas Dieu possible, ça peut pas être vrai, ils ont dû se tromper. Mon petit n'est pas mort. Il va bien revenir un jour, peut-être pour la Noël » !

Son mari, Médard, était désemparé, ne trouvant plus de mots pour tenter d'expliquer à la mère qu'Adrien était venu s'ajouter à la longue liste de ces jeunes dont on n'entendrait plus jamais le son de leurs voix.

On les disait morts pour la mère patrie, la France, au champ d'honneur, là-bas aux confins de l'Argonne, de la Champagne et de la Lorraine, si loin de leur pays, de leur maison grise couverte de vieilles tuiles rouges. Mais pour quoi et pour qui de tels sacrifices étaient-ils consentis grand Dieu ?

De compréhension et de prévenance Mélanie ne manquait pourtant pas. Ses autres enfants l'entouraient, les voisins la soutenaient, le curé de la paroisse priait. Qu'aurait-il pu faire de plus, d'autre ?

Et pourtant ! À la sortie de la messe, les habitants de la Margeride avaient parlé bien des fois de cette guerre qui n'en finissait pas, du nombre de morts qui augmentait, des villages dépourvus de bras, des femmes et des vieux qui peinaient à faire les travaux des champs pour arriver à survivre.

Chaque dimanche, dès l'office terminé, les cloches des églises réveillaient le profond silence des forêts, sonnaient longuement, répercutant leur son de tristesse et d'espoir de fermes en hameaux, de vallées en plateaux. Elles semblaient vouloir rappeler les enfants soldats au pays, leur indiquant le plus court chemin pour revenir chez eux, en ces villages qu'ils n'avaient jamais voulu quitter.

La folie des hommes en avait décidé autrement, à leur place, sans leur consentement, sans la moindre considération pour la situation dramatique dans laquelle allaient sombrer les familles, le pays tout entier.

Qui pouvait bien se soucier, parmi les dirigeants, de ces gens vivant dans des conditions aussi difficiles, précaires, presque miséreuses ? Méconnue des Ministères était la vie de ces populations lointaines et laborieuses. Elles se satisfaisaient des maigres revenus d'un travail harassant, condamnées à faire quelques économies, redoutant de pires lendemains toujours possibles. Mais de cette vie elles ne se plaignaient guère, n'ayant connu qu'elle et s'en accommodant. Et à quoi cela aurait-il servi grand Dieu ? Elles y étaient tellement habituées. Et ce n'était pas à prendre ou à laisser, c'était comme ça tous les jours que le Seigneur accordait. Alors on avait fini par s'y résoudre, s'y faire, pour peu que la santé et le courage se retrouvent chaque matin au lever d'un nouveau jour.

Du courage il en fallut pour conduire Adrien au cimetière de la commune, en contrebas de l'église. Le cercueil plombé était arrivé par le train jusqu'à la gare de Clermont-Ferrand, puis un véhicule militaire du 92e régiment d'infanterie avait pris le relais, ramenant la dépouille mortelle d'Adrien Bournerie à Auvers, le chef-lieu de sa commune natale qui allait pleurer, lui rendre un dernier hommage.

Ce long et dernier voyage s'arrêtait là, devant l'église exposée à tous les vents, où il avait reçu le baptême et fait sa première communion. N'aurait-il pas aimé revoir Lair ? Le hameau haut perché dont les pacages au devant dégringolaient jusqu'à la Desges, prisonnière de gorges profondes que le soleil n'atteignait qu'en plein été. C'est là qu'Adrien avait vu le jour en novembre 1895. De ces lieux il ne s'était jamais véritablement éloigné. Sauf une fois, pour aller défendre son pays pensait-il, à la rencontre de la peur, de trop de souffrances, de la mort venue à sa rencontre un beau matin d'automne finissant.

Pendant que la cloche égrenait le glas, dans la petite église froide et humide, les visages étaient crispés, tristes et coléreux. Toutes les familles de la commune et des environs étaient là, rassemblées pour le pire. Les costumes et robes sombres des villageois sentaient le renfermé, l'antimite, la suie. De nombreux mouchoirs avaient quitté les poches, extirpés maladroitement par des mains racornies, fatiguées, usées.

Toute vêtue de noir, Mélanie, courbée par la douleur, n'avait plus aucune larme à offrir à celui qui, disait-on, avait rappelé son fils Adrien auprès de lui. Elle n'entendait rien, ne voyait plus, marchant par habitude, le regard vaguement dirigé vers cette caisse en bois qui cachait à jamais son fils aîné, le petit être qu'elle avait porté en elle avec tant de bonheur il y avait plus de vingt ans déjà. Pour cette mère effondrée c'était hier. Et pourtant ! Médard, quant à lui, sentait descendre un poids immense sur ses épaules voûtées, trop frêles dans son épaisse veste de grossier velours côtelé. En cette journée, le père Bournerie avait vieilli de dix ans, plus sans doute, son chagrin venant s'ajouter au travail intense accompli dans la forêt d'Auvers en compagnie de son fils, celui que toute la commune pleurait en ce jour de deuil. Médard surmonterait-il un jour cette trop douloureuse épreuve ? Serait-il à même d'admettre la soudaine et brutale disparition de son fils aîné ? Une telle blessure pourrait-elle cicatriser un jour un tant soit peu ? Que de questions sans réponse, que de tristesse aboutie, que de peine à venir et à subir pour ce couple de paysans aguerris aux difficultés quotidiennes !

Dans le chœur de l'église, éclairé faiblement par de petits vitraux colorés de rouge, Joseph, Elise et Martin, le cadet, regardaient sans bien comprendre le drapeau tricolore qui recouvrait le cercueil de leur grand frère Adrien. Ils avaient sauté sur ses genoux, appris à piéger les grives durant l'hiver derrière la grange aux murs épais, tressé l'osier pour faire des paniers à ramasser les pommes de terre dans le champ du bord de la Desges, au fond de la vallée. De même, ils pensaient à ces paillas que confectionnait Adrien avec la paille de seigle du Champ Dernier et les plus belles ronces des talus. À leurs yeux, ces paillas représentaient l'habileté et la patience de leur frère. À leur nez, ils sentaient si bon le pain cuit par la mère dans le grand four chauffé aux fagots de genêts et bois de hêtre.

L'assistance était au recueillement. Seuls quelques sanglots échappés ici ou là venaient rompre la peine silencieuse de tous. De sa voix forte et rocailleuse de Lozérien, l'abbé Serre tentait vainement d'expliquer les raisons de cette guerre meurtrière. Ne disait-il pas que ce conflit serait le dernier, que ce malheur relevait de la folie des hommes ? Et qu'il fallait persévérer à croire en son prochain et en Dieu, qu'il fallait prier avec lui, tous ensemble.

Qu'aurait-il pu dire d'autre en de pareilles circonstances ?

Au fond de l'église, près du bénitier creusé grossièrement dans un bloc de granit, ces propos laissaient de marbre Sidonie. Son doux visage était envahi de larmes. Frêle, la promise d'Adrien Bournerie tremblait de tous ses membres, et ses yeux ne pouvaient s'échapper de ce drap aux trois couleurs qui cachait celui qu'elle avait vu partir, attendu, aimé : son bonheur à jamais perdu.

La cérémonie religieuse tirant à sa fin, à pas lents les porteurs se dirigèrent vers le cercueil et le hissèrent sur leurs épaules, firent demi-tour devant la statue de la vierge Marie pour se diriger vers la sortie, précédés du curé et des deux enfants de chœur, l'un d'Auvers, l'autre de Nozeyrolles. Une nouvelle fois, les casquettes et chapeaux du dimanche des hommes passèrent par des mains fébriles, usées et tordues, alors que tous les visages suivaient dans un même mouvement ce cortège de la mort en direction du dernier repos, celui auquel chacun ici bas aurait droit.

Au dehors le temps était froid, triste et humide. La nuit tomberait tôt. Quelques flocons de neige, les premiers de la saison d'hiver, poussés par la bise du nord, venaient fouetter les visages déjà rougis par la peine et la douleur. En contrebas de l'église, du côté soleil levant, le portail métallique rouillé du cimetière était grand ouvert, semblant vouloir accueillir l'enfant du pays et lui offrir un ultime sommeil.

Soutenu à l'aide de cordes en piteux état, le cercueil de bois verni descendit lentement dans la tombe fraîchement creusée, et Adrien rejoignit ainsi trop tôt cette terre ingrate qu'il avait caressée de ses mains, cette terre qui l'avait vu naître et courir, grandir et partir, beau et fort, jeune et plein de vie. Les uns derrière les autres, tous les présents se signèrent, certains longuement, devant ce trou béant de la mort, avant d'accorder à la famille un geste d'amitié, une parole de compassion, un regard noyé, une étreinte de douleur. Puis ils quittèrent en silence ce lieu où chacun trouverait place le moment venu, certains s'attardant devant la tombe de leurs proches.

Pendant que la fosse était comblée à la pelle par deux hommes du village, la neige se mit à tomber plus fort, serrée et oblique, créant un linceul d'une tristesse infinie. Médard, Mélanie et leurs trois enfants quittèrent le cimetière en dernier, se retournant vers le tas de terre en franchissant le portail.

Ils remontèrent lentement vers l'église dont les enfants de chœur refermaient la porte, prirent à pied le chemin à main droite qui passait près de la fontaine et derrière une grange, en direction du hameau de Lair distant de trois kilomètres. Là, ils vivaient chichement mais heureux, avant que le malheur ne les frappe aussi durement, aveuglément, pour l'éternité.

Le chemin était déjà blanc de neige poudreuse. Joseph et Martin marchaient devant, Médard et Elise soutenaient la mère. La famille Bournerie allait ainsi, sans un mot, regardant le sol et évitant les plus grosses pierres de ce chemin qu'ils connaissaient comme le fond de leurs poches.

Afin de rompre un silence ô combien pesant pour tous, mais sans doute aussi pour dire à sa façon que la vie devait continuer, le père Bournerie commanda à ses fils, avec de la tendresse perceptible dans la voix :

— Vous deux, partez devant pour mettre une bûche dans le fourneau. La maison doit déjà être froide et l'hiver arrive. Mettez aussi le faitout de bouillon sur le coin du poêle.

Les deux garçons pressèrent le pas en direction de Lair, sans se parler. Ils avaient hâte de s'éloigner du cimetière, de ce lieu maudit d'où leur frère Adrien ne s'échapperait plus jamais, lui qui escaladait les talus, grimpait aux arbres les plus hauts, montait sur les toits remettre les tuiles en place.

Devant eux la neige semblait courir sur le chemin. Des corbeaux cherchaient leur nourriture dans un pré en contrebas, et sur l'autre versant de la vallée, des fumées s'échappaient des cheminées, contrariées par le vent qui se levait du côté du mont Mouchet.

De Margeride en Gévaudan

L'hiver 1917-1918 avait commencé tôt, n'en finissait pas. Dans les étables les vaches ruminaient paisiblement et les chiens restaient sous les crèches à longueur de journée, au chaud, couchés dans la paille de seigle, ne sortant que pour faire leurs besoins et aboyer au moindre bruit inhabituel. Seules les brebis étaient lâchées les après-midi sur les versants ensoleillés, là où les genêts offraient quelque abri.

Les paysans sortaient les bouses épaisses des vaches, faisaient du bois de chauffe en fendant les billes de fayard, pelaient des manches dans les plus jolis morceaux de noisetier coupés à lune vieille à la fin de l'été. Si le froid mordait trop, ils travaillaient au chaud, près des bêtes.

Le maître d'école, Gabriel Robler, originaire de Lavoûte-Chilhac, assurait la classe aux enfants du bourg, des hameaux et des fermes. Pour ceux des lieux isolés, la neige était une aubaine, les privant d'un savoir dont ils n'avaient que faire. Les chemins et les sentiers se confondaient avec l'espace infini que seuls les corbeaux et la fumée des cheminées animaient en silence. Le ciel, quant à lui, se chargeait de neige.

Dans la famille de Médard Bournerie la vie se poursuivait dans la peine, le silence, le malheur. Le père ne décolérait pas contre cette barbarie venue d'outre Rhin, et Mélanie se rendait deux fois par semaine au cimetière malgré la neige qui lui arrivait à mi-jambes. Martin et Joseph travaillaient le bois dans la grange. Elise tricotait, reprisait chaussettes et bourgerons. Dans la soue le cochon grognait.

— Il faudra bien le tuer un de ces jours avait dit Mélanie. Le saloir est quasiment vide et il profitera guère mieux maintenant.

— J'irai voir Victor pour lui demander de venir le saigner, répondit Médard en soupirant.

La Saint-Cochon de cet hiver-là fut bien triste, contrairement aux autres fois. Le lendemain du sacrifice, Martin porta la grillade au curé et à l'instituteur, comme de coutume.

Aimant son métier par-dessus tout, le maître d'école avait à cœur de donner aux enfants instruction et éducation, avec sévérité mais compréhension. Les élèves manquaient souvent la classe, occupés aux travaux des champs et à garder les bêtes. Les parents n'étaient pas particulièrement persuadés de la nécessité d'envoyer leur progéniture à l'école communale. Eux-mêmes ne savaient que très peu lire, écrivant difficilement leur nom. Leurs soucis étaient ailleurs, et l'instituteur le savait pertinemment, se faisant une raison.

Dans cette contrée de Margeride et du Gévaudan, les familles étaient souvent nombreuses, pauvres, démunies, quasiment miséreuses. Seuls le travail de la terre et l'élevage de quelques bêtes pouvaient les aider à faire face à leurs conditions de vie difficiles, à nourrir les bouches. Le remède à cette précarité ! C'était le travail, rien d'autre que le travail, et de tous : grands-parents, parents, enfants. Et à condition d'être bien portants et de disposer d'un peu de terre ! Si ce n'était pas le cas, alors les bras encore fragiles de leur descendance devaient partir ailleurs, travailler durement dans des fermes mieux loties, moins défavorisées.

Ils y gagneraient si peu, presque rien, leurs gages restant à l'appréciation des fermiers ou propriétaires. Mais ils étaient assurés de manger à leur faim et de dormir au chaud, dans l'étable le plus souvent, là où il faisait vraiment bon, où ils seraient bien, grâce à la chaleur que dégageaient les bêtes.

L'instituteur savait, comprenait. Et ses idées de gauche ne pouvaient pas y changer grand-chose, de ça aussi il était conscient, pleinement. La réalité quotidienne que vivaient les familles s'imposait à lui comme au curé Serre, ce dernier faisant le plein de l'église pour la messe du dimanche, et en toute saison.

Un jour de colère, le maître dépité n'avait-il pas lancé à l'adresse du prêtre Lozérien ?

— Vous curé, vous avez de la chance. Tout le monde vient dans votre église. Les femmes, les filles, les grands, les petits, les jeunes et les vieux « badent » devant vous, écoutent vos boniments. Pour apprendre quoi ? Que Dieu est avec eux ! Alors que dans mon école…

Originaire de Gizerac, un hameau proche de Saint-Léger-du-Malzieu, l'abbé avait rétorqué, souriant :

— C'est preuve qu'ils s'y sentent bien dans mon église, en ma compagnie, et que la parole de Dieu que je leur apporte les réconforte, les aide à mieux vivre les difficultés de chaque jour. C'est aussi simple que ça.

— Si seulement vous pouviez dire vrai monsieur le curé ! Mais depuis le temps que durent vos sermons, la vie pour eux devrait être plus facile, non ?

— Sans mes sermons, comme vous le dites si bien, ça serait peut-être pire, de ça vous n'en savez rien.

— C'est une façon de voir les choses que je ne partage pas, et vous le savez, avait répondu sèchement l'instituteur.

Malgré ces échanges verbaux d'où était absente toute amabilité complaisante, les deux hommes s'estimaient, apportant selon leur vocation respective, aide et réconfort à la population de cette haute « bigue », la Haute-Loire, croyante et pratiquante. À l'occasion, ils n'hésitaient pas à partager un bon repas côte à côte, à boire un canon dans la sacristie ou sous le préau, oubliant momentanément leurs divergences d'appréciation.

Même le maire de la commune ne poussait pas les parents à envoyer leurs enfants à l'école. Pire, il pensait que le maître était un communiste qui bourrait la tête des élèves avec des idées de progrès et de savoir qu'il disait indispensables. Pourtant tous deux s'entendaient bien, avaient des discussions franches et cordiales, virulentes parfois.

L'un était maire sans la moindre instruction, car il en fallait bien un, l'autre était secrétaire de mairie et s'occupait des papiers de la commune, mais pas seulement. Et pour son savoir mis au service de ses concitoyens, le maître Gabriel, comme on l'appelait avec respect, avait la confiance et la reconnaissance de tous, celle des plus attardés notamment.

Sans trop savoir pourquoi, le maire le pensait commodément communiste. En voilà une idée !

À l'issue d'une réunion du conseil municipal, le maître n'avait-il pas heurté la conscience des élus par des propos que ceux-ci entendaient d'une bien mauvaise oreille, celle qui semblait devoir les arranger et leur donner bonne conscience.

— Si les enfants ne fréquentent pas régulièrement l'école, comment peuvent-ils apprendre ? Ils auront d'énormes difficultés à affronter la vie. Le monde change, les choses évoluent. Pour vivre mieux, certains n'auront d'autre choix que celui de partir. Ils devront quitter le pays pour aller travailler à Langeac, Clermont-Ferrand, Paris... Et s'ils n'ont même pas le certificat d'études !

Le maire quasi analphabète n'avait pas apprécié, rétorquant en regardant ses mains pleines d'engelures, le visage rouge de colère comme la crête d'un vieux coq :

— Tout ça c'est de la foutaise. La terre d'ici vaut bien celle d'ailleurs, et elle a toujours nourri son monde, pour peu qu'on retrousse ses manches. Nos enfants n'ont jamais manqué de pain ni de pommes de terre, pas même de cochon salé.

Que pouvait répondre le maître à de tels arguments ? Poliment et contrarié il se contenta de dire :

— Certes Monsieur le Maire, certes…

Les enfants Bournerie, de Lair, avaient fréquenté l'école communale, assez régulièrement ma foi, compte tenu des circonstances familiales. Cependant, seul Martin avait réussi l'épreuve qui sanctionnait la fin des études primaires : le certificat.

Dans ce hameau perché sur les hauteurs de la commune, à l'orée d'un grand bois de résineux, leur ferme n'était que de petite importance. Elle se situait à droite des premières constructions, bâtie en longueur le long d'une allée de frênes émondés chaque automne pour la feuille. Puis le bois des fagots servait à chauffer le four à pain et le chaudron. Une prairie étroite prolongeait les dépendances pour venir en bordure d'une pente quasiment abrupte, parsemée de rochers saillants. La partie haute de cette dernière était fauchée et fanée avec beaucoup de difficultés, alors qu'en contrebas du chemin qui menait à la Desges, seules les vaches et brebis pouvaient y pacager dès les premières belles journées. C'était là le royaume des genêts odorants dès le début de l'été, celui des premiers champignons.

La grande maison de pierres grises faisait face au soleil levant, ouvrant ses petites croisées en direction du Gévaudan, bien au-delà de la vallée profonde de la rivière. Prolongeant la maison, l'étable pouvait abriter jusqu'à une dizaine de vaches et leurs veaux, ainsi qu'une trentaine de brebis. Au-dessus, dans la grange au toit pointu, on stockait le foin et la trop rare paille. Perpendiculairement à ce bâtiment principal, un hangar de petite taille remisait tombereau et « barrot », alors qu'au-dessus, un « chamarà » fermé sur trois côtés servait de fourre-tout. Enfin, deux soues complétaient l'ensemble des bâtiments qui abritait la cour du vent d'ouest. Le four à pain, vieille construction encore à fière allure, était situé en retrait de l'habitation, face à une petite maison depuis longtemps inhabitée, et dans laquelle Adrien, le fils aîné décédé avait vu le jour.

Dans l'étable, un semblant de chambre à coucher avait été aménagé, près de la porte à deux battants qu'empruntaient les vaches et les brebis pour accéder à la cour. À l'opposé, se trouvait la simple porte qui donnait accès direct à la pièce commune de l'habitation par deux marches en pierres grises.

Avant son départ pour le front, c'était Adrien qui couchait dans l'étable. Puis Martin l'avait remplacé sans rechigner, à la demande du père. Il se trouvait bien en ce lieu. De solides planches disjointes constituaient les cloisons, et aussi ce qui ressemblait vaguement à un lit. Point de sommier ni et de matelas, seule une enveloppe de toile rêche remplie de feuilles de frêne assurait un confort bruyant à l'occupant. Mais ici il faisait bon, surtout l'hiver, et il était aisé de suivre le vêlage des vaches, l'agnelage des brebis. Durant toute la nuit, des bruits familiers accompagnaient le sommeil de Martin. Les bêtes tiraient sur les chaînes et ruminaient. Les bouses épaisses s'écrasaient sur le pavage de pierres, et la pisse giclait bien au-delà de la rigole à purin.

Une chaude et douce odeur enveloppait le sommeil de celui qui dormait ici à poings fermés, sa longue chemise tirée sous les fesses. Et au petit matin, à l'heure où l'on s'étire sur le dos ou le flanc, au premier champ du coq perché sur le tas de fumier, le soleil du Gévaudan pénétrait par la croisée en ce lieu de confort et de bien-être que partageaient les chiens. Martin savourait ce bonheur, aimait cette vie, ce hameau…

En ce haut pays boisé les hivers étaient longs, rudes, enneigés. Dans la campagne au blanc manteau, en limite des chemins nivelés par la poudreuse, les sombres résineux semblaient figés à tout jamais par le froid des pleines lunes, le pire. Lorsque le vent avait soufflé, de hautes murailles blanches et difformes se dressaient vers le ciel, obstruant les chemins au gré de leur fantaisie.

Le pays semblait endormi, figé, enseveli, mort. En ces longues périodes, gare à ceux qui n'avaient pas fait provision de bois sous le hangar, de cochon dans le saloir, de raves et de pommes de terre à l'abri du gel. Pour les hommes et les femmes seuls, les nuits étaient longues et froides.

À la fin mars de 1918, l'épaisse couche de neige disparut peu à peu pour laisser la place aux premières pousses, à l'abri des talus protégeant du vent et du froid.

Les rares hommes des villages reprenaient le chemin des forêts, passe-partout et hache à l'épaule.

Il fallait penser aux hivers à venir, abattre ces magnifiques fayards au fût régulier et à l'écorce lisse, ainsi que les résineux pour les marchands de bois.

Les gamins, genoux à terre et mains frigorifiées, tiraient péniblement sur ces longues scies, haletant, soufflant et grimaçant de douleur et de froid. Ce n'était pas un travail pour eux, loin s'en fallait. Mais ils tentaient, tant bien que mal, de remplacer les bras aguerris qui tardaient à revenir de cette saloperie de guerre, de ces tranchées gorgées d'eau sur lesquelles pleuvaient les obus de l'armée Allemande.

Affaibli par l'âge et les travaux pénibles, Médard songeait sans cesse au devenir de sa petite ferme. Elise allait sur ses vingt ans, Martin en avait eu dix-sept, et Joseph seize. La fille Bournerie travaillait ça et là, à la journée le plus souvent, et à la belle saison. En hiver on se passait de ses services. Les deux frères allaient faire l'abattage et l'ébranchage des arbres dans les bois avec leur père, coupaient buissons et genêts dans les pacages, sortaient et écartaient le fumier, curaient rases et fossés…

La mère Mélanie faisait le travail de la maison et le pain une fois par semaine. L'ouvrage ne manquait pas, chez soi où chez les autres. La guerre perdurait et on s'entraidait entre familles. Que faire d'autre ? Gémir et pleurnicher n'aurait servi à rien, il fallait travailler et économiser, encore et toujours.

Le 11 novembre 1918, les cloches se mirent à sonner, de clocher en clocher et de sommets en vallées.

La guerre était finie, la dernière... Partout, en Margeride et Gévaudan, les habitants laissèrent couler leurs larmes, prirent les enfants dans leurs bras et les serrèrent contre eux à leur faire mal. Et Mélanie, pressant le pas, repartit à Auvers, en direction du petit cimetière clos d'un mur. La cloche de l'église sonnait loin, au-delà du mont Mouchet, semblant devenir folle dans le ciel de cette Haute Auvergne éprise de liberté, cette liberté enfin retrouvée.

La mère Bournerie poussa le portail grinçant et se rendit sur la tombe de son enfant. Une pierre en lave de Volvic portait cette inscription : Adrien Bournerie, mort pour la France en 1917, à l'âge de 22 ans. Mélanie sortit un grand mouchoir de la poche de son tablier rapiécé. Elle laissa échapper son chagrin, ne pouvant contenir ses larmes qui envahirent son visage vieilli, parcouru de rides profondes et plein de bonté. Au retour, sur le pas de l'église, l'abbé Serre lui adressa un signe de croix. Elle le remercia d'un timide sourire et pressa le pas en direction de Lair, ayant soigneusement essuyé ses larmes et replié son mouchoir.

Du chemin elle connaissait toutes les courbes, les plus grosses pierres, les arbres qui le bordaient. En longeant la « pinatelle » du haut, Mélanie marqua une pause au pied d'un grand pin. Elle se tourna face à la Besseyre-Saint-Mary dont le son de la cloche, porté par le vent qui s'était levé, parvenait distinctement à ses oreilles. Au fond, dans la vallée de la Desges, une fumée blanche s'échappait du village de la Valette, peinant à prendre de l'altitude. La mère Bournerie reprit sa marche, pressée de retrouver sa maison et de se remettre au travail.

L'espoir renaît, la vie continue

Dès le retour des soldats de cette guerre dévastatrice au plan humain, la vie en cette Haute Auvergne tentait de reprendre son cours, interrompu durant quatre longues années. Le pays semblait à l'abandon, qu'il s'agisse des villages, hameaux et fermes. Les chemins creusés d'ornières ne menaient nulle part, les genêts odorants et buissons épineux régnaient sur les plateaux autrefois cultivés et entretenus avec soin. De vieilles personnes avaient quitté ce monde, emportées par l'âge, la maladie, la fatigue et l'usure de toute une vie de travail, sans avoir pu serrer une dernière fois dans leurs bras ceux qui étaient partis soldats, se battre dans les tranchées.

Les femmes avaient manqué de présence, de soutien, de caresses, d'amour. Les pères, de retour du front, ne reconnaissaient pas leurs enfants, faisaient connaissance avec ceux nés après leur départ. Cela était bien compréhensible. Il fallait réapprendre à vivre ensemble, reprendre les bonnes vieilles habitudes, retrouver force et courage, retrousser les manches, faire des enfants et tenter d'oublier ces années noires, les pires de toutes.

Le souffle d'une vie nouvelle n'allait-il pas venir au secours de ces hommes meurtris, de ces femmes « en friche », de ces maisons en piteux état ? Certains ne cachaient pas leur manque d'enthousiasme pour un avenir ô combien compromis par ces quatre années de misère humaine, de souffrances physiques et morales. L'abbé Serre, dans son dernier sermon, n'avait-il pas prononcé une conclusion réaliste et de bon sens, comme il savait si bien le faire ?

— À quoi bon vous lamenter mes très chers paroissiens ? Ayez confiance en vous et dans le Seigneur, reprenez courage, faites des enfants, et ensemble nous surmonterons cette épreuve difficile. Une vie normale doit reprendre, au plus vite, afin de tenter d'oublier et retrouver l'espoir…

À la sortie de la messe de l'église d'Auvers, les hommes se retrouvaient au bistrot pour y boire un canon de vin rouge, rejoints par le curé et l'instituteur. Ce dernier ne pouvait rater le rendez-vous dominical, la maison d'école se trouvant juste en face de la maison de Dieu, de l'autre côté du chemin. Un verre ne suffisait pas à alimenter les conversations, il en fallait plusieurs. En ce lieu de rassemblement il se parlait de tout, le plus souvent de ce qui n'avait pas grande importance.

À Saugues et à Pinols les foires et marchés avaient repris, aussi à Langeac. Et là il y avait l'occasion de retrouver des connaissances, donc matière à discussion. On y rencontrait les uns et les autres. Ceux qui avaient quitté le haut pays, des cousins éloignés, des vieux qui étaient à l'hospice. Les filles et les gars se regardaient timidement, se parlaient, souriaient.

Pourtant, ce dimanche de mi-décembre en Margeride était quelque peu différent des autres, pour la jeunesse, mais pas seulement. L'après-midi on danserait dans la salle située au-dessus du bistrot. Ce bal était le premier depuis longtemps, attendu avec impatience et envie. Ici, en ces villages éloignés de tout, perdus entre forêts épaisses et maigres plateaux, blottis au fond de vallées encaissées, la danse était la seule distraction qui permettait de rassembler une large population de tous âges. Les jeunes gens avaient besoin de se rencontrer, de se regarder, de se parler, de se toucher… Que de choses agréables et tellement naturelles à rattraper, à penser, à réaliser ! Ils n'avaient que trop souffert de cette longue période qui les avait privés de tout, sauf des pires difficultés, de souffrances, de malheurs.

Dans la salle au parquet disjoint où l'on accédait par un étroit escalier de bois grinçant, une minuscule estrade en coin était aménagée sur deux tréteaux branlants, à droite des fenêtres. Les deux musiciens, un accordéoniste et un violoniste amateur, y avaient pris place avec difficulté compte tenu de l'exiguïté. Sur une chemise épaisse à carreaux, l'un arborait une authentique paire de bretelles qui lui venait sans aucun doute de son père, alors que l'autre n'avait pas jugé bon de quitter sa large ceinture de flanelle qui montait haut. Leurs pantalons de velours sombre luisaient de vétusté, découvrant de hauts brodequins ramenés très probablement du service militaire. Sur leur visage rude, une large moustache grisonnante ne parvenait pas à dissimuler un sourire de circonstance, l'absence de quelques dents. Ces deux-là n'étaient pas nés d'hier. Ils n'avaient pas joué depuis longtemps pour un bal public, seulement quelquefois dans une grange à l'occasion d'un événement rarissime, en cachette.

Le dernier en date avait été le mariage en urgence de Pélagie Lubillac, magistralement engrossée par son voisin célibataire âgé de vingt ans de plus qu'elle. Dans la commune ça avait jasé. Pensez donc, une gamine de dix-huit ans en chemise courte dans le lit d'un homme de presque quarante… Certes, mais il était propriétaire de terres et parcelles de bois prêtes à couper.

Alors ! N'était-ce pas une raison suffisante pour se laisser culbuter en quelque endroit avant qu'une autre n'y mette son grappin dessus ? Et les langues en avaient sans aucun doute rajouté. Certains avaient même dit que la jeunette avait été utilement conseillée par sa mère, que cette dernière en était bien capable, qu'elle-même…

Avant le mariage, Pélagie avait été surprise en faute dans les genêts qui surplombaient les rochers, en contrebas du cimetière, au beau milieu des brebis qui broutaient. Les bêtes ne s'étaient pas affolées de voir leur gardienne cuisses découvertes, ni du pantalon baissé à la hâte de celui qui la chevauchait gaillardement. N'y avait-il pas de quoi ?

Les mauvaises langues n'avaient pas raté l'occasion de dire que cette bougresse de gamine avait le feu quelque part, et que d'autres, avant son mari, s'étaient essayés à éteindre. Il est vrai que Pélagie, pour son âge, avait de bien jolies formes qu'elle se plaisait à mettre en valeur, les faisant pivoter habilement devant des hommes qui avaient passé la trentaine.

L'abbé Serre de Gizerac avait trouvé là matière à sermonner, sévèrement même. Puis Pélagie avait accouché d'un superbe bébé, un fils de l'amour peut-être, d'un plaisir intéressé plus sûrement.

Jouée avec entrain et forte sonorité, la première marche entraîna bientôt les jeunes, les autres aussi, sur le parquet grinçant et vermoulu. Très vite l'ambiance s'échauffa. Aux marches endiablées succédèrent valses tourbillonnantes et tangos saccadés, polkas piquées et javas bleues. L'éloignement entre danseurs s'estompa. Les garçons cherchaient à attirer leurs cavalières, à les maintenir plus fort, à les serrer quelque peu contre eux. Les jeunes filles étaient coquettes, ayant fait une mise en plis et étendu sur leurs lèvres un soupçon de rouge, le premier depuis longtemps. Leurs vêtements étaient simples, soigneusement repassés, sentaient l'antimite.

Martin Bournerie était bon danseur, son frère Joseph aussi, compte tenu de son jeune âge. Quant à leur sœur, Elise, elle regardait ses pieds en dansant, ne suivant que rarement la musique, compliquant sans le vouloir la bonne volonté de son cavalier.

Ce bal à Auvers, pour rien au monde elle n'aurait voulu en être absente, histoire de rencontrer ses connaissances. Pourtant, tout en écoutant la musique, assise sur un banc, comme perdue dans ses songes, Elise pensait à son village, son enfance, ces années passées. Ne devait-elle pas partir bientôt ? Quitter Lair, ses parents et ses frères, la maison familiale dont la pièce commune sentait bon la fumée de bois de hêtre, la souillarde où pendaient une morue salée, un jambon de l'hiver précédent et entamé le jour de l'armistice. Quelle belle occasion !

Après une nouvelle danse avec un garçon de Chanteloube, Elise avait préféré rentrer, perturbée par l'idée de partir travailler ailleurs, et désireuse de rendre visite à son frère Adrien. Au cimetière elle ne s'attarda guère, pressée de quitter ce lieu d'infinie tristesse, perdue dans d'heureuses et sombres pensées que générait son prochain départ.

Le jour de l'armistice, c'était elle qui avait sorti le jambon de sa toile et découpé les premières tranches recouvertes de gras épais. N'avait-elle pas, depuis ce onze novembre, coupé de nombreux morceaux de lard rance et suintant pour faire cuire les pommes de terre ?

Dans la poêle noire et culottée qui n'était jamais lavée, le gras fondait lentement, faisant de très petites bulles, pour peu que le feu du fourneau soit vif et rougeoyant. Elle préférait cuisiner avec ce gras de jambon, plutôt qu'avec le saindoux du pot de grès, prenant plaisir à retourner les couennes frémissantes. Alors les reproches de son père Médard ne tardaient guère :

— Cuisiner avec le jambon c'est du gaspillage, ni plus ni moins que du gaspillage.

— Mais papa, je ne prends que du gras, au plus près de la couenne !

— Quand même, le jambon doit se manger avec son lard, tout son lard. C'est lui qui donne du goût. Mais baste, c'est comme si je pissais dans un violon !

— Et mes pommes de terre, comment tu les trouves ?

— Ah pauvre petite ! Elles sont si bonnes ! Comment je pourrais te dire pour parler de meilleur encore ?

— Tu pourrais parler de saveur, oui c'est bien ça, elles sont savoureuses, pas vrai ?

— Tu as trouvé le mot qui convient ma fille, savoureuses qu'elles sont. Mais pense quand même au jambon, par souci d'économie, et contente-toi de bien peu.

Elise avait complété cette discussion par un compliment à l'adresse de son père Médard :

— Si les pommes de terre sont si bonnes papa, c'est aussi parce qu'elles viennent bien au Champ Dernier, dans la terre sablonneuse et fumée du bord de la Desges.

— Sans doute ma fille, sans doute. Le fumier de brebis est le meilleur, ton frère aîné le répétait souvent, maintenant…

En disant cela, le visage du père s'était assombri. Ses grands yeux doux ayant malgré eux laissé échapper quelques larmes qui roulèrent sur sa peau sèche et ridée. Depuis la mort de son fils Adrien, cet homme n'était plus le même. À sa bonne humeur d'autrefois avait succédé tristesse, lassitude et fatigue morale.

Durant tout le trajet de son retour à Lair, Elise avait pensé à cette discussion, à ses parents, à ses frères, à l'école communale avec le maître Robler.

En arrivant près du four à pain, elle aperçut son père qui fendait du bois avec la masse et les coins, alors que sa mère étendait du linge. Elle serra les lèvres pour ne rien dire, pensant seulement à tout ce bonheur qu'elle avait connu ici, entre des parents sévères mais bons, travailleurs et économes.

— Te voilà déjà de retour? Avait questionné sa mère.

— Oui. La danse n'a jamais été mon fort...

Au bal d'Auvers, Martin avait rencontré Agnès, une jeune servante originaire de Venteuges, une commune des environs de Saugues. Cette jeune fille, aînée d'une famille de douze enfants, concentrait dans son regard clair un charme indéfinissable, mais aussi une profonde tristesse qui n'échappait à personne. Elle était louée dans une ferme située sur le versant de Pompeyrin, hameau de la commune de la Besseyre-Saint-Mary. Dès l'âge de onze ans, elle n'avait connu que ce milieu paysan où elle devait trimer du matin au soir chaque jour de la semaine. Le dimanche, jour du Seigneur et de repos pour les bêtes attelées, elle allait à la messe le matin, après avoir participé aux travaux matinaux de la ferme. Et les après-midi, elle gardait les vaches, plus souvent les brebis. Mangeant à sa faim et dormant sur une paillasse de feuilles de frêne, Agnès n'avait jamais connu le moindre bonheur matériel, la plus petite douceur d'une vie familiale. Elle marchait avec des sabots d'où s'échappait la paille, son tablier était reprisé en divers endroits, et son chapeau de paille troué abritait du soleil son visage clair.

Le peu d'argent qu'elle gagnait était destiné à ses parents, pour leur venir en aide à élever ses frères et sœurs, Dieu n'y suffisant pas. Agnès n'avait jamais fréquenté l'école de Venteuges, ou si peu. Quelquefois, durant l'hiver, elle s'était assise sur les bancs de la grande salle qui sentait si bon la craie, les livres et les cahiers. Mais dès que la neige fondait, que les réserves de foin s'appauvrissaient, Agnès devait sortir les troupeaux, écarter le fumier avec les mains, faire cuire la nourriture pour les cochons, laver le linge et, et... Elle n'avait jamais fini de travailler, ne savait pas écrire, à peine lire, si peu compter. Voilà ce qu'était sa vie en ce pays qu'elle aimait, le sien.

Pourtant, malgré cette jeunesse ô combien difficile, cette pénibilité pour le corps, Agnès Lhéritier ne se plaignait pas, sachant pertinemment que sa vie ne serait que travail, souffrance et ignorance. Le peu de bonheur qu'elle rencontrait était lorsqu'elle allait garder les brebis. Elle savait mieux que personne commander le chien, parler aux bêtes, ramener sous son bras les agneaux mis bas dans les pacages parsemés de genêts odorants.

Agnès prenait du temps pour tricoter. Pas pour elle, non, mais pour ses frères et sœurs qui manquaient de tout, oui de tout, ou presque. Elle fredonnait souvent, chantait quelquefois, de sa voix douce. Agnès aimait « la chanson des blés d'or, retour aux champs, quand lou merle… ». Plus tard, « rossignol de mes amours » aurait sa préférence.

En ce jour de bal à Auvers, elle avait mis sa robe de cotonnade grise et ses chaussures de ville achetées au marché de Saugues-en-Gévaudan durant l'été. En dansant, Martin l'avait écoutée parler, avait dû la questionner pour apprendre sa vie difficile et ainsi faire sa connaissance. Ils avaient encore dansé ensemble, bu un verre de limonade, promis de se revoir. À la nuit tombante, Agnès avait repris, par un raccourci, le chemin de la ferme pour y traire les vaches. La liberté de ce dimanche avait été brève, agréable pourtant.

Après un Noël blanc, Elise avait rejoint Langeac, accompagnée de son père. Elle avait trouvé une place comme bonne à tout faire dans une scierie du val d'Allier, sur la route de Saint-Georges-d'Aurac. La fille Bournerie avait quitté la maison familiale le cœur gros, serré sa mère à lui faire mal, retenu ses larmes. Que pouvait-elle faire d'autre? Ici les revenus étaient insuffisants, le travail pénible, l'avenir absent pour cette jeune fille de presque vingt et un ans. Ne devait-elle pas penser à demain, à plus tard, à son avenir?

Avant de franchir le seuil de la maison elle avait promis:

— Je reviendrai maman, dès que je pourrais, et ensemble nous irons rendre visite à Adrien au cimetière…

— J'y compte bien ma fille, j'y compte bien. Mais si tu savais comme tu vas me manquer !

La mère avait retenu ses larmes tant bien que mal, puis regardé, du pas de la porte entrouverte, partir d'un bon pas Elise et Médard par le chemin pierreux bordé de noisetiers et de prunelliers. Ce chemin était celui de la vallée, cette vallée encaissée que les paysans empruntaient pour se rendre au moins une fois par an à Langeac, à la foire de Sainte-Catherine.

Médard et sa fille connaissaient bien le parcours, l'ayant emprunté maintes fois, en diverses occasions. Le père Bournerie avait été de retour avant la nuit, au moment où la neige s'était remise à tomber sur la Margeride, poussée à l'oblique par un vent fort soufflant du bois de Pradey.

Au moment de manger la soupe, le paysage s'était dégagé, éclairci. Le vent était tombé, alors que le ciel laissait présager un coup de froid pour la nuit à venir. Assis à table près du grand tiroir entrouvert, au moment où sa femme posait le faitout fumant, Médard avait voulu faire remarquer, juste pour trouver quelque chose à dire :

— On est plus que quatre Mélanie, y a une assiette en trop…

— L'habitude Médard, l'habitude… Je peux pas m'y faire à ces absences de nos enfants. Et cette table devient trop grande, la maison aussi. Je nous vois encore tous assis sur les deux bancs, attendant de nous servir de soupe fumante parfumée de raves et de lard. Ce bonheur nous a quittés Médard !

Dans la forêt d'Auvers, dès que l'hiver eut donné le signal de son éloignement, les hommes reprirent leurs habitudes. On entendait à nouveau les arbres s'abattre bruyamment, le bruit cadencé des haches, l'écho des masses sur les coins métalliques. La vie reprenait son rythme longtemps interrompu. Les grands espaces boisés de fayards et de résineux retrouvaient la présence des forestiers aux mains puissantes. Les plantations redevenaient propres, la mousse des sous-bois sentait toujours aussi bon, les ombres semblaient jouer avec le soleil.

Comment avait-on pu survivre loin d'ici ? Pouvait-on ne pas aimer ce pays, cette Margeride du bout du monde que beaucoup ne reverraient plus, anéantis durant ces quatre longues années de guerre fratricide ? La dernière…

En ce matin du 14 juillet de 1919, Martin et Joseph Bournerie partirent décidés en direction de la Desges, par le chemin bordé de buissons, parsemé de pierres roulantes. Sur la parcelle de terre fertile longeant le lit étroit de la rivière, poussaient pommes de terre et haricots. Les frênes et vergnes ombrageaient à le noircir le couloir par lequel les eaux venues de Lozère contournaient les roches, faisaient une pause en des lieux plus profonds, tourbillonnaient en moussant avant de reprendre leur long cheminement vers des lieux inconnus, éloignés.

Les eaux étaient basses certes, mais aussi très claires. Les deux frangins n'avaient-ils pas décidé de venir pêcher quelques truites à la main ? Non pas pour en tirer un quelconque profit, aucunement, seulement pour un plaisir partagé, aussi pour braver cet interdit. Ils quittèrent leurs sabots et sautèrent dans l'eau, à un endroit où elle courait sur le gravier.

— Bon Dieu qu'elle est froide ! s'exclama bruyamment Joseph.

Son frère le regarda, surpris, et le rabroua vertement :

— Crie plus fort quand tu y es, bougre de couillon, tu voudrais quand même pas qu'elle soit chaude, ça serait bien la première fois !

Pourtant, l'eau fraîche devint très vite bienfaisante à leurs pieds. Munis d'un bâton de noisetier, ils avançaient à pas lents, remontant le courant en passant leurs mains sous les plus grosses pierres, grattant les souches et racines d'arbres, scrutant l'eau claire vers l'amont. Au moindre contact les poissons se dérobaient vivement, à la recherche d'une nouvelle cache qu'ils connaissaient forcément, ce milieu de ténèbres et de fraîcheur étant le leur.

Les truites zigzaguaient entre les obstacles, aussi rapides que l'éclair dans un ciel d'orage, qu'une étoile filante par une nuit d'été. Joseph et Martin savaient les repérer. Ils s'accroupissaient dans l'eau, mouillant leurs fesses, et cernaient de leurs mains la pierre ou la racine d'arbre hospitalière, tentant de couper toute retraite à la fugitive. Mais la manœuvre échouait souvent. Alors ils recommençaient, poursuivaient leur progression en marchant dans le courant vers l'amont. Car ils avaient appris qu'il fallait pêcher en montant, les truites ne descendant que très rarement la rivière.

Mais les poissons étaient ici chez eux, connaissant le moindre refuge, le plus petit recoin, se déplaçant vivement vers leur liberté mise à mal par ces deux garnements.

Neuf belles truites périrent en leur royaume, jetées sur la rive herbacée qui longeait la Desges, en amont du Champ Dernier. Les petites avaient été remises dans le courant, hésitant à reprendre leur liberté retrouvée. Les victimes scintillaient le ventre en l'air, remuant encore, battant de la queue dans un dernier souffle de vie.

Elles se retrouvèrent bientôt au fond d'un vieil arrosoir en fer-blanc, recouvertes par deux salades coupées près des pommes de terre en fleurs.

— J'ai soif, avait dit Joseph, pas toi ?

— Si, moi aussi. Viens, on va boire un coup dans le courant.

L'eau fraîche du ruisseau les désaltéra, leur fit du bien. Ils enfilèrent leurs sabots et, ensemble, heureux du résultat de leur pêche illicite, les deux braconniers d'un jour reprirent, à pas lents, le chemin du retour. La pente était accentuée, du moins en quittant le bord de la Desges. Puis elle s'atténuait, pour redevenir forte lorsque le chemin amorçait un virage à angle droit en direction du sommet couvert de sombres résineux. Le ciel était dégagé, bleuté même, apportant une note de couleur claire aux pierres grises des constructions de Lair, là-haut perché.

Depuis le chemin bordé de prunelliers, les deux frères n'apercevaient plus la Desges, cachée par les nombreux arbres qui la bordaient. Silencieux, Joseph et Martin marchaient maintenant d'un pas plus rapide, portant l'arrosoir chacun à son tour.

Avaient-ils besoin de se parler pour partager ce bonheur du moment? Les deux frères s'appréciaient, partageaient les bons et mauvais moments, travaillaient durement ensemble, s'engueulaient fréquemment.

À quelque cinquante mètres plus loin, à l'endroit où le chemin se séparait en deux, l'un montant vers Lair et l'autre en direction d'Auvers, les fils Bournerie voulurent faire une pause.

Assis côte à côte sur l'herbe douce du talus, face à l'autre versant de la vallée, le village de Pompeyrin s'offrait à leur regard. Martin se sentit obligé de poser une question brûlante à son frère :

— Comment tu la trouves la fille Lhéritier qui est placée à la ferme de chez Soulasse, Agnès ?

— Cette fille a l'air malheureuse, mais tellement plaisante à regarder. Il parait que le travail lui fait pas peur, et chez son patron y a de quoi faire…

— J'ai dansé avec elle l'autre jour, plusieurs fois.

— Il paraît qu'elle donne tous ses gages à ses parents pour aider à élever ses frères et sœurs. Ils seraient douze au total, mais deux sont morts à ce qu'il paraît.

Martin n'en demanda pas plus. Tous deux prirent le chemin de gauche, celui qui montait à Auvers, et qui débouchait à proximité du cimetière, à un endroit que longeait un long mur de pierres sèches. Ils avaient décidé d'un commun accord de faire ce détour pour porter des truites au curé et au maître d'école. Sur le coup de midi, l'un et l'autre seraient sûrement chez eux, à la cure et à l'école.

Derrière l'église, le curé fendait du bois maladroitement, ses jambes écartées tendant la soutane boutonnée au plus bas. Voyant venir à lui Joseph et Martin, il leur lança :

— Vous sortez d'où tous les deux ?

Martin laissa répondre son frère.

— Du Champ Dernier m'sieur l'abbé, et même qu'on a lavé nos pieds dans la Desges, histoire de se les rafraîchir, et de…

— Et de quoi ?

— De pêcher quelques truites à la main pardi.

— Vous aussi vous aimez ça ! Et si vous vous faites prendre par le garde ou les gendarmes !

— Pour nous prendre il faudrait qu'ils soient dégagés, on connaît les sentiers qui montent en face à travers les buissons. On voudrait vous donner deux truites, pour vous et la Marthe.

— Vous me mettez dans l'embarras. Mais voilà bien longtemps que j'en ai perdu le goût. Je ne vous dis pas non, c'est bien gentil d'avoir pensé à votre curé et à la catéchiste. Elle saura les cuisiner, ne portez pas peine !

De l'autre côté du chemin, derrière le bâtiment de la mairie et de l'école, s'échappait une fumée claire. Elle provenait du jardin qu'entretenait avec soin le maître Robler. C'est donc qu'il était là.

Comment allait-il les recevoir avec sa sévérité connue de tout le canton ? Il serait toujours temps de voir. Et puis, une engueulade de plus ou de moins, quelle importance ?

Au sourire de l'instituteur, Martin et Joseph comprirent qu'il était dans un bon jour. Sortant une salade de l'arrosoir, Martin lui présenta trois truites, une grosse et deux plus petites. Le maître les accepta et remercia, tout en adressant des reproches, bien timides il est vrai à ses deux anciens élèves :

— Est-ce que je vous ai appris ça à l'école, bougres de garnements que vous êtes ?

— Non m'sieur, on a appris seuls, répondit Joseph.

Le maître s'appuya sur le manche de la fourche et poursuivit avec gentillesse, quelques regrets aussi dans la voix :

— Quand j'étais plus jeune je faisais comme vous, oh pas souvent. J'y allais aussi à la pêche à la main. Rarement dans la Desges, je préférais le ruisseau du Gourgoueyre, du côté du Pavillon, il est plus étroit. Mais les truites y étaient plus petites, plus sauvages, noires sur le dos.

— Vous y alliez seul ? demanda Martin.

— Non, avec l'abbé Serre quelquefois, et aussi avec le garde champêtre que vous n'avez pas connu. Il est mort depuis tellement longtemps déjà, écrasé par un gros fayard qui avait poussé en bordure du chemin de Lair. Il boitait et n'a pu s'éloigner à temps de l'arbre qui a pivoté sur son tronc. Il n'a pas souffert le moins du monde. Un brave homme qu'il était.

Le maître marqua un temps d'arrêt et poursuivit :

— À la pêche, le curé ne se mouillait ni les mains ni les pieds. Il se contentait de surveiller les alentours et cachait les truites sous sa soutane, dans une musette attachée autour du ventre et dans laquelle il mettait quelques poignées d'herbe verte pour les tenir au frais.

Le maître d'école s'interrompit un nouvel instant avant de poursuivre de sa voix ferme et rassurante, cherchant à trouver une excuse à son comportement :

— Vous savez, ici les distractions n'ont jamais été très nombreuses, à part les bals, la pêche, la chasse et les champignons… et aussi la Saint-Cochon. Mais attention aux gendarmes de Pinols, on les dit pas commodes, surtout le chef qui attendrait de l'avancement !

— Ça risque rien m'sieur, Dieu est avec nous…

Les frères Bournerie reprirent leur chemin en direction de Lair, surpris mais ravis d'avoir appris que l'ancien garde braconnait quelque peu. Mais les truites étaient nombreuses, et descendre en pleine chaleur jusqu'au bord de la Desges en rebutait plus d'un.

Martin pensait à Agnès, et Joseph sifflotait la « Yoyette ». En ce 14 juillet la vie leur paraissait plus légère, presque belle.

Les vendanges à venir

Quelques années s'étaient écoulées en ce haut pays, autant dire perdu pour le rare voyageur qui s'aventurait jusqu'ici, quelquefois pour affaire, rarement pour le plaisir. À nuit tombante, dès novembre, les forêts ressemblaient à de hauts murs noirs bordant des chemins qui pouvaient s'arrêter ici, semblant ne conduire nulle part. Où donc, vers quelles autres destinations auraient-ils bien pu guider les pas d'un étranger de ces lieux, de cette froide Margeride ?

Les hameaux étaient enracinés dans leur solitude, les fermes dans leur isolement. Tout semblait vide ici, calme, figé dans un profond silence. Seuls quelques beuglements de vache ou de veau, bêlements de brebis, rares aboiements de chien devant les étables rompaient l'absence de bruit. L'immensité du plateau granitique régnait là, et le signal de Randon dominait. De timides lueurs blafardes aux fenêtres étaient cependant signes de vie, de présence humaine, tout comme l'odeur des tas de fumier, la fumée s'échappant discrètement des cheminées vêtues de noir, de suie.

Quel étranger au pays aurait eu à faire ici à la fin du jour ? Si ce n'est un marchand de toile qui venait du Cantal, de Marcenat peut-être, un ramoneur Lozérien du Malzieu, un rémouleur de couteaux et ciseaux de Grandrieu, un charlatan de partout et nulle part se rendant à Langeac pour Sainte-Catherine, ou à Saugues pour Saint-Bénilde.

Car rencontrer ici un homme venant d'ailleurs n'était pas fréquent. Et, si tel était le cas, on s'en souvenait longtemps. On en parlait le soir autour de la table de bois massif, devant un bol de soupe fumante dégageant une odeur de rave et de chou, rappelant encore la raison de son déplacement. En tout cas, si par extraordinaire un étranger passait par ici, il ne pouvait s'y éterniser, n'ayant fait le détour que par erreur ou nécessité absolue.

Il posait son baluchon pour manger un peu de pain rassis et de fromage de brebis, boire à la fontaine, trouver un peu de repos et de chaleur en dormant à même la paille dans une étable ou bergerie, reprendre des forces avant de faire demi-tour ou de poursuivre son chemin que seul Dieu connaissait véritablement.

Quant à une femme Seigneur ! Il convenait d'être réaliste, de garder les pieds sur terre. Ce ne pouvait être qu'un bien malencontreux incident de parcours.

Quel dommage pour le pays ! Car les vieux célibataires auraient apprécié sa venue, le son de sa voix, la rondeur probable de ses formes, forcément. D'elle ils auraient rêvé durant plusieurs longues nuits, la devinant découverte à la lueur des flammes du « cantou », souhaitant la voir faire bomber démesurément l'édredon de plumes, répandre une odeur féline, communiquer une chaleur à nulle autre comparable.

Car ici il gelait à pierre fendre. Les nuits étaient froides, glaciales, n'en finissaient pas, comme n'achevait jamais de souffler le vent froid du sommet du Pas de l'Âne.

Médard Bournerie ne disait-il pas : « pour vivre toute une vie en Margeride il faut y être né, sinon... ». Les gens d'ailleurs ne faisaient que passer, ne venaient pas s'installer ici. Qu'auraient-ils bien pu venir y faire grand Dieu ?

Non, ils en partaient plutôt de ce pays, ou y songeaient sans trop le dire, de peur de peiner leurs parents, de faire se retourner les vieux dans les tombes.

À part un instituteur qui débutait, un facteur muté de Paris, un nouveau gendarme affecté à la brigade de Pinols... Peut-être, pour un temps, le plus bref possible. À moins que l'un d'entre eux y rencontre l'âme sœur. Une veinarde en quelque sorte, suffisamment gironde et attirante, mais aussi délurée, possédant des biens, et trop heureuse d'offrir ses charmes, de se laisser séduire dans les genêts ou sur des aiguilles de pins par un fonctionnaire, petit certes, mais fonctionnaire tout de même.

Les vieilles personnes se plaisaient en ce pays, n'en avaient pas connu d'autre. Elles y terminaient leur vie de misère et de peine, assortie cependant de vrais bonheurs, simples et durables.

Les gens d'ici étaient habitués au pain grisé par la farine de seigle, aux pommes de terre fumantes cuites avec celles du cochon dans le chaudron. Ils les pelaient en se brûlant les doigts, maladroitement, les accommodaient d'un peu de beurre jaune et de sel gros, de saindoux parfois, et s'en régalaient, s'en calaient l'estomac à longueur d'année et de vie.

Ces gens-là appréciaient le cochon salé, respectaient le lard rance qui dégageait une forte et âcre odeur, prenaient un immense plaisir à couper des tranches au jambon séché dans la cendre de bois, fumé dans la cheminée, quelquefois suspendu comme un suicidé à une grossière poutre de la salle commune.

Ici l'air pur était à discrétion, l'eau fraîche et claire, les femmes colorées, joliment rebondies. Mais il en manquait pour se marier et vivre là. En ce pays, il était quasiment impossible de mourir de faim et de froid. Mais il fallait se lever tôt et travailler dur, ne pas craindre les caprices du temps, la solitude, de jour comme de nuit, et ne pas trop aimer le vin.

Telles étaient les principales conditions pour s'enraciner ici, en cette contrée jalonnée de bois, parsemée de pacages et abondamment fleurie de genêts.

Pour partir ailleurs, l'envie de vouloir gagner quelques sous plus facilement suffisait. Oui, c'était bien ça, et pas autre chose.

Depuis la mort d'Adrien, voilà déjà dix ans passés, toutes les nuits se ressemblaient pour Mélanie. C'était la même et bien triste réalité qui perdurait.

Dès quatre heures du matin, parfois avant, la mère Bournerie était réveillée comme en plein jour. Des idées trottaient dans sa tête, sans que rien au monde ne puisse les estomper durablement. Elle écoutait battre l'horloge, comptait ses quarts d'heure, entendait souffler le vent. De l'ouest il secouait les lourds contrevents, du nord il hurlait dans la cheminée, faisant quelquefois refluer la fumée jusqu'aux ronds du fourneau. Et d'où qu'il souffle, il trouvait le moyen de passer et siffler sous l'épaisse porte de bois qui n'était jamais fermée à clef.

Pourquoi l'aurait-elle été ? Puisqu'il ne passait jamais personne, ou si peu.

Chaque soir, Mélanie prenait pourtant un grand bol de tisane de tilleul, celui qui bordait la Desges, bien en aval de la Valette. L'automne, par nuits de pluie, elle était attentive à l'eau venue du ciel. Elle l'entendait résonner sur le toit de tuiles rondes, dégouliner le long des pierres, fouetter les murs et volets de bois exposés à l'ouest. Heureusement pensait-elle, « les toitures sont entretenues, en bon état. Mais pour combien de temps encore » ?

Allongée entre les draps rêches, ses membres décharnés se reposaient pourtant, alors que sa tête vagabondait à n'en plus finir entre Pinols et Saugues, refaisait pour elle un monde de douceur et de tendresse.

Ah si seulement le tilleul avait pu l'étourdir de sommeil, la frapper, l'assommer pour de longues heures !

Et pourquoi pas la rajeunir quelque peu, la soulager de ses plus douloureux rhumatismes.

Au petit matin, quand les vaches se levaient pour pisser et bouser, que le coq chantait sur le toit de la soue ou le tas de fumier, arrivait pour la mère Bournerie la fin d'une nuit trop longue, si peu ensommeillée. Une de plus, et une de moins... Elle se levait dans le plus grand silence, en ayant pris soin auparavant de réciter un « Notre Père » ou un « Je vous salue Marie ». Mélanie s'habillait sans hâte, dans le noir, avec ses vêtements posés la veille sur une vieille chaise en bois fabriquée par son père et garnie de paille de seigle. Puis elle descendait en chaussettes et à tâtons l'escalier grinçant, enfilait ses sabots rangés à droite de la première marche, puis enlevait les ronds noirs du fourneau et secouait les cendres. Avec une poignée de paille et quelques morceaux de genêt bien secs posés dans une caisse, elle allumait le poêle de fonte à peine refroidi de la veille au soir. Parfois, si l'hiver se montrait rigoureux, elle descendait dans la nuit pour rajouter une bûche de bois dur, et au petit matin quelques braises rougeoyaient encore sous les cendres chaudes.

Le faitout en fer-blanc de la soupe était toujours à la même place, sur l'arrière du fourneau, près du tuyau par lequel s'échappait la fumée, noire ou claire, vive ou paresseuse.

Puis Mélanie sacrifiait à une urgence, allait soulager sa vessie, dans l'écurie ou à l'extérieur, selon la saison et le temps. Elle préférait pisser dehors, sous un frêne en bordure de la cour, à peine accroupie. De là elle voyait le jour se lever. Elle distinguait quelques lueurs blafardes de Pompeyrin, le sommet des bois par temps dégagé, les corbeaux dans le ciel de la Margeride se dirigeant vers le Gévaudan, vers Saugues ou Saint-Arcons-d'Allier, selon le vent contre lequel ils livraient bataille parfois farouchement.

Enfin son plaisir matinal était arrivé. Mélanie allait faire le café. Elle saisissait le vieux moulin posé sur l'étagère noircie de la cheminée, s'asseyait et le serrait entre ses jambes. Mélanie tournait la manivelle sans le moindre empressement, entendant les grains passer de vie à trépas, y rajoutant une généreuse poignée d'orge grillée, par souci d'économie. Du petit tiroir s'échappait cette bonne odeur qu'elle aimait.

Les flammes du fourneau enveloppaient la première bûche de fayard, la vieille casserole tanguait sur les ronds. Des bruits de pas hésitants parvenaient du plafond. C'était le lever de Médard et sa descente dans la grande pièce où il faisait déjà bon. Le poêle ronronnait. Le père Bournerie avait l'habitude de regarder le temps qu'il faisait par la croisée qui donnait sur la cour et buvait, debout, dans un petit bol ébréché, la boisson chaude de la cafetière émaillée de jaune. Joseph allait descendre de sa chambre, lui aussi, et dans l'étable, Martin devait se retourner une énième fois sur la paillasse bruyante de feuilles de frêne.

En ce haut pays de Margeride une nouvelle journée commençait et, à n'en pas douter un instant, elle serait semblable à beaucoup d'autres, simple et difficile.

Sauf pour Martin qui devait se rendre en Gévaudan.

En ce vendredi de juin 1929, jour de marché à Saugues, Martin s'était levé de bonne heure pour s'y rendre. Même en prenant les raccourcis, le chemin serait long. Mais marcher ne lui faisait pas peur, ne le contrariait pas, pas plus que son cousin Gustave Peyrusse de Pompeyrin, commune de la Besseyre-Saint-Mary, chez lequel il devait passer.

Ensemble ils feraient le déplacement, sans autre encombrement qu'une musette de toile brune suspendue autour du cou. Le chemin ils le connaissaient, pour l'avoir parcouru de nombreuses fois, et souvent avec des bêtes que l'on menait à la foire, tenues et guidées par une corde de fortune. Dans ces occasions-là, le trajet paraissait long à tout le monde. Aujourd'hui c'était différent. Rien ne pouvait empêcher les deux gaillards de marcher d'un bon pas et de parler gaiement, nullement encombrés par quoi que ce soit, chaussés de brodequins autrement plus confortables que leurs traditionnels sabots. Pour ces paysans, le marché était un peu jour de fête et de repos, l'occasion de rencontres, de discussions à n'en plus finir, de quelques verres de vin.

À Saugues, sur la place du foirail, les moutons bêlaient, parqués entre des barrières de bois noircies de crottes et maintenues par de vieilles cordes et ficelles. En blouse noire, un bâton dans une main, les maquignons circulaient entre les parcs. À leur approche les discussions commençaient, banales d'abord, plus vives dès que la demande et l'offre semblaient sur le point de se rejoindre, d'aboutir. Les acheteurs étaient souvent accusés de faire la loi, imposant des prix jugés insuffisants par les vendeurs, de petits paysans qui tiraient le diable par la queue à longueur d'année. Pourtant, les affaires se concluaient souvent dans un respect mutuel, se terminant fréquemment devant un canon au bistrot d'à côté.

Soudain, Martin élargit un sourire en direction de brebis qu'on embarquait dans un camion, l'un des rares, qui venait du Val d'Allier, du côté de Brioude. Il avait aperçu Agnès, la servante de chez Soulasse qui poussait les bêtes de son bâton de noisetier. Il resta à l'écart, n'allant vers elle que lorsque le chargement fut terminé. Alors il l'interpella gaiement :

— Voilà que ton patron a vendu des brebis ! Ça t'en fera moins à garder à présent...

Surprise, Agnès se retourna souriante, ayant reconnu la voix de Martin.

— Il en reste encore dans la bergerie, et les agneaux du printemps commencent à sortir. Elles autres étaient de réforme...

Elle hésita un instant et poursuivit :

— Et même que le prix de l'une m'a été promis ! C'est pas beaucoup mais c'est toujours ça...

— À la bonne heure, voilà bien une récompense encourageante, et méritée sans doute !

La conversation se prolongea quelque peu, faite de banalités souriantes et d'envie de se revoir.

En centre bourg, devant les vitrines de confection, les jeunes filles s'éternisaient, espérant pouvoir s'offrir une robe fleurie pour l'été à venir, un premier soutien-gorge, une culotte légère et douce.

Il était onze heures lorsque Martin et Gustave se retrouvèrent au café de la place, « le Gévaudan », pour y boire un verre de vin rouge. Les discussions allaient bon train. Le temps du jour alimentait longuement les parlottes, tout comme le prix des bêtes qui semblait ne jamais augmenter. Pourtant, chez le quincaillier et l'épicier ce n'était pas la même musique. On y regardait à deux fois avant d'acheter, et bien souvent seul l'indispensable allait garnir la musette : café, chicorée, sucre, nouilles, riz, allumettes, bougies, pointes, vis…

Les gens dépensaient peu, comptaient et recomptaient souvent, à voix haute, se contentant de regarder dans la vitrine ce qu'ils auraient aimé acquérir pour améliorer le quotidien, leur plaisir, bien secondaire en cette région de Haute-Loire.

Au fond de la salle enfumée du bistrot, des jeunes étaient rassemblés autour d'une table, écoutant et posant des questions à un homme que Gustave et Martin ne connaissaient pas. Les deux cousins s'approchèrent pour savoir de quoi il retournait, par simple curiosité. Le gars qui captait l'attention était originaire de la région, de Ferrussac, au-delà des quatre routes de Pinols, en direction de Lavoûte-Chilhac. Il était parti travailler dans la Limagne d'Issoire voilà plus de quinze ans. Là-bas, dans un petit village appelé Madriat, près de Saint-Germain-Lembron, il avait appris à cultiver la vigne chez un patron dont il avait épousé la fille, plus jeune que lui avait-il précisé en souriant. Et son beau-père lui avait demandé, d'autres aussi, de trouver en Haute-Loire des volontaires pour les vendanges d'octobre.

Il se disait que du côté de Saugues il y avait des bras disponibles après les travaux d'été, et que les gars de là-haut aimaient le pinard. L'homme avait suscité des envies, annonçant que là-bas, dans les caves des villages aux coteaux plantés de vignes, le vin ne manquait pas, les tonneaux en étaient pleins.

Venu à Ferrussac pour une première communion dans sa famille, ce « Limagnais » d'adoption avait poussé son chemin jusqu'en Gévaudan, pour y trouver de la main-d'œuvre et revoir le pays. Ce gars avait une bonne tête, parlait sans se presser, la casquette légèrement relevée vers l'arrière, découvrant une calvitie avancée et une paire d'oreilles en feuilles de chou. Ses propositions de gages étaient bien éloignées de celles des foins et moissons, mais il savait expliquer que vendanger et vider les « bacholles » dans la cuve était moins pénible que faucher à bras. « Les jours sont plus courts aussi, y a des filles et on mange bon », avait-il précisé en plaisantant.

N'était-ce pas suffisant pour convaincre les plus réticents ?

Après s'être faits inscrire sur la feuille du vigneron de Madriat, ce village de Basse-Auvergne au pied du massif du Cézallier, les deux cousins burent un autre verre avant de reprendre le chemin du retour en direction de Servillanges et Pompeyrin.

La bretelle de la musette leur sciait les épaules, remplie d'épicerie et de clous, de fers à vaches aussi. Gustave et Martin marchaient pourtant d'un bon pas sur les coursières qu'ils connaissaient bien. Le soleil était déjà haut, brillant généreusement sur les espaces boisés, dans un ciel sans nuage. Dans les pacages, vaches et brebis trouvaient leur nourriture, saine et verdoyante, saisissant avec envie une herbe courte et tendre.

Ici la végétation n'était pas très en avance, tardait quelque peu à démarrer.

Aux quatre chemins de Pompeyrin les cousins se séparèrent, l'un étant devant sa porte, et l'autre devant descendre vers la Desges, à la Valette, pour remonter en face vers Nozeyrolles, Auvers et Lair.

Martin avait encore du chemin à faire. Pourtant il ne sentait point de fatigue, content d'avoir rencontré Agnès, heureux de penser aux raisins qu'il cueillerait de ses mains rugueuses aux prochaines vendanges dans le bas pays d'Auvergne.

Et demain serait une belle journée, pénible pour la mère Mélanie, mais belle pour toute la famille Bournerie : celle de faire le pain dans le vieux four aux pierres noircies de fumée.

Le pain en Margeride

Dans la famille Bournerie on avait toujours fait son pain. La fréquence était de deux à trois fois par mois, selon les besoins et les saisons. On finissait de le manger dur et rassis, quelquefois avec des moisissures apparentes, n'en laissant jamais perdre le moindre quignon, le plus petit morceau, une croûte.

De son vivant, c'était la mère de Médard qui officiait dans la vieille bâtisse, soit avec ses bras, soit de ses conseils éclairés envers sa bru, Mélanie. Car en épousant Médard, l'actuelle mère Bournerie avait hérité de cette confiance, de cette charge de travail.

Dès les premières fournées, Mélanie avait pris conscience de son rôle, mais aussi des difficultés qui s'y rapportaient. Quant à la pénibilité ! Certes, mais chaque famille avait besoin de pain, au moins trois fois par jour. On pouvait se passer de sucre, de macaronis et de café, mais jamais de pain, qu'il soit blanc ou brûlé. Des patates ou un chou, un morceau de cochon salé et du pain suffisaient amplement à préparer le repas de midi. Pour le soir, la soupe au pain trempé mitonnée et un peu de fromage calaient les estomacs pour la nuit, jusqu'au lendemain matin.

Combien de fois les enfants avaient-ils entendu la même et sempiternelle recommandation, empreinte de la plus grande sévérité ? « Apprenez à ne jamais jeter le pain. Quand il sort du four, cuit à point et croustillant, c'est une vraie gourmandise. Rassis il est encore bon. Il suffit simplement de le laisser tremper longtemps dans le bouillon fumant de la soupe et alors il gonfle, gonfle encore, double de volume, fait de l'usage. Pensez un peu à ceux qui en manquent… ».

Le four des Bournerie se trouvait un peu en retrait de la maison d'habitation, à main droite et légèrement à l'écart en rentrant dans la cour. Sur ses côtés, il jouxtait le petit jardin potager et la réserve à bois, et à l'arrière, une minuscule croisée donnait sur la vallée de la Desges, face à la Besseyre-Saint-Mary. Au devant, une porte basse, en chêne, surmontée d'un linteau massif de pierre, y donnait accès. Sur le toit, une imposante cheminée sombre semblait écraser la construction qui datait d'un autre siècle. À l'intérieur du fournil, tout semblait réduit au strict minimum : une maie, deux pelles en bois pour enfourner et défourner, un long manche de noisetier prolongé par un vieux sac de jute, une racle au manche tordu, un tabouret et une petite table en bois de hêtre, une étagère grossière sur laquelle étaient rangés les paillas. Derrière la porte, en entrant, à gauche, un balai en genêt attaché avec de l'osier tenait compagnie à une vieille pelle en bois vermoulu.

C'était tout, ou presque. Et ces quelques outils suffisaient amplement, depuis fort longtemps. À droite, quelques fagots se trouvaient à proximité du four proprement dit. Ils provenaient de la taille des frênes pour la feuille qu'on donnait aux bêtes à l'arrière-saison ou au début de l'hiver, avaient longuement séché ensuite à l'abri, sur le « chamarà ». Plantées contre le mur, quelques bûches de bois dur semblaient résignées à faire long feu le moment venu. Le four, quant à lui, prolongeait sur la droite la noble et indispensable construction. Sa voûte et la sole étaient encore en bon état, alors que la porte métallique grossière manoeuvrait difficilement. Le gond du haut brinquebalait en tous sens, et toute fermeture s'avérait difficile, voire impossible pour Mélanie qui tempêtait après son homme à juste raison. Combien de fois avait-elle soupiré de s'entendre répondre :

— Faudra bien que j'y mette un coin en bois à ce gond qui branle dans la pierre.

— Depuis le temps que je t'entends dire ça. Tu as pu y réfléchir, et c'est pas le temps qu'il te faudrait pour faire cette bricole !

Médard était pourtant habile de ses mains, surtout pour travailler le bois. Mais, pour lui dont l'entêtement aurait pu rivaliser avec celui d'un âne, la réparation de cette porte n'avait pas la moindre urgence, pouvait attendre. Il avait enfin promis d'y apporter remède. Mais quand ?

Le jour du pain, Mélanie se levait de bon matin, ne tournait pas dans son lit. La veille, elle avait préparé la pâte avec le levain conservé de la dernière fois. Ça faisait dix jours, tout au plus. De ses bras encore solides, elle brassait la farine et l'eau dans la maie profonde, aimait cette odeur de fermentation naissante, caressait de ses mains le mélange qui lui collait aux bras. Puis la fatigue la gagnait, et elle renonçait à poursuivre ce brassage harassant qu'elle jugeait suffisant. Alors, comme à chaque fois, dans sa tête elle s'adressait à la pâte : « à toi ma belle de travailler maintenant, moi j'en ai assez fait, tu m'as crevée ».

Puis Mélanie s'asseyait près de la croisée, reprenant son souffle et, regardait en direction des deux villages, de leurs clochers, des cimetières entourés de murs en pierres grises et noires. Malgré toute la peine qu'elle devait déployer, la mère Bournerie aimait faire le pain, s'appliquait à le réussir pour le plaisir de toute sa famille. Pour être convaincue du résultat, il lui suffisait de regarder ses fils couper dans la tourte des tranches aussi larges que la main. Comme le faisait Adrien avant son départ pour la Grande Guerre.

Son fils aîné avait de bonnes raisons pour cela. C'était lui qui chauffait le four la veille de la cuisson. Dès l'âge de douze ans il avait appris à choisir les fagots bien secs, des bûches fines, des rondins grossiers et noueux pour tenir le feu une partie de la nuit.

Assise dans la pénombre du fournil, en cet instant, Mélanie semblait voir son garçon craquer une allumette sous les genêts, regarder la flamme orangée s'élever, attirée par l'air frais du conduit. Puis Adrien courait au dehors pour voir la fumée s'échapper paresseusement sur le toit, entraînée au gré du vent de cette Margeride qu'il aimait tant. Cette Margeride qui l'avait accueilli en sa terre bien avant l'heure.

Mélanie se mit à pleurer, regardant au loin par la fenêtre, avec obstination, le clocher de la Besseyre-Saint-Mary, son village de naissance, comme posé sur l'autre versant qui allait rejoindre la Desges, au fond de la vallée encaissée. La mère sortit un grand mouchoir à carreaux de la poche droite de son tablier. Elle le posa un très court instant sur ses yeux voilés de larmes.

Que de fois n'avait-elle pas essuyé ses yeux clairs ! Le plus souvent quand elle était seule, pour ne pas montrer sa peine perpétuelle, sa douleur immense dont elle ne connaîtrait jamais la fin, que seule la mort effacerait. De ça Mélanie était intimement convaincue, s'y était préparée à jamais.

C'est au moment où la mère rangeait son mouchoir qu'entra Martin. En voyant son visage il comprit qu'elle avait pleuré, longuement sans doute. Il s'adressa à elle avec tendresse, comme pour la consoler :

— Je vais allumer le four maman. Il est grand temps. J'ai préparé les fagots et les bûches, comme m'avait appris Adrien.

Martin frotta à deux reprises, loin de ses yeux, une allumette abondamment soufrée sur une large pierre, présenta la flamme tremblante sous le fagot de genêt qui crépita. Puis il vint rejoindre sa mère redevenue sereine, apaisée, le regard tourné en direction du village de son enfance. Il voulut la réconforter, l'encourager par quelques mots à peine audibles, lui faire plaisir, à sa façon.

— La pâte lève bien, la fournée devrait être réussie.

Il hésita un instant, regarda sa mère de dos et poursuivit :

— Quelle chance est la nôtre de t'avoir !

Mélanie se retourna lentement, regarda son fils dans les yeux et répondit, retenant ses larmes mais libérant une émotion habituellement contenue :

— Moi aussi j'ai de la chance en ayant des enfants comme vous. Mais pauvre, ça durera pas, l'un de vous deux partira bien un jour. Et qui sait où ? Peut-être loin d'ici, pour faire sa vie, tout comme Elise qui ne vient pas souvent de Langeac. Elle me manque tant ta sœur. Mais son travail… Avec elle je parlais de choses de femmes. Avec vous autres c'est pas pareil, tu comprends bien ? Notre ferme est petite, trop pauvre pour nous tous, mais on est chez nous, c'est déjà ça…

Mélanie s'était épanchée, avait donné libre cours à ses sentiments, ses inquiétudes, ses craintes, sa résignation. Cela n'était pas dans ses habitudes. Elle poursuivit à l'adresse de Martin :

— Fais comme Adrien, va voir si la fumée sort sur le toit…

Dès le lendemain, Mélanie Bournerie remit les mains à la pâte. Celle-ci avait levé toute la nuit, gonflé jusqu'à mi-maie. Elle collait encore aux mains, jusqu'aux coudes, sans doute à cause de la farine de seigle trop généreusement mélangée à celle de froment. Mais lentement elle devenait plus souple, plus docile, plus élastique, enfin conquise, soumise à la volonté farouche de cette femme endurcie par la vie. Elle la brassa à peine, une nouvelle et dernière fois, puis la coupa en pâtons qu'elle arrondit entre ses mains et farina de gestes doux et attentionnés, comme une mère caressant tendrement les fesses roses de son bébé.

Mélanie déposa les boules de pâte avec précaution dans les paillas confectionnés par Adrien et Médard. La paille de seigle provenait d'une étroite bande de terre qui bordait un bois de résineux, là où elle allait cueillir les premiers champignons d'automne. La mère s'en souvenait comme si c'était hier. Et pourtant !

Enfin, Mélanie allait pouvoir souffler, assise près de la fenêtre, regardant son fils alimenter le feu avec des branches de fayard et de chêne, sèches et tordues.

Pour la bonne température du four Martin avait appris, savait chauffer régulièrement, aimait faire ce travail. Il avançait sa main par l'ouverture de la porte, et, s'il le jugeait nécessaire, lançait une petite poignée de farine sur les braises rougeoyantes. À sa réaction il était fixé. Si de petites étincelles scintillaient instantanément, les 250° étaient atteints, dépassés même. C'était chaud, très chaud, mais le pain bien cuit était ici préféré à tout autre. L'étalement des braises avec la grande racle achevait de répartir l'effet des magnifiques bûches de fayard, dont les flammes avaient précédemment léché la voûte de pierres habilement jointoyées.

Quel spectacle que ces flammes contournant les pierres, les caressant une à une, épousant langoureusement l'arrondi de la voûte, cherchant l'échappatoire du conduit de cheminée devant les conduire vers une fin proche, douce et lancinante !

Une deuxième fois, la pâte subissait l'effet du levain. Les paillas étaient grands, évasés, pouvant recevoir de quoi faire de belles tourtes qui trouveraient refuge au frais dans la souillarde, près du pot de grès contenant le cochon salé. Sauf pour la plus belle qui serait rangée à portée de main, dans l'immense tiroir de la table autour de laquelle chacun avait sa place, comme les vaches à l'étable, le bélier dans la bergerie, et le coq sur le perchoir du poulailler.

Sur la sole du four ne subsistait maintenant qu'un lit de feu éteint. Les braises étaient consumées, laissant la place aux cendres brûlantes, rougeoyantes en quelques endroits. Le bois sec avait vécu, terrassé par le feu. Les dernières fumées s'étaient échappées, entraînées par le vent léger qui soufflait de Lesbinières.

Au dehors, le chien aboya férocement. Ce ne pouvait être qu'un étranger ou un ennemi déclaré qui déclenchait la fureur de l'animal montrant les crocs. En effet, c'était le facteur qui arrivait depuis le chemin du haut. Martin fit taire le chien qui partit en direction de l'étable, déçu de ne pouvoir manifester plus longtemps sa hargne à l'adresse de l'homme à la sacoche. Le facteur passa sa tête violacée par la porte basse du four et annonça courtoisement :

— Y a une lettre pour vous mère Bournerie, de Langeac qu'elle est tamponnée…

— C'est peut-être bien Elise, oui, ça doit être ça, qui d'autre pourrait bien nous écrire? répondit-elle doucement, heureuse de cette missive contenant forcément du bonheur.

D'un seul regard la mère reconnut l'écriture appliquée de sa fille, tourna et retourna l'enveloppe entre ses mains, la faisant passer de l'une à l'autre avec d'infinies précautions, comme si elle craignait de la froisser, de la perdre.

Elle se décida enfin à la tendre à Martin pour qu'il l'ouvre et la lise, à haute voix. L'enveloppe contenait deux feuillets, preuve qu'il y avait beaucoup à dire. Mélanie joignit ses deux mains sur les genoux et écouta Martin, les yeux perdus dans ce fournil sombre, réduit à quelques mètres carrés de surface. Comme dans un rêve, elle apercevait sa petite fille aux cheveux longs, en sabots noirs et tablier bleu, lorsqu'arrivée de l'école, joyeuse, elle rendait visite à sa mère, dans le four, les jours de pain. Mélanie sourit, s'agita soudain assez vivement, car dans sa lettre Elise annonçait vouloir se marier.

Son futur époux était natif de Sainte-Eugénie-de-Villeneuve, et travaillait aux chemins de fer, sur les voies dont il remplaçait les traverses et entretenait le ballast de pierres concassées. Elise écrivait qu'il allait travailler bien au-delà de Langeac, jusqu'à Alleyras, et même à Chapeauroux, en Lozère, où son cousin Girard était chef de gare. Ils s'étaient rencontrés à la scierie où Jean-Baptiste, c'était son prénom, était venu faire équarrir un long fût de frêne avec son père. Elise pensait que le mariage pourrait avoir lieu aux alentours de Sainte-Catherine, peut-être avant, ou après.

La fille Bournerie avait terminé sa longue lettre par des choses sur son travail, sur ses sorties en ville, sur ses rêveries, assise sur l'un des bancs de bois de la place du foirail. Elle racontait ses promenades au bord de l'Allier qui poursuivait son parcours vers la plaine de Brioude et la Limagne d'Issoire. La lecture terminée, Martin replia la lettre qu'il rendit ensuite à sa mère. Elle la remit avec soin dans son enveloppe, y attachant autant de précaution qu'à un testament de famille. Ne sachant pas lire, elle ne pouvait en prendre connaissance une deuxième fois, plus sûrement une troisième. Médard s'en chargerait, assez maladroitement sans doute, mais même en butant sur les mots il parviendrait à prendre connaissance des lignes écrites très soigneusement par sa fille. La mère Bournerie avait retrouvé un semblant de sourire. Elle releva une mèche de ses cheveux gris qu'elle passa derrière son oreille gauche, se tourna face à la fenêtre pour parler de sa voix douce :

— Voilà que ta sœur Elise a trouvé chaussure à son pied. Il était bien temps, elle a eu 28 ans le mois passé. Si elle veut avoir des enfants… Et toi Martin, tu devrais y penser !

— Ça m'arrive quelquefois, ça m'arrive. Pour l'instant je pense à faire cuire le pain, c'est autrement plus urgent…

Martin avait répondu sans grande conviction, cherchant à éviter ce genre de discussion à un moment où il avait mieux à faire. La chaleur du four était à point et la pâte levée. Il n'avait d'autre solution que celle de s'activer pour sortir de très rares braises et les cendres répandues sur les pierres brûlantes, éclaircies par la chaleur du feu, puis écouvillonner la sole. Pourtant, la question de sa mère avait ramené ses pensées vers Agnès Lhéritier, la servante de chez Soulasse à qui on demandait d'écarter le fumier avec ses mains. Tout en travaillant énergiquement à sortir les derniers détritus, Martin s'était dit : « se marier c'est bien beau, mais il faut trouver de quoi se loger, du travail, une ferme, des bois ».

Et ici c'était pas chose facile.

En Margeride les familles étaient nombreuses, les fermes petites, pauvres, malaisées. Il y avait bien les forêts au moment des coupes, l'affouage dans les communaux qui donnait droit à du bois de chauffe, quelquefois au produit de la vente. Mais pour certains, ce trop peu ne pouvait suffire à installer une famille, à la nourrir.

Alors des jeunes partaient louer leurs bras ailleurs, prenaient le train à Langeac pour aller à Issoire, Clermont-Ferrand, Paris…

Pour l'instant, Martin n'y songeait pas vraiment. Il avait retourné les paillas un par un sur la grande pelle en bois et enfourné les boules de pâte les unes après les autres, les rangeant avec rapidité et habilement sur la sole brûlante. Maintenant il suffisait d'attendre une heure environ. Car là, derrière la porte métallique semi dégondée et refermée, le long et pénible travail de la mère Bournerie était récompensé, dégageait une odeur à nulle autre pareille : celle du pain qui levait, dorait, cuisait.

Les efforts de plusieurs heures de travail allaient être récompensés en peu de temps, bien ou mal. Cette tâche renouvelée assurait les repas quotidiens, calait les estomacs, donnait du sens à la vie, ô combien difficile en ce haut pays.

À l'instant où Martin sortait les dernières tourtes dorées et craquantes, Médard entra, muni d'une petite hache et d'un gros marteau. Il venait mettre le coin de bois pour coincer le gond de la porte. Mélanie ne se priva pas d'une réflexion :

— Tout arrive pauvre. Il t'en a fallu du temps pour pas faire grand-chose !

— Ça t'a pas empêchée de cuire jusqu'à présent !

— Certes, mais quand même. Et puis il faudra aller au moulin, la farine va manquer.

— T'as entendu la mère Martin ? Un de ces jours tu atteleras les vaches et le tombereau et tu fileras vers la Desges, jusqu'au moulin.

Mélanie attendit la fin de la réparation et s'adressa à Médard :

— Elise a écrit une longue lettre. Tu la liras. Elle songe à se marier… Allez, il me faut maintenant aller éplucher des pommes de terre pour les mettre à cuire dans le four.

— Mets y assez de lard, il commence à rancir…

— Toi et ton lard !

Vers un autre pays

Le 8 octobre 1929, Martin Bournerie de Lair et son cousin Gustave Peyrusse de Pompeyrin avaient rendez-vous à Desges, devant la maison d'école. Mais le village n'était pas si important, ils ne risquaient guère de ne point s'y rencontrer, et ce n'était pas la première fois qu'ils y mettaient les pieds, loin s'en fallait. Chaussés de brodequins, vêtus de leur meilleur bleu de travail et coiffés de neuf, ils avaient quitté leur hameau sans attendre le lever du jour, rejoint la vallée par des chemins qu'ils connaissaient comme le fond de leurs poches. Chacun avait sur l'épaule un ballot, qu'il portait à l'aide d'un bâton tenu d'une main. La bretelle d'une musette de couleur kaki barrait leur solide poitrine. À l'intérieur de l'une et l'autre étaient rangés quelques vêtements de rechange, et le nécessaire à raser s'y trouvait, protégé par quelques chaussettes de laine grossière. Ils trouveraient bien un moment pour laver un peu de linge en cas de besoin.

Armés d'un autre bâton, plus léger celui-là, Gustave et Martin s'engagèrent sur le chemin qui bordait la rivière en direction de Chanteuges et Saint-Arcons-d'Allier, le plus court qu'ils connaissaient pour rejoindre Langeac, celui de la foire de Sainte-Catherine.

Là ils devaient prendre le train des Cévennes qui venait de Nîmes après avoir traversé les gorges sauvages de l'Allier, en direction d'Arvant, station ferroviaire importante à la jonction des lignes du Gard et de l'Hérault. Leur gare d'arrivée était le Breuil-sur-Couze, peu avant Issoire, à peine au-delà du bassin minier de Brassac dont ils avaient entendu parler, sans plus. Puis, à pied, ils rejoindraient Madriat, distant de 8 kilomètres environ, niché, leur avait-on dit, le long d'une rivière bordée de peupliers : la Couze d'Ardes.

C'était là que pour la première fois de leur vie ils allaient en vendanges. Et pour être fiers ils l'étaient, pas qu'un peu, même s'ils ne savaient pas trop bien ce qui les attendait dans ce bas pays d'Auvergne, près de la fertile plaine de Limagne. Mais, baste, ils auraient toujours le temps de voir venir. Et ne s'étaient-ils pas dits : « Quand on est capable de tirer sur un passe-partout toute une sainte journée, à genoux dans la neige, les doigts transis de froid, alors on doit pouvoir couper quelques malheureuses grappes de raisins, et en croquer aussi, à pleine bouche ».

Car en Margeride ils en mangeaient si peu de ces graines, que d'une année sur l'autre ils en perdaient le goût. Et ce n'était pourtant pas faute d'aimer le raisin, qu'il soit blanc ou noir, encore vert ou déjà fripé par le soleil et le vent du midi. Là-haut, dans leur pays, les fruits manquaient, coûtaient cher, passaient au second plan des besoins. Et sur le marché de Saugues, en été, les produits dorés des vergers du soleil de la basse Ardèche et de la vallée du Rhône captivaient et attristaient le regard des enfants. Les parents en achetaient quelque peu cependant, pour leur faire plaisir. Une livre suffisait pour les goûter, et n'était-ce pas déjà une grande satisfaction, sans le moindre dédain pour une amorce de pourriture ?

En fin d'après-midi, Gustave et Martin étaient arrivés au village de Madriat, peuplé de quelque cent cinquante habitants, ayant traversé le bourg de Saint-Germain-Lembron et emprunté, après quelques virages et un petit pont de pierres, la longue plaine qui passait près de Couzances.

Le pays était plat, le village bordé côté ouest par quelques coteaux entièrement plantés de vignes. Les rangées étaient bien alignées, à intervalles réguliers. Leur feuillage perdait du vert et gagnait du jaune, un peu de roux aussi. Plus loin, derrière, se profilait le massif du Cézallier, précédé de collines en pente douce, à demi boisées de petits feuillus rabougris, désordonnés. Côté nord se dressait le pic de l'Avoiron, en limite des communes de Boudes et Saint-Hérent, veillant sur la vallée des Saints et le village de Bard. Mais ils avaient appris cela plus tard, au hasard des vendanges en ce pays de vignobles.

On les attendait. Dans la cour des Chabassol, le recruteur de Saugues et gendre de la maison, Claudius Lestival, lavait de grands baquets en bois de châtaignier destinés à recevoir la vendange : les « bacholles ». Il les accueillit avec un large sourire, coiffé d'une casquette à visière bleue, apparemment content et fier que des gars de Margeride, un peu de son pays somme toute, aient fait le déplacement jusqu'ici, baluchon à l'épaule et sourire aux lèvres. Avant toute autre chose il les invita à le suivre en direction d'une porte basse.

— Venez à la cave boire un canon, vous devez avoir soif !

Aucun ne répondit, satisfaits cependant de l'invitation qui leur était adressée le plus simplement du monde. Et, en effet, ils avaient la pépie, même après avoir bu un verre dans un bistrot près de la gare d'arrivée.

— Attention aux marches et baissez la tête les gars !

Les trois hommes se retrouvèrent bientôt dans la quasi pénombre de ce qui ressemblait, pour les cousins, à un souterrain à demi enterré, au bas d'un escalier de pierres volumineuses, sans doute posées à vie en ce lieu que prolongeait une allée de terre battue. De part et d'autre, la futaille semblait installée à demeure sous cette voûte de galets jointés au mortier de chaux. Disposés à hauteur d'homme, les tonneaux étaient cerclés de larges bandes métalliques. Des cales en bois les maintenaient en place. Sur la traverse de l'un d'eux, le plus gros de tous, deux taste-vin en argent étaient suspendus à deux pointes recourbées, et trois verres culottés de vinasse s'y trouvaient retournés, côté gauche. Curieux et surpris, Martin osa le premier une question qu'il n'aurait pu taire bien longtemps :

— Putain qu'il est grand celui-là ! Il vous arrive de le remplir de vin ce tonneau ? C'est pas Dieu possible !

Le vigneron regarda ses pieds et sourit longuement avant de répondre, pas peu fier de la curiosité ainsi manifestée par des étrangers au pays. Il s'appuya nonchalamment à une barrique d'à côté avant de prendre la parole pour expliquer :

— Probable qu'on la remplit, et même que certaines années elle suffit pas. On appelle ça une pièce, pas un tonneau, et on peut y loger douze cents litres à peu près, oui c'est ça. Ça fait du pinard rassemblé au même endroit... et des canons aussi ! Dieu que oui. Mais j'ai jamais fait le calcul, je suis pas assez savant pour ça, et l'école j'y allais qu'à reculons, pas plus. De ce côté-ci, à gauche, c'est un demi-muid, et là où je m'appuie c'est une barrique d'un peu plus de deux hectos. Puis il y a aussi des tonneaux qui font deux pots, trente litres, à quelque chose près.

Claudius avait à nouveau rempli les « tassous » en argent au robinet qui coulait au plus bas, signe que la pièce était plus qu'à demi-vide.

— Et vous buvez tout ça ? questionna Gustave Peyrusse avec une curiosité non dissimulée, presque gênante pour lui.

— On en boit bien un peu, tous les jours sans s'en priver, mais on en vend surtout, aux mineurs du bassin de Brassac-les-Mines, des Polonais pour la plupart. Il se raconte que certains en sifflent jusqu'à cinq litres par jour, souvent plus pour certains. Ils disent que « ça leur fait glisser la poussière » ! Ils aiment la gnole aussi. Et quand on va chercher du charbon à la mine de la Combelle, on leur en emmène un litre. Comme ça ils sont contents et font bon poids dans le tombereau. Chez nous autres, ça manque pas l'eau-de-vie, et même que les femmes s'en servent pour faire des conserves. Demain vous verrez des filles du bassin, y en aura trois, peut-être quatre, qui doivent venir vendanger. Et même qu'elles sont courageuses au travail, et plaisantes à regarder, surtout une. Leur nom je m'en souviens à peine. Y en a une c'est Wanda, Dolly aussi, mais l'autre je sais plus. Baste ! Elles le diront bien toutes seules, elles ont pas la langue dans leur poche, ni froid aux yeux. Belles et gentilles qu'elles sont, et pas feignantes, ça non.

Les deux cousins de Margeride étaient étonnés, contents même de s'être laissés tenter par le déplacement au pays des vignes. Après le vin qui brillait dans les « tassous » en argent remplis trois fois, on leur parlait de jolies filles du pays minier, la belle vie en somme.

Et le travail ! pensèrent-ils en se regardant complices.

Le gendre des Chabassol, Claudius Lestival, les guida ensuite vers la grange où était rangé du matériel nécessaire aux travaux de l'exploitation. À gauche en entrant, derrière la grande porte de bois traitée au

« carbonil », quelques bottes de paille d'avoine de la dernière batteuse se trouvaient empilées sous un escalier tournant qui montait à la « fenière », là où était stocké le foin pour l'hiver. Au mur, sur des supports de bois, les harnais d'un cheval étaient soigneusement suspendus, sentant bon l'odeur de la graisse pour le cuir.

— C'est là que vous dormirez, au chaud et au calme, dans ce recoin, avec une vieille couverture du cheval pour l'un, le plus frileux, et une capote pour l'autre, ramenée de 14-18 par le beau-père. Elle servait y a pas longtemps encore à faire dormir le chien de chasse quand il en avait un, un fox-terrier qu'on appelait Niko. La pauvre bête est morte en juillet, la veille du quatorze, mordue par une vipère rouge, les plus méchantes, en bordure d'une vigne que je sulfatais. Le tout est propre, c'est la jeune patronne, ma femme Juliette, qui a lavé à grande eau dans la rase d'à côté. Pour les puces… Y a bien deux lits dans le grenier, mais ils sont réservés pour les filles de Charbonnier-les-Mines, c'est de là qu'elles viennent vendanger chez nous, ici à Madriat. Il en vient pour la troisième fois. Vous pourrez vous y laver dans cette rase, elle fait le tour du pays. L'eau vient de la Couze par une dérivation. Elle est courante et claire, sauf si des canards y trempent leur cul plus haut, ou si quelqu'un y a vidé le pot de chambre. Mais ça se voit pas, elle est propre quand même. Et y a que les sales qui se lavent ! Au moins le devant, puisqu'il se voit ! Pour le reste… Vous pouvez aussi aller en chercher à la fontaine de l'eau, dans un seau, mais faut la porter, et c'est pas à côté ! De toutes les manières c'est la même. Elle vient de la rivière qui descend du Cézallier, sauf qu'y a pas de canard, pas plus que de crotte flottante entre les joncs et les iris sauvages, ceux qui fleurissent jaunes.

Une fois désaltérés et installés sous l'escalier vermoulu, les deux cousins avaient aidé à rincer les « bacholles », à les installer sur le char du cheval avant de faire le tour du village, histoire de se repérer et de trouver la fontaine. On ne pouvait pas se tromper. Elle était adossée au four banal en état d'abandon, près du bistrot que tenait une jeune femme aux cheveux clairs, plus une gamine, mais plutôt jolie, bien mise, cheveux coupés courts.

Sous toutes les maisons il y avait des portes basses donnant accès à des cuvages, des caves. Ici on était au pays de la vigne, bien loin des résineux des forêts d'Auvers et de Pinols, des pierres grises des hameaux de Margeride, des bêlements des brebis dans les bergeries et les granges.

C'était un autre mode de vie, un pays différent. Le cimetière se trouvait derrière l'église, comme en bien d'autres villages d'Auvergne.

Dès le lendemain matin, le départ pour la vigne s'organisait. Trois filles du pays minier étaient là, arrivées en carriole la veille avant la tombée de la nuit. Des voisins et autres vignerons venaient en entraide de Letz et la Brugère, aussi d'Augnat. Le cheval rouge étoilé de blanc sur le haut du front était harnaché et attelé aux brancards. Les femmes et les hommes, panier au bras, marchaient vers un coteau éloigné, celui de la première vigne à vendanger : Champveix. Le chemin caillouteux menait au hameau de Letz, que dominait le château noyé dans la verdure d'un épais bois de chênes. Venues de ce petit village, deux personnes avaient déjà rempli leurs paniers d'osier, attendant de pouvoir les vider. Le temps était frais pour la saison. Le soleil matinal luisait sur la rosée de la nuit, et le casse-croûte était rangé et protégé des secousses du chemin au fond d'une « bacholle ».

Durant cette première journée il s'en était coupé du raisin, mangé aussi, sans retenue. Tous les vendangeurs y mettaient de la bonne volonté, faisaient connaissance, semblaient de bonne humeur, riaient, plaisantaient, se tenaient le dos de temps à autre afin de faire refluer les premières douleurs. Certains chantonnaient, signe que le temps des vendanges en commun était un plaisir renouvelé, comme une fête laborieuse attendue, souhaitée. Et depuis tellement longtemps !

Les paniers d'osier se remplissaient, se vidaient, se coloraient d'une couleur vermeille, se gorgeaient d'odeurs sauvages et naturelles : celles des raisins éclatés et d'osier fraîchement travaillé pour la circonstance. Les appétits s'ouvraient, et les hommes attendaient le premier canon. Tous se découvraient sous l'effet des chauds rayons du soleil d'automne. Comme cette belle jeune fille brune du bassin, Wanda. Elle montrait ses épaules charnues, et chantonnait en permanence « bohémienne aux grands yeux noirs », sans s'occuper des autres, coupant les grappes prestement, saisissant les plus belles graines entre ses lèvres, semblant prendre plaisir à les faire éclater au plus profond de sa bouche gourmande.

Elle laissa échapper, bien malgré elle, un rot sonore qui sema le rire dans son entourage, sans pour autant contrarier sa bonne humeur. Gustave Peyrusse était à côté d'elle, profitant timidement de sa présence et de sa voix douce, chaude. Chanter ne l'empêchait pas d'être rapide, assez pour aider Gustave inhabile à ce travail. Elle était souriante, bavarde, spontanée, curieuse...

— C'est la première fois que vous vendangez vous ?

Et sans attendre la réponse :

— Un aveugle le verrait, dit-elle en souriant largement.

— C'est bien ça. Chez nous, y a pas de vigne, que des genêts et des bois, du foin et des vaches, et aussi des brebis. Vous êtes bien gentille de m'aider.

— Vous venez d'où ?

— De plus haut que Pinols en Margeride, en tirant vers Saugues, presque à la limite de la Lozère.

— Et vous faites quoi là-haut ?

— Je travaille dans les bois, aussi comme journalier agricole, mais pas souvent. Vous connaissez ce haut pays ?

— Fichtre non, jamais entendu parler de ce coin ! C'est en Auvergne ?

— Ben oui. Et vous, vous êtes du pays du charbon, du bassin minier, de vers Brassac ? à ce qu'on m'a dit.

— Je suis née en Pologne, dans les environs de Cracovie, une grande ville située sur la Vistule. Mais mes parents sont venus en France quand j'étais toute petite, à peine deux ans. Mon père travaille à la mine, tout au fond, à plus de quatre cents mètres sous terre. C'est dur et dangereux...

— J'aimerais pas être à sa place.

La discussion avait continué, se propageant parmi tous les vendangeurs. Les plus bavards y trouvaient leur compte, cherchant à satisfaire une bien légitime curiosité auprès de femmes et d'hommes qui se rencontraient pour la première fois, peut-être la dernière aussi.

En allant se soulager au coin de la vigne contre un chêne rabougri, Gustave avait regardé le pic de l'Avoiron, bien assis sur une base solide, régulier dans sa forme et coloré de terre ocre et rouge dans ce qui semblait être une déchirure. Ses pentes étaient à peine boisées, laissant entrevoir quelques pacages clairsemés. En se retournant, son regard avait rencontré la bien timide colline de Piavarate, elle aussi plantée de vignes, puis la butte de Montcelet. Mais il ne s'y attarda guère, rejoignant, plus léger, sa rangée auprès de la brune et souriante Polonaise.

Malgré le travail dans la joie et la bonne humeur, la fatigue veillait. Les courbatures étaient de retour, comme à chaque fois qu'il fallait se baisser et se relever à longueur de journée. Les personnes fragiles du dos se redressaient péniblement, se tenaient les reins à deux mains, se penchant en arrière pour atténuer la douleur. Miladiou ! entendait-on çà et là, en guise de plaintes émises par les plus vieux paysans rompus à ce travail depuis tant d'années.

En fin de journée on devait broyer le raisin, vider les « bacholles » dans la cuve, tirer le premier jus pour en faire du vin rosé.

Martin Bournerie s'était étonné, offusqué même, que l'on puisse écraser de si jolies grappes colorées vermillon, alors qu'en Margeride et Gévaudan le raisin faisait tant défaut, que tous en étaient privés, ne s'en régalant que de trop rares fois l'an, et si peu. Puis, avant de passer à table pour le premier repas du soir, tous s'étaient rassemblés dans la cave pour goûter le bourru, ce vin doux non fermenté, épais et fortement sucré, récemment libéré de son enveloppe protectrice.

L'ambiance était maintenant au repos, à la détente, aux plaisanteries de toutes natures. Le besoin de se restaurer était enfin venu.

Au moment où circulait sur la table le fromage aux artisons, Baldo avait entonné sa chanson Italienne, unique et... préférée: la Madone. Ce rital avait franchi la frontière Franco Italienne après la grande guerre, venant des environs de Palerme, la capitale de la Sicile. Il disait volontiers que la mafia l'avait invité avec fermeté et un geste sans la moindre équivoque à quitter l'île, sinon... couic. Il avait alors rejoint l'Italie sur une barque de mafiosi, l'avait remontée vers le nord pour se retrouver en Lombardie d'abord, puis de l'autre côté de la chaîne Alpine.

Le Sicilien était parvenu en Auvergne sans trop savoir pourquoi ni comment, avait déballé son balluchon à Madriat où il se trouvait bien, vivant de son travail dans les vignes, vergers et jardins. Avait-il voulu prendre de la distance avec les ruelles étroites et les bas quartiers de Palerme ?

La cinquantaine bien pesée, cheveux foncés et oreilles décollées retenant sa casquette lustrée de crasse, encore bel homme plaisant aux femmes, Baldo le Sicilien était ainsi devenu ouvrier agricole en Auvergne. Il était costaud comme un cric, chiquait régulièrement, projetant à plus d'un mètre cinquante une salive de couleur indéfinissable de tabac gris chocolaté et de cendre de bois. Et quand il se mouchait, il le faisait en se tenant raisonnablement à l'écart, appuyant avec un doigt sur une narine et soufflant fort de l'autre. C'était mieux ainsi, surtout pour son ou ses vis-à-vis, car la façon était bruyante, certes, mais redoutablement efficace. Puis il achevait sa manœuvre nasale proprement, avec un mouchoir taillé dans un vieux pan de chemise de couleur plus que douteuse. Peu importait la méthode, l'évacuation fonctionnait à merveille, dépourvue de la moindre discrétion.

À Madriat, les jours de pluie, il longeait les fossés et talus en direction de Barèges, à la recherche d'escargots de toutes tailles et couleurs. Les faisant à peine cuire dans leur coquille sur un feu de sarments de vigne, il lui suffisait alors de les extirper à l'aide de la pointe de son couteau et de s'en régaler, sans rien enlever d'autre, accompagnés de sel et d'ail cru, pain et vin rosé, parfois d'un demi-verre de gnole.

Baldo était un rude travailleur, levé tôt et couché de même. Un mot revenait sans cesse dans ses propos : Diocane. Était-ce le nom de son village, un prénom féminin ? Il disait volontiers, non sans une certaine fierté toute sicilienne, avoir possédé, selon ses propres termes, une superbe femme brune, chaude comme la braise, volcanique comme l'Etna : Diocane la Madone… Sans doute était-ce l'explication, l'origine de sa chanson aux accents Italiens et aux paroles incompréhensibles par des Auvergnats. Alors, à l'occasion des vendanges et de la batteuse, quand il avait bu à en roter, pour faire monter l'ambiance, on lui demandait de chanter, sans avoir besoin d'insister, de le prier : « Diocane ! canta la Madone, canta ». Alors, en regardant les femmes de ses yeux inquisiteurs et perçants, sa voix profonde et mélodieuse s'élevait, le transportant par-delà la Méditerranée, dans la ville aux ruelles étroites et encombrées de gamins bruyants : Palerme. Là où le linge sèche sur une cordelette tendue entre les murs ombragés des maisons, aux fenêtres étroites d'où s'échappent de douces et sensuelles chansonnettes, de nombreux soupirs aussi… « Ah les Siciliennes ! disait-il avec un profond regret dans la voix. Y a qu'elles pour donner autant de bonheur aux hommes »…

Chez les Chabassol, de longues et larges planches de peuplier posées sur de bancals tréteaux servaient de table, installées dans le cuvage qui précédait la cave et jouxtait la cuisine. Ce soir-là, sur le poêle encombré, bouillonnait une énorme marmite remplie de viande de bœuf et de légumes du jardin. Par la porte entrouverte s'échappait une bonne odeur, celle d'un copieux pot-au-feu qui aurait raison des appétits les plus féroces, aiguisés par la fatigue et le plaisir indéfinissable de se retrouver tous réunis autour de cette table, sans chichi ni bla-bla.

L'odeur du laurier-sauce et du thym semblait y faire bon ménage. Pour une grande tablée comme celle-là, des bancs étaient pratiques, permettant de faire une place à tout le monde, en se serrant un peu en cas de nécessité, en se poussant d'un côté ou d'un autre, et même si c'était inutile.

Sans aucun besoin avéré, Gustave et Wanda se laissèrent volontiers aller à ce rapprochement spontané, cuisse contre cuisse, dans la discrétion la plus totale, la plus tendre aussi. Pour ce garçon venu du pays des résineux, les vendanges ne semblaient-elles pas prometteuses ? Sujettes à courbatures certes, mais aussi à d'agréables rencontres et bons moments en perspective.

Les deux garçons du haut pays ne pouvaient que dormir profondément dans cette paille d'avoine douce et silencieuse à leurs mouvements. Dans la petite étable d'à côté, Bijou, le cheval rouge étoilé, tapait régulièrement des sabots, se fichant éperdument de ses voisins couchés sous l'escalier du fenil. Il tirait sur sa chaîne à longueur de nuit, sans doute pour atteindre toute la généreuse brassée de foin déposée dans sa crèche par Martin.

La nuit réparatrice parut bien courte. Un nouveau jour s'était déjà levé, largement éclairé par le soleil se profilant par-delà le Montcelet, annonçant de nouvelles et douloureuses courbatures.

Les connaissances étant faites, les discussions pouvaient s'instaurer à l'heure où s'échappait de la cafetière une bonne odeur, prolongée pour certains par celle d'une forte rasade d'eau-de-vie.

Diocane se servit copieusement, regardant avec un plaisir non dissimulé s'écouler le précieux liquide jauni par le temps. Il rechargea sa chique, aussi discrètement que possible, et remit son paquet de tabac au plus profond de sa poche percée.

Les vendanges pouvaient reprendre dans la vigne de Champveix inachevée la veille. Par le chemin bordé de ronces et de prunelliers, grimpant et encombré de pierres roulantes bloquant les roues du char que tirait vaillamment Bijou, Gustave s'approcha de Wanda qu'il trouva souriante, plus coquette que la veille. Ses cheveux frisottés encadraient un très agréable visage couleur pêche et abricot.

— On pourrait encore se mettre à côté l'un de l'autre pour vendanger, lui dit-elle.

— On pourrait, sauf si le patron me demande de porter la hotte pour soulager Baldo, Diocane, le rital si tu préfères. Il m'en a parlé hier dans la cave, au moment de boire le vin bourru.

Gustave questionna :

— Tu l'aimes ?

— Qui donc ?

— Ce vin bourru !

— Plutôt oui, mais faut que je fasse attention de n'en point trop boire, sinon je pourrais avoir des envies à satisfaire sans crier gare ! Ça dérange parfois, souvent même… Dommage si tu portes les raisins, on aurait pu apprendre à se connaître…

Et, à son grand regret, Gustave devait porter la hotte. Il aurait aimé bavarder avec Wanda, de sa Margeride bien sûr, mais aussi l'écouter parler de la vie des mineurs du côté de Brassac et la Combelle. La discussion s'était prolongée la veille, à l'heure du pot-au-feu, peu avant qu'il ne sente la chaleur bienfaisante de sa cuisse généreuse et douce agissant sur sa virilité spontanée.

Wanda habitait Charbonnier-les-Mines, chemin des Gueules Noires. Elle avait parlé, entre autres, des chevalements de Bayard et des Graves, figés dans le paysage du bassin des houillères d'Auvergne. Ses parents, les Jakowski, avaient quitté la Pologne peu après la grande guerre pour venir travailler en France, à la mine, espérant avoir une vie meilleure, échapper à la misère des environs de Cracovie, connaître un peu plus de liberté.

Wanda avait fait le voyage en train, sur les genoux de sa mère. Elle avait grandi, fréquenté et quitté l'école de Charbonnier dès l'âge de quatorze ans, était l'aînée des quatre enfants du couple, travaillant ça et là pour gagner un peu d'argent et sa nourriture.

Gustave avait aimé l'écouter parler de la vie dans ce bassin largement peuplé d'ouvriers mineurs, aussi de celle de la lointaine Pologne. Ces gens semblaient courageux, solidaires, décidés, résignés. Pour Gustave, sa vie, celle de Margeride, avait semblé préférable.

Du charbon il ignorait tout, mais avait bon espoir d'en apprendre un peu avec Wanda, lui demandant, alors qu'elle vidait son panier dans la hotte en se mettant sur la pointe des pieds :

— J'aimerais que tu me parles de la mine, celle où ton père travaille, de ce métier que l'on dit pénible et dont j'ignore tout.

— Mon frère le plus grand y travaille aussi. Ils arrachent le charbon au fond, tous les deux, où c'est le plus pénible, dangereux aussi. C'est là que ça paye le mieux. Ce soir je t'en dirai un peu plus, après le souper, on trouvera bien le temps…

De cette vigne de Champveix, la vue était magnifique par temps dégagé, rien ne pouvant l'obstruer. On apercevait de nombreux villages, hameaux et fermes : Augnat, la Marge, Chadefaux, Scourdois, Unsac, la pointe du clocher de l'église de Saint-Gervazy, et les derniers vestiges du château de Montcelet, au sommet de la butte figée comme un champignon sur la Chaux, ce vaste plateau aride. Puis, en léger contrebas, Collanges faisait face à Chalus et son château. Carrément à gauche de Champveix, la Brugére et les Terres Rouges proches attiraient curieusement le regard par leurs couleurs surprenantes entourées de verdure. Et tant d'autres lieux par-delà des collines aux formes différentes et colorées, connus seulement de noms, accrochés aux coteaux ça et là, selon la volonté lointaine des hommes depuis fort longtemps disparus, rangés dans les concessions familiales ou fosses communes.

En direction de la plaine du Lembron, les grands peupliers signalaient la Couze d'Ardes. Elle sinuait à leurs pieds au-delà du moulin et de Couzances, en droite ligne avec la butte de Nonette, pour rejoindre l'Allier et l'Alagnon réunies au Saut-du-Loup, après un long parcours sauvage et solitaire.

Face à Montcelet majestueux et dominateur, entre Bard et Charmeix, l'Avoiron ne pouvait échapper aux regards des vendangeurs bruyants et laborieux. Car depuis la vigne, si on levait la tête un instant seulement, les yeux se dirigeaient infailliblement vers l'un ou l'autre. Souvent les deux, comme pour éviter toute jalousie inutile, et aussi admirer leurs formes si différentes dans ce paysage qu'ils semblaient se partager depuis toujours dans la plus grande sérénité, la plus parfaite harmonie, un profond respect.

Claudius Lestival, le gendre des Chabassol, avait expliqué que de ce plateau entièrement planté de vignes, par temps froid et sec, on pouvait entendre le roulement des trains approchant ou quittant la gare du Breuil-sur-Couze, et même la sirène de la Combelle annonçant, pensait-il, le changement de poste des mineurs. Il avait aussi parlé de l'ancienne mine de kaolin exploitée dans la Ronzaille, tout près d'ici, et dont les galeries laissaient à peine passer le corps d'un homme rampant sur les coudes et les genoux pour creuser et sortir le minerai.

Quelle galère devait être celle des hommes travaillant dans de telles conditions !

Et après un long soupir, Claudius avait poursuivi :

— On est quand même mieux dans les vignes, surtout aujourd'hui qu'il fait beau ! À gauche, c'est Piavarate, on ira y vendanger dans la semaine, sans doute vers la fin si le beau temps persiste. Et ça semble bien parti.

Les vendangeurs discutaient, plaisantaient, riaient, travaillaient. Wanda fredonnait. Les « bacholles » se remplissaient sous la hotte que portait adroitement Gustave qui avait ajusté les courroies à sa taille.

La vigne de Champveix terminée, l'équipe avait rejoint celle des Selouzes, au-delà de la Ronzaille, en direction des Terres Rouges, plus éloignée du village de Madriat.

Pour ne pas perdre inutilement du temps en chemin, le repas préparé dans un immense panier d'osier par la patronne, la mère Chabassol, serait pris sur place.

Des « bacholles » vides avaient été renversées dans le pacage d'à côté pour servir de banc, et les plus jeunes s'asseyaient sur le talus voisin et un tas de pierres, en bordure de vigne.

Le casse-croûte enveloppé de papier journal avait été déballé. Les couteaux sortis des poches avaient circulé de mains en mains, permettant à toutes et tous de couper le pain grisé, le saucisson gorgé de lard et le fromage maison peuplé d'acariens.

Tous mangeaient de bon appétit avec des doigts collants et teintés, jetaient les coquilles d'œufs, les peaux de saucisson, la couenne du jambon, les épluchures de fromage, pour le plus grand plaisir des deux chiens de la maison qui ainsi festoyaient. Les fourmis rouges étaient aussi de la fête, circulant et traînant avec difficultés quelques détritus de nourriture vers leur fourmilière. Le tonnelet et les bouteilles se vidaient, tout le monde buvant dans le même verre ou au goulot de la bouteille.

Wanda s'en sortait plutôt bien de cette façon de s'abreuver, s'attirant des plaisanteries gentillettes, alors que Dolly s'était renversé du vin dans le cou, ayant dû se retourner pour s'essuyer jusqu'à la naissance des seins qu'elle semblait avoir menus.

Les filles partaient ensemble faire pipi joyeusement derrière les prunelliers, alors que les hommes buvaient un dernier verre de vin. Les fumeurs roulaient une cigarette de tabac gris et les plus âgés se remettaient debout péniblement, flageolant sur leurs jambes fatiguées.

S'éloignant quelque peu, certains ouvraient maladroitement leur braguette, faisant en sorte de ne rien montrer, heureux d'arroser la nature le plus loin possible, laissant échapper parfois quelques rots bruyants et pets prolongés, lesquels leur offraient plaisir et soulagement.

Pour certains, les courbatures se ressentaient douloureusement. Mais le travail devait reprendre, car il faudrait finir la vigne, dans toute la mesure du possible.

Le soir, au bord de nuit, toutes les « bacholles » étaient pleines, sauf deux, et la dernière rangée avait été vendangée collectivement dans le plus grand désordre. Les rigolades avaient fusé, chacun étant satisfait que cette longue journée prenne fin. Tout le monde était moulu de fatigue, Gustave le premier, éreinté par le portage de la hotte.

Le cheval étoilé de blanc tirait vaillamment la carriole, la retenait selon la pente. Les vendangeurs, panier au bras, prolongeaient des discussions, en ouvraient d'autres, banales, riches de partage. Depuis la Gagnière on apercevait la Croix de Notre-Dame, le pont du Gouvet, et aussi le village aux toits de tuiles rouges groupés autour de son église au clocher carré.

Madriat allait connaître une nouvelle nuit, enveloppé par des odeurs de raisins gorgés de sucre et de vin bourru giclant et éclaboussant d'écume. Il restait encore à décharger la vendange, à broyer les grappes, à grimper l'échelle de bois pour les vider dans la cuve, puis à se mettre à table pour se requinquer, reprendre des forces.

Enfin un bon moment en perspective ! Le meilleur de la journée, celui qu'on attendait, sachant qu'il ne pouvait s'y prendre que plaisir et bon temps sans le voir vraiment passer.

Dans la cuisine, sur le fourneau toujours aussi encombré, un immense faitout en fer-blanc laissait échapper, par son couvercle tressautant, une odeur de circonstance : celle d'une tête de veau entière, mêlée aux carottes et pommes de terre, mais aussi celle de la soupe de vermicelle avec le bouillon du pot-au-feu de la veille.

Chacun trouva une place sur l'un des bancs, réservée quelquefois.

Après la soupe brûlante et quelques résidus de vermicelle dans l'épaisse moustache en broussaille du père Boisseul, les filles furent surprises de voir quelques hommes vider un verre de vin dans leur assiette et la porter à la bouche pour en absorber ce breuvage à la couleur douteuse.

Les amateurs de chabrot n'étaient pas rares, aspirant bruyamment le liquide et s'essuyant les lèvres de leurs manches de chemises, grandement satisfaits d'avoir pris du plaisir à ingurgiter ce mélange de chaud et de froid au goût si particulier.

Wanda mangeait de la tête de veau pour la seconde fois. Elle sembla rechigner au gras visqueux piqué de quelques poils, accordant sa préférence à un morceau de langue et à une copieuse ration de pommes de terre parfumées, légèrement écrasées par une cuisson prolongée. Et, finalement, elle en reprit une tranche, convaincue par Gustave et son appétit, surprise de voir la tablée se régaler de la sorte.

Gustave adorait la tête de veau. Tout en se rassasiant, il avait observé que son cousin Martin était assis à côté de Dolly, une autre fille de Charbonnier aux pommettes roses. « Pas mal non plus, se dit-il ».

Mais Wanda tenait sa place près de lui, maintenant fermement et en mouvements légers sa cuisse contre la sienne. Gustave hasarda timidement sous la table une pression rapide de la main droite. La brune Polonaise ne broncha pas, semblant déçue par ce geste maladroit et précipité.

Baldo le rital avait repris de la soupe. Et à chaque fois un verre de vin rouge avait irrigué le bouillon gras de l'assiette creuse, rejoignant les rations précédentes. Il avait remué religieusement, aspiré longuement avec un contentement non dissimulé. Un rot sonore avait suivi, semblant n'avoir dérangé personne. Il ne s'excusa pas, fit part à tous de son plaisir, de sa satisfaction à faire chabrot :

— Diocane, le vin il est encore meilleur dans la soupe grasse et brûlante, et ça coupe la soif !

Wanda avait regardé ailleurs, découvrant pour la première fois de sa vie la pratique de cette tradition bien ancrée en Basse Auvergne.

Depuis l'opposé de la table, une question était adressée au Sicilien par Juliette Lestival, la femme du Claudius, histoire de le faire parler, de plaisanter, d'en savoir davantage :

— Et la Madone Diocane, elle aimait ça faire chabrot ?

— À Palerme on faisait pas ça patronne. Mais la Madone elle aimait les bonnes choses : le minestrone, les spaghettis, le vin de messe, et l'amour aussi, beaucoup l'amour…

À cet instant, tout le monde était attentif aux suites de la discussion qui ne pouvait s'interrompre en si bon chemin. Les femmes retenaient leur respiration, alors que les hommes fumeurs et moustachus frisaient leur bacante cramée par le feu du briquet à essence.

— Le matin ou le soir ? rajouta subitement un vieux célibataire endurci qui n'avait sans doute jamais approché de femme de près.

— La Madone ! Elle pouvait faire l'amour toute la journée. Diocane y te dit qu'y a pas d'heure pour l'amour. Mais toi t'y peux pas savoir, t'y fais ça tout seul depuis que t'as plus de chèvre… Nous, les Italiens, on peut se passer de manger et de boire, aussi de travailler, mais pas de l'amour…

Autour de la grande table tous les hommes avaient ri, sauf un. Les femmes avaient écouté avec attention et curiosité les propos de Baldo, ne sachant pas s'il était raisonnable de prendre en compte ses affirmations. Et s'il disait la vérité Diocane ! Si c'était vrai qu'il faisait crier les femmes, là-bas, dans son lointain et chaud pays ! Alors, heureuses étaient les Siciliennes, pensèrent certaines dans leur for intérieur, subitement tourmentées par des pensées érotiques ne générant que des regrets et soupirs inachevés.

Juliette semblait ravie, avait réussi une nouvelle fois à faire s'exprimer Diocane sur un sujet qu'elle ne redoutait pas d'aborder en pareilles circonstances. Les formes de cette femme étaient agréables, généreuses, et son sourire quelquefois appuyé pouvait paraître engageant. Mais elle était la patronne, et même Claudius évitait de la contrarier, lui qui n'était que le gendre de la maison.

Gustave quitta la table en premier, prétextant qu'il devait aller faire boire Bijou, le cheval. Le pansage de l'équidé lui avait été confié par Claudius Lestival, le gendre des Chabassol, dès le premier jour. Et il s'en acquittait fort bien, n'ayant jamais eu l'occasion d'en approcher vraiment avant de venir ici. L'homme et le cheval semblaient se comprendre sans monologue, mais quelques paroles du préposé aux soins agrémentaient cette relation récente, empreinte de compréhension réciproque et de confiance mutuelle.

Après avoir bu dans le bac en pierre de la fontaine adossée au mur du vieux four à pain, Bijou regagna sa place docilement, hâtivement même, sachant pertinemment que sa ration d'avoine noire allait arriver sous peu, ou l'y attendait déjà.

Et si Baldo aimait les femmes, la chique, le vin et la gnole, Bijou aimait l'avoine et le foin odorant des Varennes.

Gustave attachait la bête avec le mousqueton de la chaîne, lorsqu'il sentit une présence à l'entrée de la petite étable, dans l'encadrement de la vieille porte en bois à deux battants. Wanda la brune était là, joues roses, jambes légèrement écartées, souriante et achevant de manger d'un bel appétit un morceau de tarte aux pommes faite par la mère Chabassol, la Félicie. Ses yeux brillaient de gourmandise, sa poitrine qu'elle voulait provocante gonflait son léger pull-over rouge foncé, et une longue mèche de cheveux sauvages barrait son agréable visage. Elle souriait de toutes ses dents, peinant à avaler les dernières miettes du gâteau qu'elle ne voulait point laisser perdre.

Apparemment contrarié, Gustave la questionna :

— Tu as quitté les autres, ils vont dire quoi ?

— Ils diront comme ils voudront, moi je voulais venir voir Bijou et son étoile, et celui qui le soigne... T'as pas encore fini de le bichonner ce cheval ?

— Justement, j'allais revenir à table, mais maintenant que tu es là...

— J'ai amené ta part de tarte, tiens, prends-la et mange, elle est drôlement bonne, surtout la bordure qui est bien cuite. Qu'est-ce qu'elle fait de la bonne cuisine cette mère Chabassol !

— Pour sûr qu'elle sait faire la popote.

Onze heures du soir approchaient. Tous les vendangeurs étaient partis se coucher, éreintés, fatigués, certains ayant près d'une petite heure de marche pour rejoindre leur village en pleine nuit : Augnat, Letz et la Brugère. Juliette Lestival, la femme du Claudius, avait débarrassé la longue table de bois brut et poussé les miettes par terre avant d'aller se mettre au lit près de son homme, sans doute endormi et habitué à ronfler comme un sonneur.

Bien des fois, Juliette avait songé à aller dormir ailleurs pour échapper à ce perpétuel et bruyant cataclysme. Elle aurait apprécié quelques caresses et frissons intimes, mais le Claudius n'avait jamais été porté sur la question, ou si peu qu'elle avait appris à s'en passer, à contrecœur cependant.

Demain, Juliette serait la première levée pour allumer le fourneau, faire le café et traire les quatre ou cinq vaches de la maison.

Dans la cuisine redevenue calme et silencieuse, la mère Félicie Chabassol achevait la vaisselle du grand faitout avec une dégraissante poignée d'orties coupée au bord de la rase qui longeait la grange et le jardin. Alerte malgré la soixantaine passée, cette femme de la terre tardait à aller se coucher, le sommeil n'étant pas son plus grand besoin. Les vendanges étaient pour elle l'occasion de se souvenir, de se remémorer les années passées dans les vignes dès son plus jeune âge, du temps de ses parents et grands parents disparus depuis fort longtemps, allongés à demeure derrière l'église.

Le phylloxéra ayant provoqué de nombreux dégâts, il avait bien fallu arracher et replanter la Vigne Rouge, le Champ du Creux et une partie de Piavarate, les parcelles détruites, avec des plants américains résistant au parasite. Mais ce ne serait plus jamais comme avant, de ça elle était intimement persuadée. Rien ne pouvait remplacer le Gamay, ce cépage adapté au rude terroir Auvergnat qui donnait de si beaux raisins, un si bon vin, très prisé des mineurs originaires de Pologne, d'Italie et de Tchécoslovaquie.

La place de cette femme encore valide n'était plus dans les vignes, sauf quelquefois pour attacher les branches et porter le casse-croûte aux hommes. Sa fille Juliette, vaillante et costaude, avait avantageusement pris le relais, laissant sa mère s'occuper de la maison, de la basse-cour, un peu du jardin. Le travail ne manquait pas, jamais, quelle que soit l'heure, le jour, la saison. Mais cette période des vendanges la comblait d'aise, d'un bonheur profond renouvelé une fois l'an, la mettant à contribution pour cuisiner, satisfaire les appétits.

Lors de ces repas copieux elle ne s'asseyait jamais, mangeant debout jambes légèrement écartées, ses larges fesses appuyées à la barre en laiton du fourneau, côté bouilloire. Dans cette position, elle sentait une chaleur bienfaisante envahir son corps fatigué, pouvait surveiller la longue tablée par la porte communicante avec le cuvage. Félicie veillait au pain, au vin, sortait la bouteille de gnole. Son plus grand plaisir consistait sans doute à regarder avec malice les jeunes se rassasier à table, à leur parler, à les écouter rire, à deviner quelques sentiments naissants dans les regards échangés, et deviner des gestes furtifs sous la table. Et dans sa tête, rien que pour elle, ne se disait-elle pas : « comme ils ont raison d'en profiter tant qu'ils peuvent, ça leur passera bien assez vite, beaucoup trop ».

La vaisselle terminée et mise à égoutter dans le bac en pierre, Félicie sortit sur le pas de la porte de la cuisine qui donnait dans la cour, près du pigeonnier devant lequel se trouvait le pressoir, histoire de prendre l'air et de regarder le ciel. Il était clair, signe que le beau temps persistait encore, et la pleine lune surplombait, au loin vers l'est, les vestiges de l'ancienne forteresse de Montcelet, par-delà les hauts peupliers qui bordaient la Couze d'Ardes.

Derrière le vaste plateau de la Chaux, légèrement sur la gauche en contrebas, elle situait le village de Vichel, et, plus loin, Beaulieu et Charbonnier-les-Mines d'où venaient les trois filles pour les vendanges. Sur la droite du plateau allongé du sud au nord, Félicie savait endormi, dans son creux, le chef-lieu de commune de Saint-Gervazy, veillé par son château en état d'abandon, entouré de buissons et d'éboulis de murs. Beaucoup plus près, au-delà de la croix de Notre-Dame, en direction de Letz, un chien aboyait par intermittence. À gauche, au fond de la cour, la mère Chabassol entendait le cheval tirer sur sa chaîne, remuer la caisse en bois dans la crèche, probablement pour atteindre les derniers grains d'avoine noire donnée par Gustave Peyrusse.

Celui-là savait s'y prendre avec Bijou, lui parlant calmement assez près des oreilles, lui touchant les flancs frémissants du plat de la main, lui passant étrille et brosse avant de le faire boire, puis versant la ration de grains dans la mangeoire de bois blanc. Enfin venait le moment de l'harnacher.

La Félicie décida d'aller soulager sa vessie dans le jardin avant d'aller au lit. Ce qu'elle faisait plus régulièrement derrière le mur de la grange, près des soues, sans courir le moindre risque d'être dérangée. Mais elle avait besoin de laurier-sauce pour sa cuisine du lendemain, une énorme langue de bœuf ramenée le jour même de Saint-Germain-Lembron. Elle la mettrait dans le grand faitout au couvercle branlant, profiterait longuement de la bonne odeur de cuisson.

Alors ça ferait le même déplacement. Ne devait-elle pas ménager ses pauvres jambes usées qui la faisaient souffrir ? Et puis, uriner près du mur ou du laurier, ici ou là, quelle importance quand on en a une de ces envies ?

C'était un peu plus loin, certes, et il y avait la rase à traverser sur une large pierre plate qu'il ne fallait pas rater. Sinon c'était un bain de pied assuré. L'eau qui coulait là était claire, déviée du ruisseau en amont du village et le contournant sans trop de courant. C'est ici qu'on remplissait l'arrosoir pour mettre de l'eau aux pieds des tomates, qu'on mettait la paille de seigle à tremper pour attacher la vigne, qu'on faisait la lessive par beau temps, qu'on lavait les intestins du cochon quand il avait passé de vie à trépas.

Cette rase était un bienfait, rendait de nombreux services, courant le long des murs, arrosant les jardins, offrant le bain aux canards, coupant la soif des bêtes… Et à proximité se plaisait le laurier, en terre riche, humide et profonde. Il était assez grand et épais pour cacher le copieux fessier de Félicie accroupie en plein jour. Ce soir c'était bien inutile. La nuit était tombée depuis fort longtemps. Le village dormait, la cuve bouillait à son rythme, dégageant une odeur incomparable qui ne revenait qu'une fois l'an, alors ! Fessier découvert ou pas, quelle importance en cette nuit d'octobre ?

Soudain, contre toute attente, elle entendit parler à voix basse sur sa gauche, comme des murmures à peine perceptibles, au moment où elle remontait sa grande braye de ses bras osseux, son besoin naturel satisfait. Ayant en hâte rabattu son grand tablier bleu, elle prêta une plus grande attention en direction de ce bruit insolite qui parvenait à n'en pas douter de la meule de paille, à moins de vingt mètres d'elle, au-delà des cassissiers et groseilliers qui bordaient le jardin. Elle perçut un rire étouffé, comme langoureux, puis plusieurs, aussi quelques paroles prononcées à voix basse qu'elle ne pouvait comprendre, se suffisant à les interpréter.

A quoi bon ! Félicie avait compris que se nouait là un tendre dialogue, un échange rapproché au plus près. Des soupirs féminins à peine audibles prirent le dessus, parvinrent à ses oreilles attentives et curieuses, s'amplifièrent, jusqu'à couvrir le bruit de l'eau ruisselant entre les iris sauvages.

Ces soupirs ne rappelaient-ils pas à la mère Chabassol de bien lointains souvenirs de vendanges ? Elle-même s'étant laissée séduire dans des conditions identiques, un soir de pluie.

Afin de satisfaire ce qu'elle considérait comme une légitime curiosité, elle avança de quelques pas en silence et dirigea sa meilleure oreille, la droite, dans la direction des ébats, face à la pleine lune qui s'attardait sur le Montcelet, semblant virer en direction de la croix de Saint-Gervazy. Attentive et silencieuse, retenant sa respiration assez forte et redoutant une quinte de toux, elle n'eut aucune difficulté à reconnaître les occupants de ce lieu insolite, néanmoins confortable et accueillant.

De tout temps il en avait été ainsi, quelle que soit la saison et l'âge des hôtes de pareils endroits, très prisés des amoureux en quête de rencontres sentimentales et discrètes.

La tradition se perpétuait. Soulagée à plus d'un titre, la patronne Chabassol s'apprêtait à quitter silencieusement les lieux pour rejoindre son lit, quand les soupirs échappés reprirent de plus belle, laissant à penser que les choses étaient maintenant bien engagées, très avancées même, pour le couple de vendangeurs. Nul besoin de s'attarder plus longtemps à guetter la suite de cette rencontre occasionnelle et nocturne. Et pourquoi faire, grand Dieu ?

Aucun doute n'était possible. Wanda, la Polonaise du pays minier, était entreprise de maîtresse façon par Gustave, l'homme des bois de Margeride.

Tournant le dos à la lune et à Montcelet, Félicie repassa la pierre plate de la rase en souriant avec malice, se disant : « Même ici y a des volcans en éruption, pas seulement au pays de Diocane, et cette fois la Madone est Polonaise ».

Le lendemain matin, à l'heure où dans le cuvage planait une agréable odeur de café, on parlait du temps qui changeait. La pluie laisserait-elle achever la récolte des raisins ?

Wanda arriva parmi les derniers, pressée et peignée à la va-vite. Elle s'installa au bout d'un banc, près de la porte de la cuisine, à côté de sa copine Dolly levée bien avant elle. De la table de la cuisine sur laquelle elle épluchait des carottes, la mère Chabassol l'avait vue, lui accordant un large sourire complaisant, et faisant quelques pas dans sa direction pour engager une conversation empreinte de malice :

— Alors Wanda, t'as bien dormi au moins ?

— Mais oui, j'ai un bon sommeil, même que j'ai tardé un peu à sortir du lit ce matin.

Alors, complice à sa manière et discrète pour deux, la vigneronne couche-tard poursuivit :

— Il te reste deux brins de paille dans les cheveux petite, pense à les enlever, pas la peine que ça se voie aussi haut, tes yeux suffisent…

Wanda Jakowski resta bouche bée, ne sachant que répondre, le visage soudain empourpré et s'entendant dire sur un ton compréhensif, presque amical :

— T'inquiète petite, on a connu ça avant toi, et ça fait de mal à personne ! Tu peux me croire sur parole.

— Je vous crois, je vous crois Félicie…

— Allez, bois ton café et mange, l'amour ça creuse !

Dehors, le cheval était déjà attelé à la carriole chargée de « bacholles » vides, Gustave détachant les guides enroulées autour du collier. Le départ vers la Vigne Rouge s'organisait, alors que Wanda avait repris du café, manquant de sommeil mais étant de très bonne humeur, les yeux brillants et rieurs, la démarche souple et décidée.

Les vendanges chez Chabassol s'étaient achevées par la vigne du versant du Coustilloux. Le temps ayant soudain changé dans la nuit, il avait plu toute la matinée en ce dernier jour. Cette maudite pluie n'était pas la bienvenue, compliquant le travail des vendangeurs, les obligeant à revêtir de vieux vêtements qui dégoulinaient de la tête aux pieds. Mais il fallait finir, quel que soit le temps. Et puis, n'avait-on pas profité du soleil quatre jours durant ? La récolte était belle, remplissant la cuve à une trentaine de centimètres du bord, laissant cependant suffisamment de place au bouillonnement des raisins broyés.

En fin d'après-midi, alors que les hommes vidaient les dernières « bacholles » dans la cuve, Wanda rendit visite au cheval étoilé. Elle avait décidé de lui faire une beauté, en lui tressant la crinière et la queue avec application. La bête se laissa faire, appréciant sans aucun doute les paroles douces et gestes tendres de la belle Polonaise du bassin minier. Elle lui parla des puits et galeries, du charbon poussiéreux arraché avec peine et sueur aux entrailles de la terre, des wagonnets que ses semblables tiraient dans les passages étroits du fond, devenant aveugles et y mourrant sans avoir revu le soleil.

Alors Wanda se dressa sur la pointe des pieds, découvrant haut ses jolies jambes et galbant ses fesses. Elle entoura affectueusement de ses deux bras le cou de la bête, lui disant à l'oreille, rien que pour eux deux :

— Quelle chance tu as de vivre ici Bijou, à la lumière et au grand air de ton village. Ne va jamais à Bayard, à Sélamines ou aux Graves, ces puits auraient ta peau. Mais si tu viens y chercher du charbon pour l'hiver avec ton maître, les mineurs chargeront le tombereau et feront bon poids, surtout si ton patron apporte une bouteille de gnole à ces hommes aux yeux brouillés de poussière. Alors tu reprendras ton chemin vers Saint-Germain et Madriat par la longue plaine. Tu y retrouveras ton écurie, la bonne odeur du foin, l'avoine noire dont tu raffoles et l'eau claire de la fontaine.

Wanda sentit couler soudain de chaudes larmes sur ses joues. Elle les essuya furtivement de son mouchoir brodé par sa mère illettrée, surprise par cette effusion de sentiments et sensibilités intimes. Mais à ce moment précis, ses pensées exprimées à voix haute à l'animal n'allaient-elles pas vers toute la population de ce bassin minier qui peinait, souffrait, s'entraidait, jouait, aimait…

La brune Polonaise se reprit très vite, déposa un long baiser sur l'étoile blanche du front de Bijou, puis rejoignit les autres vendangeurs à la cave pour un dernier verre de vin bourru, celui d'un bonheur qui lui parut soudain bien éphémère.

C'était toujours ça de pris…

Pour le dernier repas en commun, Félicie Chabassol n'avait pas lésiné. Pourtant, au moment de passer à table, l'ambiance joyeuse des jours précédents s'était estompée, contrariée par la pluie persistante et la fraîcheur de la nuit tombée, une proche séparation aussi.

À la demande de son homme Claudius, Juliette Lestival avait sorti la bouteille de Pernod, ce « perniflard » prisé des hommes, et un vin jaune et doux pour les femmes, celui issu de raisins séchés partiellement sur une odorante paille de seigle. Sur la table trônaient un faitout fumant de soupe de vermicelle, la dernière issue du pot-au-feu, et un immense plat de charcuterie coloré, alors que l'odeur d'un ragoût d'agneau et pommes de terre parvenait de la cuisine.

Claudius semblait satisfait, ayant demandé à Gustave et Martin de rester trois jours de plus, histoire d'aider deux voisins en mauvaise santé et de préparer la futaille pour loger le vin. La Margeride et le Gévaudan pouvaient bien les attendre, rien ne pressant là-haut, alors qu'ici !

Puis Félicie se fit entendre :

— Il peut bien pleuvoir toute la nuit si ça veut, on est à l'abri et le raisin aussi. Et puis le beau temps reviendra, dès demain, le baromètre remonte et mes articulations deviennent moins douloureuses. Servez-vous, c'est fait pour ça. Et vous, les gars de Haute-Loire, vous en pensez quoi des vendanges ?

Martin Bournerie répondit le premier, attardant malgré lui son regard en direction de Dolly, la fille blonde du pays minier qui regardait distraitement dans son assiette et s'était montrée sentimentalement réservée, n'en pensant pas moins.

— Moi ça m'a bien plu, même si j'ai eu mal aux reins, surtout les deux premiers jours. Maintenant ça va mieux, mais c'est fini, enfin presque.

Abandonnant des yeux le visage à la chevelure claire, il s'adressa à Félicie :

— Et même que la cuisine était trop bonne. On peut dire qu'on a bien mangé, trop même.

Gustave Peyrusse ne pouvait que donner son point de vue, sans pour autant aborder tous les sujets :

— Bien mangé, ça c'est sûr, mais aussi bien bu. Putain tous ces canons qu'on a culbutés dans le noir de la cave et autour de la table ! Moi j'ai appris à conduire le cheval, c'était la première fois. Chez nous y a que des vaches et des bœufs. Ça me plairait bien de revenir l'année prochaine. Et même que j'ai appris à connaître un peu la vie de la mine, poursuivit-il en regardant dans la direction de Wanda, nullement gênée par ce regard qui en disait long.

— Et les filles, elles en pensent quoi ? demanda Félicie en dirigeant son regard vers Wanda qui achevait de vider son verre de vin de paille.

Toutes s'accordèrent pour dire qu'elles pourraient refaire, l'année suivante, le voyage des vendanges, si toutefois elles étaient disponibles et encore célibataires. Dolly pensait au mariage avec un mineur de Basse-Combelle, avouant avoir mangé et bu plus que de raison. Wanda avait manqué de sommeil, surtout les deux dernières nuits... Félicie avait ajouté en souriant :

— Allez servez-vous. Tout le monde a mis du cœur à l'ouvrage, et pour l'année prochaine... Qui peut savoir ?

Le ragoût aux pommes de terre vint à bout des appétits les plus féroces. À l'heure du fromage et rassasié de soupe de vermicelle, Diocane avait tendu son verre, demandé un autre canon, assoiffé par le poivre et le sel qu'il avait généreusement et imprudemment dispersés sur les pommes de terre dont il raffolait. Les esprits étaient chauds, la cuisse droite de Wanda aussi, plaquée contre celle de Gustave. Elle semblait heureuse et contrariée par la fin des vendanges et la pluie. Dans son esprit elle pensait à la meule de paille aujourd'hui inhospitalière, humide et froide sans le moindre doute, alors que les deux nuits précédentes...

Elle voulut montrer un semblant de gaîté, réclamant à sa façon une chanson au Sicilien qui n'attendait que ça, aidé par le vin et la bonne humeur retrouvée, la casquette tournée de travers.

— Alors Diocane, et à la Madone, tu y penses ?

— Si j'y pense ! C'est pas possible que je l'oublie, tellement qu'elle était belle et volcanique. Je veux bien la chanter sa chanson à elle, mais si toi Wanda tu chantes la bohémienne. Verse moi un autre canon pendant que je vais cracher ma chique et pisser dans la rase, et après c'est parti le phonographe !

Même à demi ivre, Diocane poussait magistralement la chansonnette venue d'Italie. Il la connaissait par cœur et y mettait toute son émotion, fixant du regard une direction inconnue, celle d'un pays qu'il avait dû quitter pour échapper aux menaces des ruelles de Palerme. Il eut du mal à retenir ses larmes, les chassant avec difficulté en s'adressant à la jeune fille brune du pays minier, expatriée comme lui :

— C'est à ton tour maintenant, et oui, c'est à toi.

Wanda la Polonaise se mit debout, derrière le banc,

et recula de quelques pas, comme pour être à l'aise dans ses mouvements d'épaules et de hanches. Cette fille avait un corps légèrement enveloppé, des bras et jambes rondelets, des lèvres charnues découvrant de superbes dents et laissant échapper une voix chaude et pénétrante, avec un léger accent venu d'ailleurs, de très loin, bien au-delà de l'Oder. Elle s'appliqua, promenant son regard sur tous les visages devenus subitement silencieux, rendant un vibrant hommage à la femme des bords du Danube, cette « bohémienne aux grands yeux noirs » qui aguichait tous les hommes, les faisait rêver, follement.

En la regardant chanter, Félicie se dit en elle-même : « Dieu qu'elle est belle cette Polonaise, et que c'est beau la jeunesse » !

Les vendanges chez les Chabassol étaient achevées. Tôt le matin, Gustave avait fait la toilette de Bijou, caressant du bout des doigts les tresses de ses longs poils. Il l'avait attelé à la carriole légère des jours de sortie. Les banquettes étaient capitonnées de cuir grossier écaillé, dont on prenait le plus grand soin pourtant. Claudius Lestival et les trois filles s'installèrent sur les sièges et le cheval prit au trot le chemin de la Couze, en direction de la tuilerie. Puis ce serait Collanges et Vichel sur la droite, sous le Montcelet, et enfin Charbonnier-les-Mines, chemin des Gueules Noires.

Dans la carriole, Gustave et Martin avaient installé, à la demande de Félicie, deux paniers d'osier. L'un était plein de raisins blancs et noirs, l'autre de pêches de la vigne de Champveix et de quelques pommes. Pliées dans du papier journal, celui de *La Liberté*, trois bouteilles de gnole faisaient aussi partie du retour vers le bassin minier. Dans leur poche, les trois filles serraient une enveloppe contenant quelques billets. Quel usage en feraient-elles ? Et que deviendraient les souvenirs de ces vendanges au fil du temps ?

Cette journée dans les vignes des voisins des Chabassol ne ressemblait nullement aux autres. Le soleil était de retour, tentant de sécher les feuilles, de réchauffer les mains. Mais pour Gustave et Martin l'ambiance joyeuse n'y était plus. Les trois filles étaient reparties vers leur cité minière bâtie de briques rouges, satisfaites d'avoir gagné un peu d'argent. Elles ramenaient aussi raisins et pêches pour leurs frères et sœurs, une bouteille d'eau-de-vie pour leur père, et des souvenirs…

Le travail des paysans, aux vignes et aux champs, les avait surprises, presque agréablement. Il était tellement différent de celui des mineurs ayant quitté leur lointain pays, définitivement sans doute, pour être embauchés par les Houillères du Bassin d'Auvergne dont le siège était situé à Clermont-Ferrand, les HBA.

Ces Polonais aux yeux clairs avaient fui la misère des banlieues de Cracovie avec femmes et enfants à travers l'Europe, en direction de l'ouest, vêtus de hardes et chaussés de croquenots, rêvant d'une vie meilleure, mais à quel prix ?

De courage, ils ne manquaient pas, d'envie de s'en sortir, non plus.

Dans la meule de paille, après l'amour, Wanda avait beaucoup parlé de la mine, des conditions de vie dans les cités, de la pénibilité du travail pour extraire le charbon des entrailles de la terre.

— Et cette silice qui tue les hommes ! avait-elle dit du bout de ses lèvres sensuelles.

Gustave avait écouté, questionné, et recueilli des confidences dont il se souviendrait sans aucun doute très longtemps, sa vie durant peut-être.

Le visage perdu dans l'opulente chevelure brune, le vendangeur de Margeride s'était dit que le travail sous terre n'était pas fait pour lui. Au bruit des pelles et marteaux-piqueurs il préférait celui des haches et des passe-partout, et à la poussière du charbon, l'air vif des forêts de résineux.

Lors de ce long récit, la belle Polonaise avait hésité, cherché ses mots, mouillé son visage, offert généreusement ses lèvres gourmandes.

Assise à l'arrière de la carriole, regardant en alternance la butte de Montcelet et le pic de l'Avoiron, Wanda avait finalement fixé son doux regard sur les longues oreilles de Bijou qui s'agitaient sans cesse. Les tresses de sa crinière sursautaient, le bruit de ses fers martelait les cailloux du chemin, alors que les toits rouges de Madriat disparaissaient derrière les grands peupliers de la Couze.

Wanda pensait à Gustave qu'elle ne reverrait peut-être jamais, et à ce bonheur partagé spontanément. Ils s'étaient aimés dans la paille, sans la moindre retenue, avaient échangé leurs adresses respectives, promettant de s'écrire de temps à autre, de revenir l'an prochain. Mais d'ici là !

Les deux garçons du haut pays prolongèrent d'une semaine encore leur séjour dans ce village au bord de la Couze d'Ardes. Ayant vendangé à Letz et la Brugère, ils avaient ensuite participé à la cueillette des pommes, s'adaptant très vite à ce travail en haut des échelles de bois, prenant soin des fruits colorés, manipulant les caisses avec aisance et précaution.

Martin se plaisait ici, trouvait le climat agréable, alors que les bois de résineux manquaient à Gustave, l'air plus vif aussi. Ils étaient nourris par leurs employeurs respectifs, continuant à dormir chez les Chabassol, peu dérangeants et habitués au coin de la grange, à la douceur de la paille d'avoine et au bruit familier de Bijou proche d'eux. Le matin ils sortaient les bouses et crottins, brossaient les bêtes et bavardaient avec la femme de Claudius qui trayait les vaches. Elle semblait apprécier leur présence, aussi les services qu'ils rendaient. Les gens du pays les connaissaient.

Diocane, qui logeait dans une petite maison tout en hauteur, au fond d'une impasse, avait bien tenté de leur apprendre à chiquer, mais en vain. Par contre, ils ne rechignaient pas à boire des canons, à faire chabrot, à baptiser copieusement le café de gnole. Gustave et Martin s'étaient laissés dire que l'alambic viendrait bientôt distiller le marc de raisin, et ainsi renouveler le stock de ce breuvage d'exception.

Juliette avait expliqué qu'elle en mettait un bon verre pour faire cuire une marmite de tripes, un peu dans la chair du cochon avant d'en faire les saucissons, aussi dans le sang du boudin pour sa cuisson. Elle s'en servait pour frictionner le dos des vaches en cas de coup de froid, et en versait une copieuse rasade dans de l'eau bouillante qu'il fallait boire avant d'aller au lit, en cas d'état grippal…

Martin n'en croyait pas ses oreilles, mettant en doute de si nombreuses vertus :

— Et beh miladiou, si c'est si bon que ça votre gnole, faudra que je vienne m'installer ici avec femme et enfants quand j'en aurai !

Le vieux Chabassol qui ne parlait guère avait pris le relais :

— Si tu veux venir je te trouverai quelque chose. La ferme du père Léonard sera libre avant peu, et tu pourrais y gagner ta vie autant qu'ailleurs. À la seule condition qu'il te faudra travailler…

Diocane la Madone avait calmement rechargé sa chique et cru bon d'en rajouter, sans doute pour tenter de justifier son attirance pour ce breuvage que toutes les maisons d'ici possédaient en tonnelets et bonbonnes, le mettant sur la table à chaque repas, ou presque :

— C'est aussi bon comme purge, ça tue les vers. Et même que ça soigne les dents et le mal de ventre…

— Pour l'amour ça fait guère d'effet. Mon homme en boit, mais moi j'y trouve aucun changement, avait répondu Juliette en regardant Gustave et Martin, sourire en coin et poitrine gonflée.

Après les vendanges et les pommes, les Polonaises du bassin minier, les tonneaux du cuvage et le cheval rouge étoilé, les hommes de Margeride seraient-ils amenés à s'occuper de la fille Chabassol, la femme du Claudius ? Ils étaient l'un et l'autre profondément dévoués, toujours prêts à rendre service, mais quand même ! Et leur séjour ici s'achevait.

Baluchon à l'épaule et rasés du matin, Gustave Peyrusse et Martin Bournerie avaient pris à pied le chemin de la gare, non sans avoir rendu une dernière visite à Bijou. Le cheval s'impatienta en frappant le sol de son antérieur gauche, puis se serra contre le mur droit, laissant suffisamment de place aux deux hommes bien décidés à lui prodiguer quelques caresses sur l'encolure et le flanc. Dans sa tête, Gustave pensa qu'il ne le reverrait sans doute pas et lui dit :

— T'es une brave bête toi, et le courage te manque pas. On s'entendait bien tous les deux, et même la nuit tu me parlais. Au revoir Bijou, je penserai à toi depuis mon village de Margeride, là-haut dans les bois, du côté de la Lozère et du Gévaudan.

Au sortir de Madriat, ils prirent le chemin des Varennes en direction de Couzances. Les deux hommes marchaient d'un bon pas, fixant leur regard sur la côte de Chalus, jusqu'à l'Avoiron. La couleur des vignes virait au roux, les feuilles des peupliers jaunissaient, un léger brouillard émergeait du sol humide.

La plaine leur parut courte. Ils prirent le chemin à droite, celui de gauche allant en direction de Boudes et d'un four à chaux abandonné. Ils passèrent devant la ferme de Couzances dont le portail de la cour était entrouvert. Deux chiens aboyèrent sur leur passage, sans la moindre sympathie, une femme les invitant en patois à se taire.

Après le franchissement du pont sur la Couze, Gustave et Martin rejoignirent la route de Saint-Germain-Lembron. Le Montcelet avait disparu de leur vue.

Arrivés en avance à la gare, ils eurent tout le temps de boire un canon avant l'apparition du long panache blanc de la locomotive tractant le convoi qui venait de Paris en direction de la Lozère et du Gard. Ils prirent place, et le train longea la rivière, sinuant à vitesse réduite le long des berges, leur permettant d'apercevoir le pont du Saut-du-Loup et le confluent de l'Allier avec l'Alagnon.

À leur droite, les deux hommes du haut pays aperçurent un monticule puis une construction métallique, sans doute un chevalement. Là travaillaient peut-être les Polonais de Cracovie, les pères et frères des trois jeunes filles du chemin des Gueules Noires.

Gustave pensa à Wanda Jakowski. La longue histoire des mineurs revenait à son esprit, racontée avec émotion par la belle Polonaise de sa voix tendre et émue.

Le train quitta Brassac-les-Mines et les berges douces de l'Allier, avant de stopper un long moment en gare d'Arvant, pour raison de correspondance avec la ligne de Béziers. Puis le convoi des Cévennes reprit calmement son parcours, long et sinueux, en direction de Nîmes, via Saint-Georges-d'Aurac et Langogne.

Dans peu de temps s'achèverait à Langeac le voyage du retour en train des deux vendangeurs de haute Auvergne.

Sans regarder le long panache du train disparaître en direction des gorges de l'Allier, les deux cousins avaient rapidement quitté le quai de gare et repris, d'un bon pas, le chemin restant à parcourir pour rentrer chez eux, vers Desges, Auvers et la Besseyre-Saint-Mary, là-haut vers le mont Mouchet.

La Saint-Cochon

Après leur retour en Margeride, les deux vendangeurs occasionnels eurent matière à raconter dans leur famille et village respectifs. Une curiosité légitime et naturelle suscitait de nombreuses questions et réponses, la plupart relatives aux conditions de vie en Basse-Auvergne, à l'élevage, aux cultures, au climat, aux possibles opportunités d'aller s'y installer à vie. Non pas pour fuir à tout prix ce pays qu'ils aimaient, mais pour connaître une vie meilleure, moins rude, plus facile.

Les commentaires allaient bon train lors de rencontres, notamment au bistrot proche de l'église, le dimanche matin après la messe. Là se retrouvaient tous les hommes endimanchés de noir, sauf à de très rares exceptions. Ils y vidaient quelques chopines, roulaient une ou deux cigarettes de tabac gris, casquette ou chapeau immuablement vissés sur les têtes. Des mégots collés aux lèvres pendaient, d'autres étaient prisonniers de dents jaunies, souvent effritées.

Martin ne touchait pas au tabac, se contentant de chasser les ronds de fumée d'une main agacée, de boire un verre de vin, parfois deux, rarement davantage.

En cette belle fin d'automne de 1929, les travaux dans le massif forestier suivaient leur cours habituel. Les hommes abattaient de magnifiques feuillus et résineux, émondaient, nettoyaient, préparaient de nouvelles plantations en des lieux où la régénération naturelle ne suffisait pas. Dans ces sous-bois, sentait bon la végétation largement couverte d'une mousse épaisse, douce sous les sabots. Les hommes portaient une large ceinture de flanelle pour se protéger les reins de l'effort et du froid.

Des champignons poussaient çà et là, discrets ou colorés. Le soleil peinait à pénétrer les hautes futaies, plus encore au fond des vallées encaissées où serpentaient de maigres ruisselets.

Dans les rares champs des bords de la Desges et des plateaux à pente douce il y avait peu à faire. Les travaux ne concernaient que l'arrachage des pommes de terre et la préparation des sols pour semer le seigle, celui qui résisterait aux froidures de l'hiver, protégé par une épaisse couche de neige jusqu'aux premiers beaux jours d'un printemps tardif.

Tant qu'il faisait beau les hommes travaillaient dehors. Le mauvais temps viendrait bien assez vite, durerait sans doute trop, les clouant dans les granges et étables.

À Lair d'Auvers, le battage au fléau sur le sol de terre battue de la grange restait à accomplir, repoussé à la première offensive d'un hiver qui ne pouvait guère tarder maintenant, un mois tout au plus.

Alors la vie familiale s'ordonnerait différemment, rapprocherait les hommes et les bêtes, à l'étable notamment, pour de multiples occupations à l'abri d'un ciel chargé de neige et peuplé de quelques corbeaux téméraires et affamés. Les bouses et pisses des vaches s'écrasant et giclant chaudement sur le sol ne changeraient rien à cette cohabitation de circonstance, immuable, confiante et pour le moins confortable.

Ici la chaleur dégagée par les bêtes était douce, appréciée, tout comme la bonne odeur qui flottait en ce lieu, quelques bêlements de brebis complétant cette vie des plus mauvais jours de l'hiver. Et ces derniers ne manqueraient pas, de ça les habitants d'ici étaient intimement persuadés. Le vécu était tenace.

De Langeac était récemment parvenue une lettre d'Elise, faisant part de son mariage durant la semaine de Noël, à Auvers, et espérant que les chemins ne soient pas comblés de neige.

Le père et la mère Bournerie avaient approuvé la période choisie, souhaitant la mettre à profit pour sacrifier Nénesse, le cochon qui donnerait à l'événement le meilleur de lui-même, tête et pieds, gras et maigre confondus. Bien que n'en sachant rien, Nénesse était à lui seul tout un bonheur à partager.

C'est de ce nom qu'il avait été baptisé voilà plus de neuf mois, en dehors de toute considération, seulement pour qu'il ait toute sa place au sein de la famille. Il était socialement reconnu et respecté de tous, au même titre que les autres animaux, nourri deux fois par jour de petit-lait, de farine et de rutabagas, des plus petites pommes de terre aussi.

Mélanie Bournerie soignait bien Nénesse, très bien même. Il était tenu propre, aussi propre que peut l'être un cochon dans sa soue. Une belle vie en somme, sans histoire aucune, qui cachait quelque chose de pas très catholique. Même le curé en convenait.

Dès le jour où il arrivait à la maison son sort était scellé, toute la famille sachant la triste fin qui lui serait réservée à une date inconnue, mais très proche de la visite de l'homme à la barbe blanche, de Noël, invariablement blanc.

Tout au long de sa vie il ne manquerait de rien, même pas de conversation ni de confidences. Nénesse venait du hameau de Nozeyrolles, d'une famille qui élevait une coche, réservé par avance et transporté ici dans la caisse du tombereau tiré par une paire de vaches. Cette balade par les chemins bordés de résineux était pour lui la première et la dernière de sa courte vie.

— Il faut lui donner un nom avait dit Martin.

— Fais donc mon garçon, fais donc, avait répondu Médard.

Et c'est ainsi que Nénesse avait trouvé place dans la longue liste de l'état civil des porcs de chez les Bournerie, poursuivant sa vie de cochon dans la soue qui en avait vu d'autres. Ici comme ailleurs on ne demandait aux porcelets que peu de choses : rester propre et bien profiter, sans trop manger cependant, toujours dans un souci de permanentes économies.

Mélanie et Nénesse entamèrent donc une vie commune faite de compréhension partagée jusqu'à cette fin décembre. La période de grand froid qui régnait sur la Margeride n'était-elle pas propice à songer à tuer le porc ? Et ce mariage qui serait célébré en l'église d'Auvers le samedi 22 décembre ! Toutes les conditions semblaient ainsi réunies pour fêter la Saint-Cochon, le mariage d'Elise et la naissance de l'enfant de Joseph et Marie il y avait bien longtemps, si loin de la petite église de ce haut pays.

Elise pourrait aider sa mère à transformer la bête, et Jean-Baptiste, le futur gendre, aurait sa part de travail. Ici nul ne restait sans rien faire. Il convenait de travailler pour gagner son pain et son lard, et lui, ne devait-il pas justifier, par ses qualités, le choix de sa future ?

Victor, le saigneur de la Margeride comme on l'appelait respectueusement, avait débuté sa tournée, repris du service pour tuer les cochons puisque la saison s'y prêtait à merveille. Il faisait froid et c'était la bonne lune, celle où la viande et le gras caillaient à merveille.

Il arriva à Lair ce jeudi matin 20 décembre, mains au plus profond des poches de son grossier pantalon maintes fois rapiécé, col de veste relevé au plus haut, casquette lustrée enfoncée au plus bas des oreilles. Et sa musette ! Sale et percée c'était toujours la même, héritée de son père qui lui aussi tuait les porcs dans toute la commune, et même au-delà, jusqu'à Paulhac-en-Margeride, chez un cousin éloigné de la Lozère proche.

De ses gros sabots dépassait un peu de paille d'avoine, la plus douce entre toutes, et l'une de ses chaussettes, la gauche, avait souffert d'usure au talon, laissant apparaître comme une pomme de terre fraîchement extirpée d'un sol sablonneux.

À son arrivée, depuis la porte de l'écurie où il restait abrité, le chien avait aboyé, sans véritable méchanceté, repartant aussitôt d'où il venait pour retrouver la chaleur de l'étable.

Joseph ouvrit la porte à Victor, rougeaud et transi de froid. Celui-ci tapa ses sabots sur la grosse pierre noire qui formait le seuil de la porte pour en faire tomber la neige, puis alla directement au fourneau pour s'y chauffer les mains avant de faire entendre sa voix :

— Chez vous mère Mélanie, il fait meilleur que dehors, et en arrivant depuis le tournant du bas, là où il y a le gros rocher, j'ai vu de la fumée s'échapper sur le toit du four. C'est toi Martin qui as allumé ?

— Non, c'est mon frère Joseph, avec des genêts très secs. Faut bien qu'il apprenne et fasse comme moi, comme faisait notre frère aîné Adrien.

À entendre ce prénom, Victor marqua un temps d'arrêt avant de poursuivre, la voix légèrement rauque et émue :

— Et pardi, t'as pas tort ! Allumer c'est pas le plus compliqué, si les genêts ont été bien fagotés et remisés…

— Vous prendrez bien un peu de bouillon chaud avant de commencer le sacrifice ? demanda Médard.

— C'est pas de refus. Aujourd'hui n'est pas jour à poser culotte au bord des chemins. Mieux vaut garder l'envie si on peut, ou alors choisir un coin à l'abri du vent pour se soulager si ça veut pas attendre plus longtemps. Mais quand ça presse ! On a beau dire, même en serrant les fesses y a assez à faire... La Desges est parait-il prise par la glace au pont de la Valette, signe que le froid s'installe sur le pays. Une fine neige poudreuse est tombée de la nuit, et probable qu'elle ira en chercher d'autre. Le haut de la forêt d'Auvers est bouché, et même du côté de la Soucheyre on y voit rien. Parlons pas du mont Mouchet ! Un peu de soupe me fera le plus grand bien, réchauffera ma vieille carcasse. Et après il sera temps de s'occuper de la bête, pas de celle du Gévaudan, non, d'autres l'ont fait avant nous, mais de celle de la soue. Quelle histoire que celle de cet énorme loup qui semait la terreur dans tout le pays ! Il s'en parle encore de cette trop de bête, les soirs à la veillée, et pas plus tard qu'hier il s'en racontait sur son compte. Et c'est pas fini !

— Asseyez-vous là, près du feu, vous pourrez vous chauffer un peu les pieds contre la porte du four, et débarrassez-vous de cette musette, personne vous la prendra ! Souvenez-vous, comme les enfants étaient inquiets de tous ces couteaux lorsqu'ils allaient encore à l'école communale et que vous les posiez sur la table pour les aiguiser au coin du feu.

De tout temps, en effet, la musette du saigneur de la Margeride avait éveillé la curiosité des enfants, garçons et filles. Pliés dans un papier journal jauni et une toile épaisse graissée de lard, les outils de Victor étaient soigneusement entretenus et essuyés, jamais lavés. Les lames étaient noires, et seuls les tranchants effilés brillaient sous l'action de la meule et de la pierre à affûter. Les manches de bois dur brillaient, polis par les mains du saigneur qui ne prêtait jamais ses ustensiles de mort et de découpe. Certains de ceux-ci venaient de Saint-Étienne, fabriqués par la manufacture, ou de Thiers, de la vallée ombragée de la Durolle où étaient installés les ateliers des couteliers. Ces outils perçaient et tranchaient, maintenus avec précision et précaution, sans brusquerie ni maladresse aucune. C'était aussi simple que cela.

Portant des deux mains le bol faïencé à ses lèvres gercées par le froid, Victor aspira lentement et bruyamment le bouillon de légumes. Il était brûlant, laissant échapper une fumée légère et odorante de laquelle émergeait le doux et délicieux parfum de la rave. Ce breuvage épais le réchauffa, lui fit le plus grand bien. Alors il se décida à quitter ce lieu accueillant :

— Allez, faut s'y mettre à cette bête, sinon on finira tard, et moi il me faut rentrer à Nozeyrolles, c'est pas bien loin, mais quand même, et par ce temps…

Joseph revenait du four dans lequel il avait mis quatre grosses bûches de fayard. Dans la cour, venant prêter main-forte, le maître d'école regardait la vallée encombrée de nuages clairs, signe de grand froid. Il refusa bouillon et gnole, prétextant que c'était trop tard pour l'un et trop tôt pour l'autre. Un peu après on verrait…

La veille, la famille Bournerie avait préparé tout le nécessaire pour accomplir cet événement : « barrot », paille, torchons, bassines, plats, ficelle, chaudron, sel, poivre et « embavar », cette échelle de bois sur laquelle serait déposée avec le plus grand respect la dépouille de Nénesse.

Mis à la diète la veille au soir par Mélanie pour qu'il se vide, le cochon grognait de faim… et d'inquiétude. D'habitude, seule la mère Bournerie s'approchait de son antre, s'occupait de lui. Alors pourquoi tout ce monde aujourd'hui à roder autour de sa soue ?

La mère avait enroulé son bras droit d'un torchon, car c'est elle qui touillait le sang pour l'empêcher de coaguler. Elle se tenait à l'écart, à côté du portail de la grange, et s'apprêtait à se séparer dignement de Nénesse, devenu son compagnon au fil des jours, des semaines et des mois.

Ayant pénétré dans la soue, Joseph et le maître d'école passèrent une cordelette autour du groin du cochon qui refusait obstinément de quitter son chez lui, là où, somme toute, il avait vécu des jours heureux. Il fallut toute la force musculaire des hommes pour extirper Nénesse de la soue et le conduire vers son destin, au pied du « barrot », dans la grange. Le cochon fut basculé sur l'avant du char, tête côté timon et pattes encordées et attachées par l'arrière. La bête était résignée, tant la force des hommes s'acharnait sur lui qui ne demandait rien à personne, ni en ce jour, ni en aucun autre. La lutte devenait trop inégale. Solidement attaché au timon, tête en pente douce, Nénesse observait tristement Mélanie et semblait la remercier pour ses bons soins, une dernière fois. Peut-être l'appelait-il à son secours...

Victor, de son couteau court et pointu, racla le poil du cochon à la gorge et y planta la lame usée, presque tendrement. Le sang chaud du porc gicla vivement dans le seau que tenait Mélanie qui, en silence, agita son bras pour le maintenir fluide en prévision des boudins. Nénesse cria, s'égosilla, s'agita tant et plus, puis finit par capituler, non sans quelques derniers soubresauts et un long soupir de fin de vie. Il s'en était allé dignement, offrant maintenant toute sa généreuse carcasse.

— Il fait bien ses cent quarante kilos de viande et de lard, évalua Victor qui s'y connaissait en poids de cochons.

— C'est une belle bête, ajouta Médard. Mélanie l'a bien soignée. Ce cochon n'était pas difficile, mangeait de tout, et maintenant c'est à nous d'en tirer profit, le plus possible. C'était bien le moment d'y penser, le saloir est vide, à part quelques morceaux de côtes et du lard rance. Il devrait abonder, donner de nombreux et beaux morceaux de viande, plutôt grasse, et c'est tant mieux. Et la « ventrèche » sera épaisse. Ça c'est bon, avec juste ce qu'il faut de sel et poivre !

Mélanie invita les hommes à boire un peu de café avec orge grillée, pendant que Nénesse finissait de perdre son sang, aussitôt léché par le chien. Posée au coin du fourneau, la cafetière dégageait une bonne odeur dominée par celle de la chicorée. Médard sortit la bouteille de gnole ramenée de Madriat par Martin. L'instituteur se contenta d'un sucre imbibé rangé dans le fond de sa bouche. Il releva le col de sa veste, enfonça sa casquette et quitta la pièce pour s'engager d'un pas rapide sur le chemin. Le maître Gabriel Robler retournait à ses livres et cahiers sous quelques flocons poussés par un vent du nord glacial.

Transporté au milieu de la cour sur « l'embavar » et déposé sur son dernier lit de paille, à même le sol, Nénesse allait être purifié par le feu, lui qui n'avait jamais fait de mal à quiconque. Un comble !

La flamme du briquet à pétrole de Victor se propagea à la paille, et alors se dégagea une odeur, une bonne odeur, une odeur incomparable de cochon grillé. Avec des brandons, Joseph et Martin suivirent les recoins de la bête pour achever de lui brûler les poils avec soin, jusque dans les moindres replis, pendant que Victor arrachait les « arpions » des pieds à Nénesse. Il les jeta en direction du chien, lequel se tenait timidement à l'écart durant la crémation de son compagnon d'infortune, celui qui n'avait cessé de grogner dans la soue pour réclamer de la nourriture. Sous l'action du feu de paille, la peau du cochon était devenue lisse, nette, brillante et colorée comme le plumage d'une merlette.

De son vivant, Nénesse n'avait pas fait grande toilette, sauf à se vautrer dans les flaques d'eau et de purin, plus sales et plus puantes que lui. Remis sur « l'embavar » et placé à hauteur d'homme sur deux vieux tréteaux de bois, le cochon allait subir, avec eau chaude et brosse à chiendent, une ultime rencontre avec la propreté.

Pendant ce temps, à l'intérieur de la cuisine, Mélanie s'activait à préparer le sang pour le boudin.

Elle rajoutait oignons, sel et poivre, alors que sur le poêle chauffait la grande lessiveuse aux trois quarts pleine d'eau. C'est là que cuiraient les « gogà », ce boudin dont tout le monde ici raffolait, mangeait à s'en faire péter la peau du ventre. Mais on n'en était pas encore là. Il fallait attendre les boyaux, les racler, les laver, les remplir, les ficeler, les détortiller, les faire cuire.

Pour apprécier ces fameuses « gogà », il fallait savoir attendre, penser à leur couleur et douceur, à leur intimité avec les pommes de terre du Champ Dernier, étroitement associées au saindoux de l'hiver précédent. Il en restait encore suffisamment dans un pot de grés, mais il était devenu rance.

Que de bonheur ces « gogà » n'ont-elles pas donné en ces campagnes !

Mélanie goûta l'assaisonnement du sang et rajouta une petite poignée de sel.

— Pousse le feu Martin, dit-elle, il faut que l'eau soit bouillante. Et si ça peine à chauffer, enlève les ronds du fourneau sans te brûler, les flammes activeront le cul de la lessiveuse.

Propre de partout, conciliant malgré lui, Nénesse offrait ses rondeurs au couteau court et pointu que tenait Victor dans sa main droite, se servant de la gauche pour préciser sa découpe. Cet homme n'avait jamais appris ce métier-là, mais, adroit de ses mains, savait à merveille dépecer les cochons, moyens et gros, plus rarement des petits, sauf en cas d'accident, une patte cassée malencontreusement, par exemple.

La lame semblait tourner en rond autour des cuisses et des épaules, marquant un court temps d'arrêt aux jointures dont les ligaments cédaient sans la moindre résistance apparente. Et puis les pattes quittaient la bête... Les pièces de viande fumante et luisante étaient déposées sur une table recouverte d'un vieux drap pour y refroidir et cailler. Trempée dans un seau d'eau froide, la tête était mise à dégorger. La découpe avançait. Intestins, poumons, foie et rognons quittaient la carcasse fendue à la hache et au maillet de bois. Les filets, mis de côté, régaleraient les appétits, coupés en fines tranches cuites et dorées dans la vieille poêle au cul noirci depuis longtemps, quasiment toujours, jamais lavée, seulement frottée avec du papier journal. La vessie servirait plus tard, une fois séchée, de blague à tabac, alors que le foie, débarrassé du fiel, serait en partie haché pour faire les pâtés qui cuiraient longuement dans le four à pain.

La matinée s'achevait dans un temps sec, devenu plus froid au fil des heures, semblant désormais vouloir s'installer sur le pays peu enneigé. Victor, le saigneur de Margeride, avait terminé la découpe du cochon dont la viande déjà froide caillait très vite. Restaient les intestins à séparer précautionneusement, à trier et vider avant de les laver.

Soudain, depuis la porte de l'étable, le chien s'élança en direction du four à pain, vers un couple emmitouflé qui venait de déboucher de derrière la grange des voisins. C'étaient Elise et Jean-Baptiste qui arrivaient de Langeac par le chemin de Desges, le plus court, le plus rude aussi, surtout en cette période hivernale, s'offrant largement au souffle du vent venu du nord en rafales.

Le chien cessa ses aboiements furieux et se mit à remuer la queue, au moment où la mère sortait de la cuisine, tenant un plat dans sa main droite.

Elise se précipita vers elle pour la serrer dans ses bras, lui demandant de ses nouvelles, l'avisant qu'elle était passée au cimetière avec son futur époux, qu'elle avait rencontré l'instituteur qui fendait du bois dans la cour de l'école, et...

Mélanie lui coupa la parole :

— Il était temps d'arriver vous deux, on allait se mettre autour de la table, et même que j'allais chercher un peu de grillade pour manger avec les pommes de terre. Les hommes sont encore dans la grange. Entrez Jean-Baptiste, allez vous chauffer devant le poêle, c'est pas aujourd'hui qu'il va chômer. Vous devez avoir froid, et posez votre sac sur une chaise, Elise le rangera après le dîner.

— On a marché aussi vite qu'on a pu, pour se défendre du froid. Mais ça monte dur pour arriver jusqu'ici, et ça glisse tellement c'est gelé !

— Venir à Lair est pénible depuis la Desges. Pour y vivre c'est autre chose ! Mais baste, quand on a pas connu d'autres pays... On s'y trouve bien et on y reste.

Tous prirent place sur les deux bancs de bois polis par le frottement des pantalons de velours. Il faisait bon dans cette pièce commune noircie par la fumée de fayard, éclairée seulement par la petite croisée donnant sur la vallée profonde, parfumée par l'odeur des pommes de terre, des oignons revenus et des fines tranches de filet qui grillaient lentement dans la graisse fraîche du cochon. Grâce à Nénesse et bien malgré lui, ce jour était de fête.

Martin avait couru jusqu'au four pour y placer quelques grosses bûches, histoire d'entretenir le feu.

Jean-Baptiste était un homme assez effacé, timide même, ayant dépassé la trentaine. Il est vrai que ce n'était que la deuxième fois qu'il venait ici, à Lair. Elise semblait heureuse de retrouver sa famille, l'odeur de la maison, celle de la viande fraîche du cochon. Elle voulut faire le service, retrouvant ses anciennes habitudes devant le poêle, autour de la table, devant le vieux placard encastré dans le mur, côté étable. Ainsi elle offrait un peu de repos à sa mère qui ne la quittait pas des yeux, heureuse de revoir celle qui l'avait tant soutenue lors de la triste disparition de son fils Adrien. Elle la remercia à sa façon, de sa voix douce et rassurante :

— Ma pauvre petite, tu es venue ici pour te marier, et voilà que tu travailles. Et avec le cochon y aura tellement à faire. Dès qu'on aura mangé le dîner on se mettra au boudin, et demain on continuera par le fromage de tête, les saucisses, et tout le reste. On fera comme d'habitude bonnes gens, et pardi... Jean-Baptiste pourra tourner la manivelle pour hacher la viande, Joseph portera la grillade au curé et au maître, et Martin s'occupera du four. Par le temps du dehors on pourrait rien faire d'autre, ça tombe presque bien. Et samedi...

Mélanie cessa de parler. Pour elle, le samedi à venir était une nouvelle épreuve. Sa fille Elise se mariait. Et, de fait, la famille allait se démanteler, se réduire une nouvelle fois, occasionnant de bien tristes pensées dans la tête de cette femme qui n'avait déjà que trop souffert.

Sur l'arrière du fourneau, la lessiveuse laissait échapper un peu de vapeur. Victor acheva son travail, rangea dans la musette de couleur kaki ses outils soigneusement essuyés, un joli morceau de lard maigre taillé dans la ventrèche et une paire de côtes, le tout enveloppé méticuleusement dans un vieux torchon par Mélanie. Comme il était arrivé, le saigneur s'en retournait à Nozeyrolles, non sans avoir donné quelques conseils pour l'assaisonnement du pâté de foie et la cuisson d'une demi-tête.

— Et puis, vous savez faire aussi bien que moi Mélanie, peut-être mieux. Pour samedi, vous avez de quoi faire un bon repas, hein Elise? avait-il ajouté en regardant malicieusement la fille Bournerie.

— C'est vrai Victor, on pourra se régaler avec toutes ces bonnes choses cuites dans le four après le pain. Le mariage se fera entre nous, avec les parents du Jean-Baptiste et les cousins de Pompeyrin, c'est tout. Et dimanche, après la messe, on repartira à Langeac pour reprendre le travail lundi matin.

Arrivé porcelet, Nénesse s'en était allé en donnant le meilleur de lui-même, une fois pour toutes, selon la volonté de ses maîtres et avec leur plus grand respect. La soue avait été curée, paillée, était prête à recevoir un nouveau pensionnaire qui ne tarderait guère, la succession vacante devant être assurée sans retard.

Car nourrir sa famille n'était ni simple, ni facile. Dieu n'y suffisait point. Les habitants de la Margeride vivaient quasi exclusivement de leurs produits. Alors il fallait s'attacher à élever et faire pousser tout ce qui pouvait constituer la nourriture des familles. Peu d'argent était gagné malgré les longues et pénibles journées de travail. De perpétuelles économies s'imposaient quotidiennement, tout naturellement, et le moindre recoin de terre cultivable était l'objet de toutes les attentions. Il ne se jetait rien, pas même un vieux journal. On s'en servait pour envelopper fromage et saucisson à emporter dans les bois et autres lieux de travail éloignés du village, pour allumer du feu, plier la brique que l'on mettait au lit pour réchauffer les draps gelés, s'essuyer les fesses au fond de l'étable…

Avec les vaches et leur lait, les pommes de terre, le pain et le cochon, Mélanie était tirée d'affaire pour faire bouillir la marmite. Pour le bois, aucun souci, les hommes d'ici en faisaient provision longtemps à l'avance, sachant par expérience qu'il ne fallait pas en manquer, et que pour en avoir assez il fallait en avoir trop.

Le bois ! N'était-ce pas là la seule et unique richesse de ce haut pays de confins ? En ces lieux où l'hiver arrivait tôt, n'en finissait jamais, poussait la neige sous les portes, hurlait dans les cheminées, réunissait les femmes et les hommes devant le fourneau pour parler de tout et de pas grand-chose. Mais ils se parlaient…

Dans la famille Bournerie, Nénesse le cochon serait encore présent, de longs mois, invité à table malgré lui, quasiment chaque jour, même si dans la soue l'un de ses semblables occupait les lieux, avait pris sa place, le plus naturellement du monde.

Le chien de la maison devrait apprendre à faire connaissance avec ce nouveau compagnon, partager, avec lui et les poules, la basse-cour ouverte sur la petite prairie bordée de frênes.

Au-delà de ces arbres, c'était le pacage enroché et pentu descendant vers la Desges aux eaux fraîches et limpides, face à la Besseyre-Saint-Mary.

Joli mois de mai

L'hiver s'en était allé, et déjà les premières fleurettes égayaient fossés et talus abrités du vent du nord. Leurs coloris tendres allaient faire oublier la neige et le froid, même si en quelques endroits ombragés subsistaient des traces blanches héritées de congères.

Les bourgeons gonflaient timidement aux portes d'un printemps que les paysans des hauts plateaux attendaient patiemment, persuadés qu'il était là, tant ils avaient eu à subir les caprices de l'hiver.

Un de plus pensait Médard, le père Bournerie. Il est vrai qu'ici, rigoureuse ou non, la période hivernale s'éternisait, n'en finissait pas, et que même les bêtes languissaient dans les étables et les bergeries. Les poules en avaient assez de gratter le tas de fumier avec leurs pattes engourdies par le froid et l'humidité. Elles pondaient de loin en loin des œufs que Mélanie conservait précieusement dans un pot en grès, au frais dans la souillarde, là où pendait le lard épais de Nénesse.

Même le coq ne chantait guère durant la saison d'hiver.

La Saint-Cochon avait eu lieu fin décembre. Jambons et saucissons séchaient, suspendus par des cordes et des ficelles au plafond de la cuisine noirci de fumée. Mélanie économisait le porc salé. Elle le faisait cuire avec des rutabagas, des raves et des pommes de terre, parfois avec un chou du jardin préservé du froid par de la paille de seigle.

Ainsi, la marmite en fonte parfumait la pièce d'une odeur indéfinissable de cuisine familiale, rarement renouvelée durant l'hiver. En Margeride et Gévaudan on mangeait du cochon, encore et toujours du cochon.

Le bouillon aux yeux gras servait à faire tremper des tranches de pain rassis conservé précieusement au plus profond du tiroir de la table. Et de cette soupe on mangeait trois fois par jour.

Début mai, le maître d'école avait prêté à Médard le gros catalogue de Manufrance sur lequel on trouvait de tout. Les fusils et cartouches, les pièges à renard et blaireau, des bottes en caoutchouc, les cycles, les postes de TSF… remplissaient les pages de cette bible venue de Saint-Étienne, dans la Loire.

Depuis l'arrivée de l'électricité, Médard était intéressé par la TSF qui donnait toutes les nouvelles du monde. Et il était vaste, par-delà les montagnes, les plaines et les océans, répétait-il souvent. Il tourna et retourna les pages, principalement celles où figuraient les cycles et TSF, puis se décida à en parler à Mélanie :

— Et si on achetait une TSF ?

— Oh pauvre, une TCF ! Il manquerait plus que ça, et pourquoi faire ? Où que tu prendras du temps pour l'écouter ta TCF ? Et le courant qu'on économise à longueur d'année !

— Le courant et du temps ! Ça manque pas le temps. Surtout que les hivers n'en finissent pas. À notre époque il faut se tenir au courant des choses et pas penser qu'au travail...

— C'est comme tu voudras. Il faut beaucoup des sous pour acheter cette TCF ?

— TSF, c'est une TSF pas une TCF. Ça coûte bien un peu, mais ça va pas nous ruiner plus qu'on est, pas complètement, et puis ça fera une compagnie. Pour le courant j'en sais trop rien.

Le même soir, après la soupe, Médard partit chez l'instituteur pour lui demander de commander une TSF.

— J'enverrai le bon de commande dès demain et vous la recevrez d'ici quelques semaines, c'est le temps qu'il faut compter.

— Faites pour le mieux, y a pas de presse, on a bien attendu jusqu'à aujourd'hui, alors un peu de plus ou un peu de moins !

Avant de confier le soin de passer commande à l'instituteur Gabriel Robler, Médard avait longuement réfléchi, en avait parlé à ses fils Joseph et Martin dans la coupe du bois qui surplombait le hameau de Lair.

Ce jour-là, Martin avait laissé entendre qu'il voulait se marier, partir pour aller travailler et vivre ailleurs. Là où la vie était moins rude, à Madriat peut-être.

Car ici, chez eux, il n'y avait pas assez de travail pour les deux frères en pleine force de l'âge. Joseph ne souhaitait pas quitter la Margeride. Il se plaisait ici, dans les bois, alors que son frère préférait la culture et l'élevage. Toutes ces considérations de bon sens, Médard les comprenait, les partageait aussi, mais avec une infinie tristesse au plus profond de lui-même.

Comment aurait-il pu en être autrement ? Rien que le fait d'en parler, de savoir que la grande maison se viderait un jour ou l'autre, l'abattait moralement, le diminuait physiquement, le rendait silencieux et pensif, taciturne même. Cet homme savait depuis longtemps déjà que les hameaux de Margeride se videraient de leur jeunesse. Les filles cherchaient à se marier ailleurs, vers Langeac et Brioude, avec des ouvriers, des employés, des fonctionnaires. Comme Elise avait fait. Seules les plus grosses fermes offraient un avenir par le cheptel qui pouvait s'y élever, et la vente des coupes de bois arrangeait bien les choses. Pour ceux qui n'avaient rien ou pas grand-chose !

Au marché de Saugues en Gévaudan, Martin avait parlé de cela avec Agnès Lhéritier, la servante de chez Soulasse. Pour elle le choix était limité, sachant que sa vie ne serait que travail de ses bras et fatigue de son corps, là ou ailleurs. Ne sachant pas lire ni écrire, à peine compter, à quoi d'autre aurait-elle pu penser sérieusement ?

Ce qu'elle souhaitait par-dessus tout, c'était vivre à la campagne, loin d'un monde qui la mettait mal à l'aise.

L'école communale qu'elle n'avait pas fréquentée revenait sans cesse à sa mémoire. Agnès était pourtant intelligente, travailleuse, agréable à regarder, mais illettrée. Et, de cette situation, elle souffrait en silence, en pleurait quelquefois lorsqu'elle gardait les brebis dans les pacages où poussaient les genêts, aussi la nuit sur sa paillasse de feuilles de frêne rêche et bruyante.

Assis côte à côte sur le mur du foirail, Martin avait su l'écouter, l'entendre, la comprendre. Et ils avaient décidé de se marier, de partir de leur beau pays, de continuer de travailler la terre, d'avoir des enfants qui iraient à l'école, avait-elle précisé la voix ferme et tremblante d'émotion.

Car à Madriat il y avait une maison d'école, et c'est là qu'ils allaient partir s'installer avec peu de choses, presque rien, dans ce village de plaine et de vignes où le père Chabassol avait servi d'intermédiaire pour leur future installation. Cet homme de bon sens, encore solide malgré son âge et ses rhumatismes, avait tenu la promesse faite lors des vendanges.

Joseph voulait aussi se marier, rester en Margeride, peut-être à Auvers, mais pas avec ses parents. « Chacun chez soi », avaient répété de nombreuses fois Médard et Mélanie. Léa, sa promise, était de Pompeyrin. C'était la plus jeune sœur de Sidonie, la fiancée d'Adrien, rentrée au couvent à Saugues dès la fin de la Grande Guerre.

C'est ainsi que le premier mai 1931, Agnès et Martin, Léa et Joseph, unirent le même jour leurs destinées dans la petite église d'Auvers, fleurie de narcisses odorants qu'avaient cueillis les enfants de chœur du curé Serre que tout le monde appelait le père Auguste.

Le prêtre bénit leurs unions, très simplement, et les engagea à beaucoup d'amour et de respect mutuels :

— Votre mariage est le commencement d'une nouvelle vie à deux. Le chemin sera long, parfois difficile, semé d'embûches de toutes sortes, douloureux peut-être. N'en doutez pas. Et seul votre amour vous permettra de surmonter les difficultés de chaque jour. Dieu sera toujours à vos côtés, vous y aidera si vous le sollicitez humblement. Croire en lui est sage, réconfortant même. Espérez, ayez toujours à l'esprit de faire le bien à votre prochain pour avoir un monde meilleur. Fondez une belle famille et élevez vos enfants dans le courage, l'honnêteté, le respect des autres et la tolérance, comme vous l'avez été vous-mêmes dans vos familles respectives, ici en ce pays difficile à vivre. Aujourd'hui vos parents peuvent être fiers de vous, très fiers même, vous ayant élevés du mieux qu'ils ont pu.

Pendant la messe, l'instituteur qui ne fréquentait pas l'église s'occupait du four à pain où cuisaient un demi-agneau et un grand plat de pommes de terre préparé par Elise. La veille, Mélanie et Martin avait fait le pain. Les tartes aussi avaient été cuites, et dans un grand faitout mijotait la tête de veau ramenée de chez le boucher de Pinols.

La messe terminée, tous se pressèrent sur le chemin pour rejoindre Lair et y boire le vin blanc, sauf Mélanie, mince dans son unique robe noire. Ses cheveux blancs coupés de la veille par sa fille dépassaient légèrement sous son fichu noué sous le cou. Elle fila d'un pas rapide vers le cimetière, sans se retourner, serrant dans sa main gauche un petit bouquet de narcisses que pour rien au monde elle n'aurait voulu laisser tomber.

Pendant que la noce marchait gaiement en direction du bois de pins courbés par le vent d'ouest, la mère Bournerie se recueillait sur la tombe de son fils Adrien, une fois de plus.

Malgré tous ses efforts, elle ne pouvait rester silencieuse en ce lieu, parlant à son enfant avec amour et tendresse, comme s'il l'écoutait, l'entendait, lui souriait. Elle arracha deux chardons piquants qui sortaient de la terre humide, plaça les fleurs blanches dans une boîte métallique à demi rouillée remplie d'eau trouble, et poursuivit solitaire sa conversation :

— Tu vois mon Adrien, ta pauvre mère n'est pas bien raisonnable. Elle a plaqué tout le monde pour venir te porter quelques fleurs et bavarder un peu avec toi. Ton père va trouver à redire, mais tant pis. Tu sais, Agnès et Léa m'ont fait bonne impression. Hier on a fait du pain avec Martin, et il est un peu brûlé, mais baste, on le mangera comme il est. Je t'embrasse mon grand garçon. Ah pauvre ! J'allais oublier de te dire que les narcisses viennent du bord de la Desges, tu sais, derrière la grande touffe de noisetiers sauvages, en bordure du Champ Dernier, et que la Mignonne a fait le veau cette nuit. Il est comme elle, tout noir, et bien dégourdi. Avec Elise on a préparé le dîner. C'est pas si souvent qu'on mange aussi bon. Faut que je file maintenant. Mais en prenant par la coursière du haut, celle que tu préférais quand t'allais à l'école et que t'avais traîné au lit le matin, et bien j'arriverai comme eux à la maison, à condition de marcher vite. Mais pour ça porte pas peine, je trotte encore !

La vingtaine d'invités était debout dans la grange, parlant de choses et d'autres, surtout de l'avenir du pays, le leur, où les difficultés de vie s'aggravaient année après année. Les plus âgés semblaient résignés, ayant eu à surmonter les pires obstacles, notamment la Grande Guerre qui avait dévasté tant de familles. Ils en parlaient de moins en moins souvent, laissant cependant la souffrance embuer quelquefois leurs yeux désormais privés de vivacité. La peine s'estompait jour après pour, au moins en apparence. Et voila que maintenant les jeunes partaient, abandonnaient cette Margeride en proie au doute, acculés à des conditions de vie qu'ils n'avaient que trop subies, qu'ils refusaient pour leurs enfants.

Telles étaient les tristes réalités qui s'imposaient à ces villages pourtant accueillants, hospitaliers, bâtis solidement de pierres brunes, au prix de sacrifices dont on refusait de parler, par crainte de culpabiliser les candidats au départ.

En l'absence de bras jeunes et forts, qu'allaient donc devenir ces espaces boisés, ces plateaux défrichés péniblement où ployait le seigle sous les vents d'automne, ces lopins de terre enrichis au fumier de brebis pour y faire pousser et grossir de belles pommes de terre et des raves.

Que de questions sans réponse, que d'incertitudes, que de tristesse s'incrustaient dans les esprits troublés par un avenir peu enclin à l'optimisme !

Ce jour était pourtant beau. N'était-ce pas celui du bonheur ?

De grossières planches de hêtre posées sur des tréteaux servaient de tables, dans cette grange où avait souvent résonné le bruit cadencé des fléaux, dès l'hiver venu. Pour faire de la place, le tombereau et le char à foin, le « barrot », avaient été roulés dehors, et au toit pendaient de très anciennes toiles d'araignées.

Gustave Peyrusse le cousin, séducteur de Wanda à laquelle il pensait souvent, servit le vin blanc copieusement. Chacun trouva sa place sur un banc, de part et d'autre de la tablée, cherchant à être le plus près possible des mariés installés au centre.

Le maître d'école Gabriel Robler et le curé Auguste Serre tardèrent à s'asseoir, pris l'un et l'autre par une discussion des plus animée. Ces deux hommes, de bon sens certes, n'avaient pas les mêmes idées politiques, et tenter de les en faire changer était mission impossible, sauf à vouloir perdre son temps ou se disputer. Mieux valait donc renoncer à une telle ambition. Ils servaient bien la commune, chacun à leur façon, dans les domaines qui étaient de leurs compétences. Ensemble, ils buvaient des canons, mangeaient quelques truites braconnées dans la Desges ou le Gourgoueyre lorsque les eaux étaient basses, se régalaient de fraise de veau et de pieds de cochon.

Tous deux rendaient service, l'un pour les devoirs difficiles et les papiers à remplir, l'autre pour les âmes en peine.

Il se disait que le père Auguste, à nuit tombée, rendait quelquefois visite à Ernestine dont le mari avait succombé à une mauvaise pleurésie. Cette pieuse femme, encore très attirante quand elle s'en donnait la peine, entretenait et fleurissait fort bien l'église, chantait à la messe, se confessait souvent. Avait-elle tant de choses à se faire pardonner ?

Dans sa robe neuve de lainage bleu foncé, la première depuis sa venue au monde, Agnès laissait deviner son timide bonheur, même si de la tristesse apparaissait au plus profond de ses beaux yeux clairs. Elle allait devoir partir de ce pays qui était le sien, qu'elle n'avait jamais quitté, seulement pour aller à pied en Lozère voisine, à Pinols, Saugues ou Langeac. Elle allait y conduire des bêtes, en profitait pour faire les quelques achats dont elle avait le plus grand besoin, selon ses maigres moyens financiers. Elle était inquiète de partir, de laisser les siens, mais confiante, ayant assez de faire la servante à longueur d'année, de travailler de la pointe du jour à la tombée de la nuit, d'écarter le fumier avec les mains... Le travail serait son lot quotidien, ailleurs comme ici, mais la vie serait pour elle peut-être moins rude, plus humaine.

Martin était un homme courageux, adroit et bon. Il savait lire, écrire et compter, elle non. Seul leur courage pourrait les tirer d'affaire, pourvu qu'ils aient la santé, là-bas dans ce village de Basse-Auvergne qu'elle connaissait à peine, n'y étant allée qu'une seule fois.

Elise l'avait encouragée par avance, réconfortée de son mieux, souhaitant partager avec sa belle-sœur ces instants de légitime crainte et appréhension contenues :

— La vie sera plus facile qu'ici. Le pays est plat, les jardins poussent bien et les enfants peuvent aller à la maison d'école, même l'hiver. Tu sais, l'école, c'est important ! Il faut y envoyer les enfants. Moi j'ai pas pu continuer faute d'argent à la maison. Mon père aurait bien voulu m'envoyer à l'école des sœurs, à Saugues, mais il fallait payer la pension, se priver de bras qui feraient sans aucun doute défaut. Alors ça s'est pas fait. Si tu savais comme je le regrette aujourd'hui. Chaque fois que je le peux je me remets à lire, le soir après ma journée de travail. Mais souvent la fatigue me gagne, je tombe de sommeil, me laissant aller à dormir de longues nuits. Les patrons me laissent pas sans rien faire... Ils sont pourtant gentils avec moi, travaillant beaucoup eux aussi.

Agnès se montrait attentive à de tels propos qui lui faisaient du bien, l'encourageaient, la confortaient dans la décision prise d'un commun accord avec Martin. Et évoquer l'école devant elle suffisait à la rendre confiante, plus encore, mais aussi à la culpabiliser. Elle avait du mal à cacher sa peine, et envisageait ce départ avec une certaine appréhension tout de même, cherchant à n'en rien laisser paraître.

— Tu sais Elise, les bois d'ici me manqueront, et les brebis, et mes biquettes aussi. Mais tu as sans doute raison. Ce qui est sûr c'est que j'enverrai mes drôles à l'école, oui, ça je le ferai, et nos enfants seront comme tous les autres, tout pareil, peut-être...

Dans les paroles d'Agnès, Elise avait perçu une profonde émotion difficilement contenue, alors que ses yeux clairs étaient embués, comme noyés. Non pas de larmes, non, mais d'une tristesse infinie et fièrement maîtrisée, rapidement évacuée par un mince sourire ressemblant à celui de l'optimisme, de l'espoir plus sûrement.

Mais avec cette tristesse, Agnès Lhéritier n'emporterait-elle pas de merveilleux souvenirs de ce haut pays de Margeride et Gévaudan, perdu dans la verdure des forêts et la couleur lumineuse des genêts. Et la fraîcheur de l'eau des ruisseaux dans lesquels elle lavait son linge, trempait ses pieds, faisait une toilette complète dans le soleil des plus belles journées des étés si courts !

Voilà deux ou trois ans, n'avait-elle pas attrapé, en gardant les brebis, un jour de novembre, un tout petit marcassin venu se réfugier au beau milieu du troupeau, sans doute égaré, après avoir été poursuivi par des chiens menaçants. Malgré le brouillard épais, elle l'avait aperçu depuis la lisière du bois se faufiler et chercher refuge auprès des bêtes. Marchant à quatre pattes entre les brebis dociles et confiantes, Agnès l'avait capturé par surprise, le saisissant vivement par les pattes de derrière. La petite bête apeurée tremblait de tous ses membres, criait à s'égosiller, faisant tourner les brebis en rond. Puis il s'était calmé, s'apercevant sans doute qu'il était entre des mains amies. Elle l'avait relâché quelques instants plus tard, non sans avoir auparavant longuement admiré et caressé son pelage rayé et son petit museau tout noir sur lequel elle avait déposé un baiser prolongé, sans doute le seul et unique de toute sa vie de cochon sauvage. Remise de sa frayeur et surprise de cette tendre bonté, la petite bête avait filé vers le bois de fayards qui bordait le pacage, pénétré dans un épais tas de genêts, évitant les rochers émergés, pour disparaître à tout jamais des yeux clairs de la bergère illettrée. Lui avait-elle sauvé la vie sans le savoir ? Tout en le suivant d'un tendre regard, le plus loin possible, en direction du mont Mouchet, elle avait machinalement levé la main dans un geste d'amitié, lui avait souhaité bonne chance, espérant qu'en retrouvant la liberté il rejoindrait sa famille au plus vite.

Comme elle pouvait s'y attendre, il ne se retourna point, filant aussi vite qu'il le pouvait. Agnès sentit une larme couler sur son visage. Sans se presser le moins du monde, elle l'essuya de la manche gauche de son tablier à carreaux, la plus propre, qui sentait la bonne odeur des brebis.

La Margeride serait-elle en mesure de procurer aide et protection à ce très jeune marcassin au pelage rayé ? La réponse à cette histoire vraie resta sans lendemain.

Le repas de noce s'achevait après de longues conversations sur le temps de saison, le travail à effectuer, les difficultés rencontrées, l'avenir incertain des jeunes. Les quinquagénaires et plus n'aspiraient qu'à des choses simples : vivre en paix, manger à leur faim et rester en bonne santé pour affronter la vie de chaque jour.

Les quelques invités avaient mangé bon et bu raisonnablement. À leur façon ils avaient fait la fête, en avaient bien profité. Et ce n'était pas tous les jours qu'ils mangeaient de la tête de veau et buvaient des canons.

Ils devaient maintenant se séparer, sans doute pour de longs mois, voire des années, souhaitant bonheur et santé aux quatre mariés.

Venus seuls, les parents d'Agnès allaient prendre congé, s'en retournant vers Combret et Venteuges.

La serrant fort contre sa poitrine, son papa lui avait dit en sanglotant, ayant eu le plus grand mal à contenir un immense chagrin :

— Ma pauvre petite, comme tu vas nous manquer à tous. Continue à être courageuse et honnête. Tu nous as aidés tant que t'as pu, de toutes tes forces. Que Dieu te vienne en aide chaque jour qu'il donnera, et qu'il te garde en bonne santé le plus longtemps possible…

Sa mère avait écouté, se tenant légèrement à l'écart, n'ayant pas voulu en rajouter. À quoi cela aurait-il bien pu servir ? Puis tous deux disparurent au coin de la grange, empruntant le sentier qui les conduirait au plus court vers Nozeyrolles et la Valette.

Agnès les regarda s'éloigner, leva la main droite en signe d'au revoir, peut-être d'adieu.

Jean-Baptiste, appelé maintenant Baptistou, et Elise, reprirent le chemin de Langeac, emportant dans leur musette un petit fromage au lait de vaches recouvert d'artisons, un saucisson, quatre œufs et une demi-tourte de pain.

Martin et Agnès avaient fait le choix de dormir à l'étable, dans le recoin bardé de planches où il faisait si bon, près des bêtes. Joseph et Léa avaient leur chambre au dernier étage de la maison, sous le toit, à proximité du grenier dans lequel on entendait courir les souris.

Le lendemain 2 mai 1931, Martin et Agnès s'en allèrent passer la nuit chez les Soulasse, dans la toute petite chambre de la ferme où Agnès était servante depuis tant d'années. Au lever, pendant que Martin faisait la conversation à son patron, elle ramassa ses quelques frusques et décrocha le crucifix de bois et le brin de rameau béni suspendus au-dessus de la paillasse qui lui servait de lit. Elle voulait l'emmener en son nouveau village de Madriat, là-bas en Basse-Auvergne, très loin d'ici.

Cet objet religieux acheté à Saugues, elle y tenait comme à la prunelle de ses yeux, l'ayant imploré de nombreuses fois en joignant ses mains rouges et gercées dans sa direction, plus pour sa famille que pour elle-même.

Elle avait regardé une dernière fois par la minuscule croisée, refermé la porte à reculons, et ensuite rejoint la pièce commune située au rez-de-chaussée de cette maison qu'elle quittait sans doute à tout jamais, dans laquelle elle avait travaillé durement, dormi à l'abri, toujours mangé à sa faim.

— Voilà tes gages Agnès, dit le patron. Et avec ça de quoi acheter une brebis prête à agneler. Ça sera notre cadeau de noce. La patronne et les enfants vont te regretter, tout comme moi. Tu rechignais pas à l'ouvrage, ça non. Quand vous reviendrez par ici tous les deux, venez nous rendre visite, on aura plaisir à vous revoir et à bavarder de tant de choses.

Ensemble ils mangèrent un morceau de pain et de fromage sortis du tiroir de la grande table de bois noirci, puis Agnès s'absenta quelques instants, prétextant un besoin urgent.

Elle se dirigea rapidement vers la bergerie au fond de la cour, en poussa la barrière ajourée qui servait de porte, et pénétra tremblante à l'intérieur.

Là, dans la fraîche pénombre et la bonne odeur du fumier et de la paille de seigle, les bêtes se serraient les unes contre les autres, laissant aller leurs bêlements habituels. La bergère d'hier voulait une dernière fois revoir et parler aux brebis, embrasser Lisette, sa chèvre préférée, celle qui venait croquer bruyamment le sel dans sa main, à qui elle confiait ses petits bonheurs de rien du tout, ses misères de tous les jours, ses trop nombreuses larmes.

Accroupie devant la chèvre, Agnès lui caressa le front, lui tira tendrement la barbichette et détacha la clochette qui pendait à son cou. Elle la fit tinter une dernière fois aux oreilles de Lisette et la mit dans la poche droite de son tablier, ayant décidé de l'emmener à Madriat, le village de sa nouvelle vie.

Bien qu'attentive aux paroles de la jeune femme, la chèvre ne pouvait comprendre les tendres paroles qui lui étaient destinées :

— Tu sais chevrette, on se quitte aujourd'hui pour toujours, mais je t'oublierai pas. Et j'emmène avec moi ta clochette au tintement clair, celle que j'avais ramenée pour toi de Sainte-Catherine, la grande foire de Langeac. Ça fera bientôt deux ans, et oui, déjà. Je m'en souviens comme si c'était hier ! Là-bas, où je vais, j'aurai bien quelques chèvres ! Alors la plus belle portera ta clochette et je lui donnerai ton nom, comme ça je penserai à toi...

Agnès quitta rapidement la bergerie sans se retourner, sachant que Lisette la regardait s'éloigner une dernière fois. Elle la supposait dressée sur ses pattes de derrière, celles avant appuyées sur la porte attachée par une vieille corde à un crochet enfoncé dans une pierre d'angle.

Martin et Agnès Bournerie reprirent le chemin de Lair en se tenant par la main, fixant au détour de la coursière un regard contemplatif sur les hauteurs de la forêt de Pinols, en direction du mont Mouchet. Agnès eut à expliquer le tintement de la clochette dans sa poche. Le jeune couple avait apprécié le cadeau reçu en reconnaissance du travail accompli par la jeune femme aux yeux clairs.

Tous deux étaient confiants en l'avenir, regardant de tous leurs yeux ce pays qu'ils aimaient, avaient décidé de quitter pour un avenir meilleur. Le serait-il vraiment ?

Demain serait une journée à nulle autre semblable : celle de préparer le grand départ pour un village de plaine et de vignes, s'en aller vers une nouvelle vie, quitter cette Margeride, ne plus apercevoir ses villages et clochers, ne pas pouvoir accompagner les connaissances vers un dernier repos.

PARTIE II

Le grand départ

Le 10 mai 1931, à l'heure où le jour pointait sur la Margeride, les vaches Coquette et Bravoune étaient attelées à un tombereau flambant neuf. Il sentait bon le bois de frêne travaillé durant les mauvais jours d'hiver. L'arbre, qui avait séché au fond de la grange, sous les gerbes de seigle, avait été abattu voilà cinq ans au bord de la Desges. Et l'amener jusqu'à Lair n'avait pas été chose aisée.

De ce tombereau, seules les roues cerclées de fer avaient été commandées à un cousin dénommé Hugon, charron de son métier, à Pinols, dans une petite rue du chef-lieu de canton. Pour le reste, Médard et ses deux fils s'étaient mis à l'ouvrage, travaillant le bois habilement avec scie égoïne, tarière et varlope au fer affûté sur la meule de pierre douce.

Les vaches de race Aubrac avaient été étrillées et brossées soigneusement, les ferrures remises à neuf. Médard avait fait cadeau à Martin d'un vieux « barrot » encore en bon état, et ce char équipé de ridelles démontables pourrait encore rendre de fiers services pour les foins et la moisson.

Dans le fond d'une malle usagée étaient rangés deux paires de drap aussi rêches que la couenne d'un cochon flambée et échaudée, une couverture épaisse et décolorée par de nombreux lavages, et les quelques vêtements que possédaient Martin et Agnès. Sur le dessus, pour caler le tout, un traversin garni de plumes de poules avait été plié en deux. Entre les draps, dans une vieille boîte métallique de biscuits, Agnès avait rangé les quelques économies du couple et son crucifix de bois.

Les divers outils à mains ne prenaient que peu de place, serrés, calés et attachés sur le char à l'aide d'une vieille corde qui servait à attacher les veaux dès leur naissance. Dans une cage grillagée et rouillée, quatre poules et un coq feraient partie du voyage, vers une autre basse-cour, un autre tas de fumier sur lequel il ferait bon gratter et chanter au petit jour.

Friquette, la petite chienne grise déjà déclarée à la garde des animaux remuait la queue, intriguée par cette activité matinale et tellement inhabituelle. Elle aussi partait avec ses jeunes maîtres, semblant bien la seule à être pleine de joie, courant de la cour au chemin qui conduisait à la croix.

Ce semblant de convoi auprès duquel toute la famille Bournerie s'activait, donnait des conseils, faisait d'ultimes recommandations, n'était pas un exode forcé, non, mais bien un voyage réfléchi et accepté. Dans une nouvelle région, loin de chez eux et des leurs, des paysages qu'ils aimaient, Agnès et Martin allaient tenter de construire leur vie. Mais avec si peu de choses, trop peu, comme tant d'autres l'avaient fait avant eux. Leur courage et leur foi en l'avenir étaient pourtant inébranlables.

Les partants de ces villages, où la vie était si pénible, faisaient le choix de tout quitter pour aller s'installer ailleurs, souvent loin de chez eux, dans des villages inconnus, pouvant être hostiles, inhospitaliers, dépourvus de tout soutien familial. Tous s'étaient dits un jour ou l'autre : « Ici ça a toujours été pénible, certes, mais c'est de plus en plus difficile d'y vivre. Même sans demander l'impossible on ne peut plus joindre les deux bouts. C'est pourtant pas faute de travailler ! Et ailleurs ? En d'autres lieux il faudrait aussi se lever à la pointe du jour, retrousser les manches, essuyer sur le front une sueur synonyme de travail et de peine. Mais si seulement on pouvait y vivre mieux, manger un peu moins de rutabagas et de raves, envoyer ses enfants à l'école… ».

Pour Agnès et Martin, le plus angoissant n'était-il pas de partir si loin, de quitter les leurs en empruntant des chemins sur le bord desquels pointaient déjà les premières fleurs de ce haut et beau pays ?

Le père Bournerie s'approcha des vaches à fière allure. Il leur caressa les flancs et leur parla en patois, sachant qu'il ne les reverrait pas. N'avait-il pas aidé leurs mères à vêler dans la tiédeur de l'étable, sur la douce paille de seigle fauchée au Champ Dernier ? Sur les bords de la Desges aux eaux claires elles ne se rendraient plus, alors que les truites continueraient de filer dans le courant de la fraîche rivière.

Le déjà vieil homme aux épaules voûtées porta son regard embué en direction du mont Mouchet noyé dans la brume des sommets. Il sortit son mouchoir à carreaux de la poche gauche de son pantalon de velours rapiécé et fit semblant de se moucher. En cet instant il pensait à Adrien, à Elise, à Agnès et Martin.

Sur le pas de la porte, toute de noir vêtue, Mélanie avait compris le geste, deviné les larmes que son homme voulait cacher. Car Médard sortait rarement son mouchoir, voulant économiser sa propreté. Il vidait ses narines l'une après l'autre, en soufflant fort et en s'aidant de ses doigts rugueux, déformés par le travail et le poids des ans.

Il regarda la pointe de ses sabots, se tourna pour s'adresser à son fils, tout en regardant les deux vaches au poil court et luisant, et Agnès installée jambes pendantes à l'arrière du « barrot » :

— Allez mes enfants, il vous faut partir maintenant. Le chemin sera long, même en passant par le haut de l'Allier. Vous avez le beau temps pour vous. Le soleil brillera bientôt sur la crête du mont Mouchet, c'est bon signe pour les jours à venir. Allez, en route, et que Dieu vous accompagne durant tout ce chemin.

Agnès appela Friquette partie devant, alors que Martin parla aux bêtes pour les faire avancer, sans avoir à se servir de l'aiguillon de noisetier qu'il tenait dans sa main droite. L'attelage contourna la grange, passa devant le four à pain à la cheminée noircie, avant de s'engager par le chemin en direction d'Auvers.

Le père et la mère Bournerie se regardèrent sans échanger le moindre mot. Qu'auraient-ils bien pu se dire grand Dieu ? Mélanie rentra dans la maison sans refermer la porte pour entendre le bruit des roues le plus longtemps possible, alors que Médard partit vers l'écurie pour en sortir les bouses, comme chaque matin, dès qu'il avait bu son petit bol de café à la chicorée et à l'orge grillée. À gauche en rentrant dans l'étable, près du « fenestrou », deux places étaient maintenant inoccupées, chaînes traînant à même le sol pavé et parsemé de paille de seigle piétinée.

Le hameau s'éloigna bientôt. Du chemin qui passait sous le bois de la Charmille, Agnès, dans le jour naissant, pouvait apercevoir Pompeyrin et la ferme où elle avait été placée. Plus loin, beaucoup plus, par-delà les brumes matinales et dans ses pensées, elle devinait le bourg qu'elle aimait tant : Saugues.

C'est là qu'elle avait vu le jour, aurait aimé aller à l'école, allait conduire les brebis de ses patrons au marché le vendredi. Puis elle pensa tristement à ses nombreux petits frères et sœurs qui vivaient à Venteuges, et à qui elle avait toujours destiné ses maigres gages, fruit d'un travail intense et fatigant.

Mais l'aînée des Lhéritier était de constitution robuste, n'écoutant que son courage, ne voulant avoir aucun reproche, remerciant Dieu pour toute l'énergie dont il l'avait comblée dès sa naissance.

Reviendrait-elle un jour ici ? Pourrait-elle marcher à nouveau dans les rues étroites de Saugues et s'arrêter devant la vitrine du boulanger dont elle admirait la couleur des gâteaux qui lui avaient fait envie, qu'elle n'avait jamais achetés ? Entendrait-elle encore le son rassurant des cloches de l'église de la cité de Saint-Bénilde ?

Que d'incertitudes, de questions sans réponse !

Les vaches avançaient d'un bon pas, encouragées de la voix par Martin, suivi de son frère Joseph, lequel avait tenu à les accompagner jusqu'au chemin qui partait à gauche, en direction de Hontès-Haut et Bas, puis de Paulhac-en-Margeride.

Devant la maison d'école attendait le maître Robler. Levé tôt comme à son habitude, vêtu de son inséparable blouse grise dont il boutonnait le col jusqu'en haut, il s'avança au-devant de ses anciens élèves. Il leur adressa un sourire et tendit sa main droite, serrant longuement celle de Martin, adressant seulement quelques mots sur le temps probable de la journée, et gratifiant Agnès d'un sourire qu'il voulut rassurant, encourageant.

Finalement, au croisement des chemins, Joseph décida de poursuivre son accompagnement jusqu'à la ferme du Pavillon. Puis il prendrait un raccourci pour revenir à Lair à travers bois. Il n'était nullement pressé, seulement triste, comme désorienté par ce départ auquel il s'était pourtant préparé.

Arrivés en vue des bâtiments du Pavillon, une légère brume recouvrait le ruisseau du Gourgoueyre le long duquel poussaient quelques frênes, et la prairie étroite le bordant de part et d'autre. Plus haut, sur la gauche, la masse sombre des résineux barrait la vue au regard. De la cheminée de la maison s'échappait une fumée blanche, alors qu'un chien, sorti précipitamment, se mit à aboyer furieusement, courant le long du jardin à la vue de cet attelage insolite.

L'eau claire courait entre les pierres et contournait les souches d'arbres à demi découvertes. Dès le pont franchi, la séparation s'effectua sans un mot, seulement en échangeant un regard profond qui en disait long sur cette séparation sans retour, sans lendemain. Pour les deux frères la vie changeait de cap, et les jours désormais ne seraient plus jamais ce qu'ils avaient été.

La vie les séparait ici, en bordure du Gourgoueyre serpentant à son rythme au sein de la fière et revêche Margeride, les confrontant à une émotion qu'ils avaient bien du mal à contenir.

À cet instant, Agnès et Martin se retrouvaient bien seuls avec leurs maigres biens et animaux. Seule la chienne Friquette semblait insouciante, alors que pour les vaches la route serait longue. Là, ils étaient encore en pays de connaissances. Mais, après les quatre routes de Pinols… ?

Ils marchèrent longtemps pour parcourir, au pas lent des bêtes, la bonne cinquantaine de kilomètres qui séparait les paysages de Lair d'Auvers de la plaine de Madriat. Trois longues journées furent nécessaires pour rejoindre ce pays appelé à devenir le leur, là-bas aux franges de la Limagne que l'on disait fertile et riche. Ils couchèrent à la belle étoile, puisant dans leurs provisions de quoi rassasier un manque d'appétit, et nourrissant de fourrage les vaches fatiguées mais toujours vaillantes.

Dans les villages et hameaux traversés l'eau ne manquait pas. Il était aisé de s'y désaltérer, d'abreuver les bêtes et de faire un brin de toilette, au moins pour ce qui se voyait. Le reste attendrait.

Du long chemin par Ferrusac et le Haut Allier, ils arrivèrent à destination, fatigués mais soulagés. Les deux vaches avaient souffert en silence, laissant apparaître sur la fin du trajet de la raideur aux membres et de la sensibilité aux pieds. Comment aurait-il pu en être autrement ?

Après le pont sur la Couze, Agnès avait longuement regardé la seule construction en bordure du chemin, sur la droite. C'était la maison d'école, celle où iraient leurs enfants, celle dont elle avait rêvée. Elle esquissa un sourire qui se voulait confiant.

Pour Agnès et Martin, pouvait véritablement commencer une nouvelle vie en ce village aux coteaux plantés de vignes et de pêchers. Dans les jardins, les premières fraises brillaient sous le soleil matinal, alors que le coucou faisait entendre, d'une colline, son chant si particulier.

Ils se mirent au travail d'arrache-pied, aidés et conseillés utilement par le père Chabassol et son gendre Claudius, mais aussi par la mère Léonard, propriétaire des lieux et veuve depuis environ six mois.

Diocane, le Sicilien de Palerme, n'avait pas tardé à venir proposer ses bras, seulement pour sa nourriture quotidienne.

Marie-Lisa et Toma

Agnès et Martin avaient quitté leur attachante Margeride à destination de la Basse-Auvergne. À peine s'étaient-ils installés dans le village des bords de la Couze d'Ardes, que le couple avait eu la surprise bien relative d'attendre un enfant. Leur souhait n'était-il pas de fonder une famille ?

Au gré des bons et mauvais jours la vie s'écoulait, rythmée par les saisons et le travail sempiternel qui les accompagnait.

À Lair d'Auvers, Joseph et son épouse Léa habitaient dans la grande maison de pierres des Bournerie, libérée par Médard et Mélanie qui n'auraient, en aucune façon, voulu partager le même toit et les mêmes repas que le jeune couple. Mélanie connaissait trop le poids de telles contraintes, pour en avoir elle-même subi les effets avec ses beaux-parents, souffert quelquefois. Non pas qu'ils lui avaient compliqué la vie, bonnes gens, non, mais tout de même ! Bien souvent, Mélanie avait dû se taire, encaisser conseils et recommandations pressantes. Pourtant, n'avait-elle pas grandement apprécié les services de sa belle-mère qui avait gardé et dorloté ses quatre enfants en bas âge ? Longtemps elle avait fait le pain, lavé le linge dans le grand baquet de bois, cuit dans le chaudron les pommes de terre pour le cochon, mis à dessaler la viande grise du saloir, cuit chou et rutabaga pour les repas, moulé les fromages, tricoté chaussettes et bas de laine... Et tant d'autres choses encore !

Pendant ce temps, Mélanie ne chômait pas. Elle accompagnait son homme au Champ Dernier du bord de la Desges, arrachait les pommes de terre, faisait les chars de foin, passait le râteau au plus près des bordures fauchées à la faux par Médard, coupait le seigle à la faucille, attachait les fagots de genêts... « Que de travail éreintant pour une femme en ce pays » ! répétait-elle souvent.

Comme Agnès, Mélanie aimait garder les brebis. Son pacage préféré était celui qui faisait face à la Besseyre-Saint-Mary, pentu et exposé au soleil levant, plongeant vers la Desges. Elle s'asseyait au creux d'un rocher et fermait les yeux, profitant de la chaleur des rayons et du bruit des sonnailles attachées au cou des bêtes, s'endormant quelquefois de fatigue et de bien-être, caressée par un vent léger et envahie par la douce odeur des genêts. Dès les premiers jours de septembre, elle partait de bon matin à la cueillette des champignons. Sur les plateaux, le vent de la fin d'été courbait quelques seigles peinant à mûrir. Mélanie contournait les genêts, s'accroupissait sous les résineux épais, escaladait allègrement les talus à la recherche des coulemelles, chanterelles et bolets. Pendant bon nombre d'années, elle avait fait la cueillette avec ses enfants dont le plus doué était Martin.

Mais les années avaient passé si vite. Maintenant elle y allait seule. Pour combien de temps encore ? Parmi ses rares loisirs était celui d'aller à la messe chaque dimanche matin, puis de faire un tour au cimetière pour rendre visite aux défunts de sa famille, mais aussi à tous ces gens qu'elle avait connus, côtoyés et aimés.

Pour les autres, les détestés à vie qui lui avaient fait du mal d'une manière ou d'une autre, elle avait les pensées les plus dures, se refusant à leur pardonner toutes les saloperies qu'elle avait dû subir un jour ou l'autre.

Ses beaux-parents étaient décédés relativement jeunes, usés par le travail et peu enclins à se soigner.

Mélanie et Médard avaient fait face à ces disparitions alors que leurs quatre enfants restaient à élever. Avec courage et ténacité, ils s'étaient dépensés sans ménager leurs forces, s'échinant jour après jour. Puis les drôles avaient grandi trop vite, fréquentant l'école et travaillant à la ferme, donnant le meilleur d'eux-mêmes. Et la grande guerre avait tout anéanti, emportant Adrien et détruisant irrémédiablement le bonheur simple de la famille Bournerie.

Au mariage de Léa et Joseph, Mélanie et Médard avaient quitté la grande maison pour s'installer près du four à pain, dans une bicoque restée inoccupée depuis des lustres. Des travaux avaient été nécessaires pour supprimer les gouttières de la toiture, consolider la pièce maîtresse de la charpente taillée à la hache dans un arbre noueux et tordu à l'excès, refaire les planchers vermoulus, remplacer portes et croisées laissant s'infiltrer l'eau de pluie poussée par le vent d'ouest.

Pour Médard et Joseph, le travail du bois relevait d'une quasi facilité, était aisé, plaisant même. Et la matière première n'était-elle pas à disposition, très largement ? Là était une satisfaction, une source d'économie appréciable, une facilité incomparable.

Plutôt forte, assurément belle, Léa n'avait pas tardé à accoucher d'une superbe petite fille, Marie-Lisa. Née le 19 juillet 1933, cette enfant était particulièrement éveillée, remuante, rieuse. Mélanie s'en était étonnée ouvertement à son entourage :

— Mon Dieu que cette « pitchoune » est plaisante à regarder ! De qui peut-elle bien tenir ? Pas de son père, ça non, pas plus que de sa mère du reste, mais peut-être un peu à bien la regarder. Et si c'était d'Adrien !

Médard avait bien compris que cette petite, ravissante il est vrai, allait accaparer son épouse des heures et jours durant. Il avait longuement médité sur cette maternité, regrettant de ne pouvoir venir en aide à Agnès et Martin, eux qui en avaient tant besoin, là-bas, en bordure de Limagne, à côté de Saint-Germain-Lembron.

Quelques années passèrent ainsi. Le Gévaudan et la Margeride voyaient leur population se réduire, des volets rester clos, les cimetières se remplir, la jeunesse partir travailler dans le midi, à Langeac, Brioude, Issoire, Clermont-Ferrand, Paris…

Pourquoi ce haut pays ne pouvait-il retenir ses enfants en ses hameaux et villages ? L'espace n'y manquait pourtant pas, les maisons pas davantage. Quant au travail ! Certes il y avait à faire. La forêt occupait les hommes, alors que les femmes et les enfants gardaient les bêtes, tournaient le foin, campaient les gerbes, écartaient le fumier…

Ici on se sentait utile, on respirait le grand air, on entendait le murmure des oiseaux et le léger souffle du vent descendu du mont Mouchet. Les noms des lieux et villages étaient comme un chant permanent de simple et paisible bonheur : celui que les femmes et les hommes d'ici se construisaient opiniâtrement chaque jour de leurs bras, voulant donner un peu d'instruction à leurs enfants, souhaitant vieillir et mourir en paix, reposer à tout jamais parmi les leurs.

Mais à quel prix, bonnes gens ?

De prix et d'argent on ne parlait guère chez les Bournerie. Mais un vélo coûtait, tout comme le vétérinaire et l'épicerie, et le médecin n'était que très rarement appelé, souvent bien tard, beaucoup trop, simplement par souci d'économie.

Au bistrot d'Auvers, après la messe, les hommes discutaient calmement, cherchaient à comprendre ce qui maintenant les préoccupait : le départ de la jeunesse, de leurs enfants.

Les filles n'étaient pas en reste, cherchant à se marier ailleurs, en ville de préférence. Et sans femmes que deviendraient les hommes ? Qui tiendrait les maisons, cuirait la soupe, laverait les bourgerons, ferait des enfants, soignerait les vieux…

Un jour, le maître d'école avait tenté d'expliquer que cette situation était le fait du gouvernement. Que sa politique se désintéressait du monde rural et des paysans, et que pour s'en sortir il fallait s'instruire, envoyer les enfants à l'école, arrêter de se lamenter.

Il avait poursuivi, presque méchamment, alors que d'ordinaire c'était un homme bon et doux, sévère aussi :

— Nos élus se foutent bien de la Margeride et de ses habitants. Eux mangent et boivent bon. Leurs femmes portent des culottes en soie, alors que celles des nôtres sont taillées dans de vieux draps, tout comme nos chemises et mouchoirs. Et ce n'est pas Dieu qui y changera quelque chose, pas la peine d'y compter !

À cette remarque désobligeante pour le curé Serre, celui-ci avait vertement répliqué en se levant de table, manquant de renverser un verre de vin sur sa soutane :

— Si Dieu n'y peut rien, demandez donc à vos amis communistes de changer les choses, vous ! le tenant du savoir et de la vérité vraie.

Puis, de colère à peine dissimulée, l'abbé avait quitté la petite salle enfumée de tabac gris. Joseph l'avait suivi de près, ne comprenant pas grand-chose à la politique, étant foncièrement réfractaire à ces discussions qu'il considérait comme inutiles, opposant les idées des uns à celles des autres, ni plus ni moins.

En revenant à Lair par le raccourci, Joseph avait réfléchi à ce qui s'était dit au bistrot. Sa sœur Elise avait quitté le pays, tout comme son frère Martin, et son cousin Gustave Peyrusse s'apprêtait à faire de même, attiré ailleurs, mais tardant à se décider.

Lui Joseph resterait ici. Il pouvait gagner sa vie à exploiter la forêt, replanter les espaces libres, devenir garde forestier tout en restant dans sa ferme à élever quelques vaches et un cochon qu'il tuerait pour la Noël. De la ville il ne voulait point entendre parler, et Léa de même. Ça tombait plutôt bien.

Tout en marchant d'un bon pas et poursuivant ses idées, il se surprit à parler tout seul à voix haute. De rage, il balança un coup de pied dans un caillou qui roula dans le fossé. Ce comportement entraîna un large sourire sur ses lèvres, mais il était cependant perturbé par ces évolutions, et contrarié par la discussion entre deux hommes qu'il estimait : l'instituteur né à Lavoûte-Chilhac, et le curé originaire de Giserac, près de Saint-Chély-du-Malzieu.

Le 26 octobre 1935, Léa Bournerie donna le jour à un petit garçon lourd et joufflu : Toma. L'accouchement difficile laissa place à un immense bonheur au sein de toute la famille. Médard avait eu 60 ans, et Mélanie allait en avoir 58 dans quelques semaines. Au début de l'hiver, Léa était totalement remise de cette naissance. Marie-Lisa adorait son petit frère, marchant maladroitement jusqu'à son berceau, lui souriant sans cesse, voulant le toucher…

Sous son toit, Mélanie était la plus heureuse des femmes. Marie-Lisa la suivait au jardin en trébuchant sans cesse, lui tendait sa menotte pour aller garder les brebis près de la maison. Alors, en la regardant avec tendresse, Mélanie tenait des propos d'adultes, pour s'entendre, se parlant à elle-même : « Je suis trop vieille pour la voir mariée, mais je la devine en blanc cette drôlesse, et le pépé Médard aussi pardi. Mais bah, nous voilà devenus trop vieux à présent, la roue tourne ».

Marie-Lisa se contentait de sourire, tentant d'attraper les petits agneaux autrement plus lestes qu'elle. Mélanie tricotait, encore et toujours. À croire que les hivers à venir seraient les pires de tous en ce haut pays de Margeride.

Dans ces chauds vêtements, traduisait-elle ses sentiments de grande tendresse, de dévouement incessant, d'inquiétude pour l'avenir de tous ses petits-enfants, proches ou éloignés de ses gestes caressants aux doigts tordus par l'âge et le travail.

Durant ces deux dernières années, Mélanie avait espacé ses visites au cimetière. Sa fatigue y était pour quelque chose, Marie-Lisa aussi. Elle pensait à Adrien, bien sûr, mais aussi à Elise qui avait un enfant, à Agnès et Martin qui en attendaient un troisième, et dont elle n'en connaissait aucun. Cette situation l'attristait au plus haut point, la contrariait même. Mais que faire ? Si Langeac était proche, même à pied, ce n'était pas le cas du village de Madriat. Martin écrivait cependant, de temps à autre, le dimanche matin après s'être rasé, ou bien profitant des mauvais jours. Mais, là-bas, le climat était différent de celui de Margeride, plus doux, presque agréable à longueur d'année. Alors ses lettres étaient rares, très attendues. Et il avait bien assez à faire sans perdre son temps à l'écriture ! Pourtant il avait tant de choses à dire, de questions à poser.

Dans ce pays de Basse-Auvergne, il manquait tant de choses à Agnès et Martin. Et tout d'abord la fraîcheur des hauts plateaux, mais pas seulement. Chaque vendredi, ils pensaient au marché de Saugues qui réunissait quasiment toute la région dans les rues du bourg et sur le foirail. Là tintaient les sonnailles des brebis, s'élevait le meuglement des veaux séparés de leur mère, battait le cœur rural et paysan du Gévaudan et alentours. Car on y venait de loin. Dans les bistrots et les rues, il ne s'entendait que parler patois. Le bruit des galoches et sabots résonnait sur les pavés. On rencontrait des cousins, marchandait les vêtements, écoutait les camelots et charlatans venus de Langeac ou du Malzieu, de Saint-Chély-d'Apcher ou de Saint-Alban-sur-Limagnole.

Chaque vendredi, la cité s'animait, se colorait, vibrait, laissant parler son cœur sans la moindre retenue.

Le dimanche matin, les curés des paroisses de ce haut pays réunissaient en leur église les croyants et non croyants. Et pendant que les femmes bavardaient longuement à la sortie de la messe, les hommes se retrouvaient au bistrot, bientôt rejoints par l'instituteur et le curé.

Tout ceci et bien d'autres choses manquaient à Agnès et Martin.

Le trou de la Jeanne

Dès la sortie de Saint-Germain-Lembron en direction d'Ardes-sur-Couze, après la grande place du Désert et l'imposante mairie, le regard du voyageur empruntant la route ne pouvait qu'apercevoir, sur la droite, Chalus et son château. Le vignoble occupait toute la colline d'est en ouest, bien au-delà de Boudes, vers Pouilloux et Saint-Hérent.

Marchant d'un bon pas, Gustave Peyrusse, de Pompeyrin, sac au dos et musette en travers de la poitrine, se rendait pour la deuxième fois de sa vie à Madriat. Il avait maintenant dépassé le pont des Acacias sous lequel serpentait la Goulave, et abordait la longue plaine en direction du pont de Feuillère. À la hauteur de Couzances, un homme et une femme plantaient des pommes de terre dans un terrain fraîchement labouré, en bordure de la Couze, alors que près d'un brabant, un cheval pommelé de gris et blanc était au repos, attendant de creuser le prochain sillon.

En ce 1er mai de 1937, Gustave marchait vite. Ce qui ne l'empêchait nullement de penser aux nombreux wagons chargés de charbon qu'il avait vus en gare de Brassac-les-Mines, sur une voie réservée aux trains de marchandises. Autour, des hommes s'affairaient, préparant le prochain départ du convoi pour Paris, selon les dires d'un mineur qui était monté dans le train à destination de Clermont-Ferrand. Il avait dit être syndicaliste, se rendait au siège des HBA, les Houillères du Bassin d'Auvergne. Puis le train des Cévennes était reparti en direction d'Issoire, sinuant jusqu'à la gare du Saut-du-Loup, avant d'atteindre le Breuil-sur-Couze où Gustave avait sauté sur le quai.

Ces boulets de charbon avaient ramené Wanda à sa mémoire, alors que maintenant, sur sa droite, le pic de l'Avoiron lui paraissait moins austère, solidement installé sur sa base, régulier dans sa forme, parsemé de pacages aux couleurs claires. À gauche, la butte de Montcelet semblait veiller sur les cultures et la Couze, alors que face à Gustave s'imposaient les collines de Letz et d'Augnat, signalant l'entrée de la vallée en direction du chef-lieu de canton : Ardes-sur-Couze.

Plus tard, Gustave avait appris que la rencontre à Barèges de ces deux plateaux découvrait, plus à l'ouest, le trou de la Jeanne et les proches montagnes sur lesquelles paissaient les vaches de race Salers. Il se disait couramment, dans le bas du canton, que la Jeanne avec son trou annonçait le beau ou mauvais temps, selon qu'il était clair et dégagé, ou sombre et obstrué de nuages menaçants.

À l'arrière-plan, aussi loin que portait le regard, le massif du Cézallier barrait l'horizon, arrondi par l'érosion des temps anciens. Bien au-delà, existaient les monts du Cantal.

Dans la poche intérieure droite de son bourgeron noir, Gustave avait soigneusement rangé la lettre reçue il y avait de cela une bonne quinzaine de jours, remise par le facteur alors qu'il revenait de faire des fagots de genêts.

Ce long courrier avait été écrit par Juliette Lestival, la fille unique des Chabassol, de Madriat. Elle y expliquait avec force détails que son mari, le Claudius, se trouvait dans l'embarras, suite à une mauvaise fracture au bras droit. Il était tombé d'une échelle appuyée contre le cuvage, alors qu'il avait décidé de remplacer deux malheureuses tuiles de la toiture.

Les Chabassol avaient besoin d'aide, recherchaient un ouvrier agricole pour quelques mois. Et c'est à lui qu'ils avaient pensé, conseillés par Martin Bournerie, le cousin de Gustave qui était fermier chez la mère Léonard.

Les vendanges de 1929 lui revinrent à l'esprit, et avec elles le souvenir de la brune Polonaise de Charbonnier-les-Mines, Wanda Jakowski. Il la revoyait encore croquer les raisins à belles dents, gonfler sa poitrine lorsqu'elle chantait, manger de bon appétit la soupe de vermicelle, et lever son verre de vin pour couper le feu du bouillon gras du pot-au-feu. Elle avait 21 ans, lui 24, et seules deux lettres avaient été échangées depuis leur rencontre fortuite des vendanges.

Qu'était-elle devenue la fille du mineur de fond de la Combelle ?

Arrivé quasiment au bout de la longue ligne droite, Gustave prit le chemin de droite en direction de la Couze et du village, mais ses pensées le ramenèrent aussitôt à cette nuit d'octobre 1929, dans la meule de paille des Chabassol.

Tous deux s'y étaient assis, puis allongés sur le dos, côte à côte, étroitement serrés, regardant le ciel parsemé de quelques étoiles. Ils avaient parlé, longuement, surtout elle qu'il n'avait cessé de questionner sur la mine.

Puis Gustave l'avait embrassée furtivement, avait caressé ses seins fermes et opulents qu'elle avait ensuite adroitement libérés en dégrafant son soutien-gorge. Sa poitrine ainsi dégagée, presque insolente, l'avait excité très vite, lui Gustave, surpris par l'aisance de la Polonaise et la beauté de son corps maintenant à demi dénudé. Cette fille était en feu. Un feu qu'il avait attisé en la caressant longuement de ses larges mains, dont il sentait l'extinction proche, inévitable.

Il se souvenait encore des soupirs contenus de Wanda. Dans la précipitation il avait défait le ceinturon de son pantalon, cherchant aussitôt et maladroitement à retirer la culotte de la jeune fille. Elle s'y était opposée, fermement, prétextant que la lingerie féminine coûtait cher dans les boutiques de Brassac, et que les mains d'un bûcheron ne pouvaient que malmener de fragiles élastiques, déformer le léger tissu.

Malgré tous ses efforts, Gustave s'était ainsi senti recalé dans cette épreuve, celle de l'apprentissage de la vie.

L'affaire allait-elle s'arrêter en si bon chemin pour ce garçon de Margeride, inexpérimenté certes, mais porté de bonne volonté, tellement désireux d'aller plus avant dans cette rencontre de nuit d'octobre ?

Une partie de son corps, révoltée, allait-elle devoir se mettre au repos, contrariée et insatisfaite ? alors que dans la meule de paille le feu couvait au creux de la brune Polonaise. Gustave s'était renfrogné, avait senti une sourde et franche déception l'envahir.

Puis Wanda s'était écartée de lui, comme pour mettre un terme à ce rapprochement spontané, sans suite concrète. La Polonaise avait alors légèrement décollé son bassin et levé les jambes, faisant glisser elle-même son sous-vêtement jusqu'à ses chevilles avec d'infinies précautions, le déposant assez loin sur sa gauche, au sec et au propre, soigneusement plié en quatre.

Puis, du pied de laurier où elle était venue soulager sa vessie, la mère Chabassol avait perçu les soupirs, compris que la jeune Polonaise se faisait « arranger », avait succombé, vibrait, et qu'une onde déferlante l'avait envahie. Wanda n'avait alors pu retenir un cri, mais quelle importance ?

Les habitants du village dormaient, sans le moindre doute, à poings fermés, sauf les insomniaques comme Diocane qui devaient penser à leur jeunesse passée, aux occasions manquées, aux cuites carabinées que les hommes avaient jadis trimbalées.

Le vent léger du Cézallier venait mourir sur la plaine, alors que Wanda s'était rajustée et blottie, calme et apaisée, disposée à s'endormir.

La nuit était douce pour la saison, sentait le mou du raisin. Le Montcelet poursuivait sa veille sur la plaine, et la mère Chabassol, après avoir écarté les jambes le long de la rase, avait rejoint son mari qui ronflait comme un bienheureux.

Perdu dans ses pensées vieilles de huit années, Gustave avait atteint le pont de la Couze. Il se pencha au-dessus du parapet vers l'amont, regardant un court instant l'eau de la rivière courir entre les pierres, apercevant une truite immobile dans le courant, puis deux. De part et d'autre les pommiers étaient fleuris, alors que l'herbe verte et drue tapissait le sol généreusement. Quelques vaches paissaient goulûment en aval.

En ce début d'après-midi, Gustave se rendit directement chez son cousin Martin Bournerie, fit la connaissance des trois enfants dont l'aîné avait six ans. On lui proposa du pain et du fromage, ainsi qu'un verre de vin qu'il ne trouva pas bon. Mais il n'en dit rien, sachant qu'il était offert de bon cœur, et que son cousin avait, comme lui, été élevé dans les bois, pas dans les vignes. Ils parlèrent longuement du haut pays, de la famille, des jeunes et des vieux, des vivants et des morts, de Pinols et Saugues. Puis Agnès avait pris la parole :

— Ici les jardins poussent bien, donnent de tout, ou presque, pour peu qu'on prenne soin d'eux. Y a des fraises, des groseilles, des framboises et des cassis, des pêches et des raisins, aussi des pommes. Martin a planté de tout, et notre propriétaire, la mère Léonard, l'a aidé de ses conseils. Même Diocane est venu donner la main, aussi le père Boisseul, celui qui a laissé deux de ses doigts à Verdun.

Martin voulut parler du Sicilien.

— Tu t'en souviens bien de Diocane la Madone ? Son vrai nom c'est Baldo. Il était aux vendanges avec nous en 29, et même qu'il avait chanté avec la Polonaise. Il a vieilli mais travaille toujours. Il nous a bien aidés quand on est arrivés ici, et même encore. Il vient chercher du fumier pour son jardin, un peu de grain pour ses poules, un litre de gnole… Bref, on s'arrange.

— Si je m'en souviens de Diocane ! Il chiquait à longueur de journée et crachait toujours en direction du chien qui le fuyait comme la peste en montrant les dents, craignant sans doute pour son pelage.

Gustave avait cessé de parler un court instant, ne sachant pas comment s'y prendre pour poser une question qui lui brûlait la langue. Il se décida enfin :

— Dis Martin, et les filles du bassin, elles sont revenues vendanger chez Chabassol ?

— Pas depuis qu'on est là. Elles doivent être mariées à présent, et avoir des enfants. Et oui, chacun fait sa vie… Avant chaque hiver je vais chercher un tombereau de charbon en boulets, à la Combelle, au puits de Sélamines. C'est pas à côté mais faut bien se chauffer, et ici y a guère de bois. Pourtant on l'économise tant qu'on peut, même que des fois les enfants se plaignent du froid.

En entendant parler d'eux, Agnès avait complété la discussion, les larmes aux yeux :

— Faut que je te dise Gustave. On en a perdu un à la naissance, un garçon qu'on aurait appelé Adrien, l'an dernier au moment des foins. La veille encore j'étais sur un char en plein soleil avec le gros ventre, et dans la nuit d'après il a fallu aller chercher le médecin. Mais c'était trop tard, le bébé ne bougeait plus. Martin a fait un petit cercueil et une croix, puis le curé est venu et on l'a enterré derrière l'église. J'ai pas pu l'accompagner tellement j'étais fatiguée, entre la vie et la mort. C'est Diocane qui a creusé la fosse pour nous venir en aide. Oh ! Il l'a pas faite bien profonde, à cause des ossements qui se trouvaient déjà là. Le cimetière est plein, alors on creuse de vieilles tombes pour y loger ceux qui s'en vont bien loin.

— Et après ? avait questionné Gustave en regardant Agnès.

— On a continué de faner. J'en ai mis du temps à m'en remettre, mais le Bon Dieu doit bien m'aimer pour que je sois encore là. Et la mère Léonard nous a bien aidés à s'occuper des enfants, aussi Diocane pour décharger les chars de foin dans la grange. Moi j'en pouvais plus. J'ai bien cru que j'allais y rester.

La discussion se prolongea encore, puis Gustave se décida à rejoindre les Chabassol qui l'attendaient, peut-être avec impatience. La Félicie avait vieilli, tout comme son mari qui marchait en tirant légèrement une jambe, la gauche. Le bras droit en écharpe, Claudius se lamentait, pestait contre sa maladresse et cette chute qui aurait pu lui être fatale. La mine renfrognée, il avait poursuivi en regardant sa femme :

— Dans cet état je peux pas faire grand-chose, à part garder les cinq vaches, conduire le cheval par la bride et désherber le jardin de la main gauche. J'arrive à me laver le devant et à m'habiller. Mais pour les boutons de la chemise et du pantalon j'appelle à l'aide. Pour les chaussettes je me débrouille, vu que je sens pas mal des pieds, et j'arrive à m'en passer, comme ça j'emmerde personne.

Juliette l'avait repris, presque méchamment :

— Ça t'empêche pourtant pas de boire des canons, et le jour que t'es tombé de l'échelle…

Gustave avait compris l'allusion. Il attarda son regard sur la fille de la maison redevenue calme, semblant résignée. Elle avait poursuivi, regardant Gustave et son mari :

— Et oui pauvre monde, c'est comme ça. Mais après un temps en viendra un autre, pire ou meilleur. Allez savoir ! Et le travail attend. Mais maintenant que Gustave est là tout va changer. Hein ! On va mettre de l'ordre dans les champs et les vignes pendant que tu garderas les vaches et resteras assis à l'ombre des pommiers. Et les graines de betteraves qui sont encore dans le sac !

Dans cette maison, seule Juliette restait optimiste. Son visage était amaigri, alors qu'elle semblait avoir pris un très léger embonpoint sous la poitrine et autour des hanches. Quelques rares cheveux blancs apparaissaient au-dessus des oreilles qu'elle avait petites. En son for intérieur, Gustave pensa que tout ça lui allait plutôt bien pour son âge que, d'ailleurs, il ignorait. Peut-être 35 ! Ou un peu plus ou un peu moins pensa-t-il. Mais son avis ne comptait guère, ne concernait que lui, elle aussi sans doute.

La mère Chabassol lui expliqua en souriant malicieusement qu'il dormirait dans la chambre à côté du grenier, celle des filles pour les vendanges. Elle avait rajouté que de la fenêtre il verrait Piavarate et le pic de l'Avoiron, et que pour aller se coucher l'escalier était étroit et bas, qu'il devrait baisser la tête.

— Et Bijou ? questionna Gustave avec empressement.

— Le cheval va bien, rétorqua Juliette, mais mon père a du mal à le suivre à présent. Il avance toujours d'un bon pas, presque trop vite dans les vignes. Surtout en ce moment où il passe du bon temps. Avec toi ça ira Gustave, j'en suis certaine, et même que tous les deux vous vous compreniez, je m'en souviens.

À ces mots, Gustave Peyrusse avait compris qu'il fallait redonner de l'activité au cheval et rattraper le retard pris dans le travail. On l'avait fait venir pour ça, pas pour trier les lentilles, et encore moins pour entendre grincer le robinet des barriques.

L'homme de la Margeride savait donc que les journées seraient longues et fatigantes, mais qu'il aurait un bon lit et ne mourrait ni de faim ni de soif, Dieu merci.

Que demander de plus quand on a besoin de gagner sa croûte ? Et il avait fixé son prix, raisonnable certes, mais que Juliette avait tenté de discuter pour les jours où il ferait mauvais temps. Gustave avait répondu sans se démonter :

— Patronne, que ça soit bien clair entre nous deux. Je suis pas descendu de la Besseyre-Saint-Mary pour travailler comme un cheval, manger comme un moineau et être payé avec un lance-pierres. Si vous me donnez à peine de quoi payer le train des Cévennes, m'acheter une paire de galoches et un bourgeron, autant que je m'en retourne d'où je viens, tout de suite. J'ai vu les prix dans les boutiques de Saint-Germain-Lembron, ça y est pas donné.

Juliette avait été surprise par la réaction de Gustave, assez vive mais pleine de bon sens, et qui plus est accompagnée d'un sourire très large. Elle s'était bien gardée d'insister, ayant même regretté sa tentative. Cette femme aimait le travail, mais l'argent ne la laissait pas indifférente, loin s'en fallait.

Gustave avait bien compris que Juliette Lestival chercherait à tirer le meilleur profit de sa force et de son courage, ne le ménagerait pas plus qu'un « peilharaud » son âne.

La foire du 1er juin

Comme il pouvait s'y attendre, les Chabassol n'avaient pas fait venir Gustave Peyrusse pour regarder planer les alouettes sur le plateau de Champveix ou la butte de Piavarate. Le travail était son lot quotidien, à bras ou avec le cheval, en compagnie du père et de la fille. Mais eux-mêmes ne rechignaient pas à la besogne. Ils travaillaient certes, mais savaient aussi prendre et accorder un peu de repos après les repas de midi que préparait la mère Félicie.

Le dernier jour de mai, après avoir conduit Bijou au bac de la fontaine, Gustave s'était rendu à l'écurie des vaches pour sortir les bouses, comme il le faisait chaque matin. Il avait terminé lorsque Juliette arriva, tenant dans la main droite un seau galvanisé. C'était son heure pour venir traire les trois vaches qui donnaient du lait.

Etrille et brosse en mains, Gustave se dirigeait vers Colombe, la vache blonde attachée près de la fenêtre qui donnait sur la cour, et au-delà vers le pic de l'Avoiron. La patronne avait tiré et attaché ses cheveux vers l'arrière, dégageant totalement son front et ses oreilles. Vêtue comme à son habitude d'une blouse, elle semblait de bonne humeur, comme souvent d'ailleurs. À sa façon de s'approcher de lui en souriant, il comprit qu'elle avait des choses à lui dire, sans doute touchant au travail quotidien.

De quoi d'autre aurait-elle bien pu l'entretenir? lui le domestique au crâne dégarni, descendu de là-haut pour travailler, et seulement pour ça.

Il passait sa main droite sur le flanc de Colombe, lorsque Juliette s'adressa à lui :

— Dis Gustave, le travail dans les vignes et les champs est bien avancé, et demain c'est la foire du 1er juin à Saint-Germain. Alors, si ça te dit, tu peux y aller avec mon père, ça te fera une sortie, et tu le mérites bien. T'as pas chômé depuis que t'es là. Et si t'as quelques courses à faire…

— J'ai besoin d'un caleçon de rechange, d'une paire de chaussettes et d'une chemise, aussi de savon à barbe. Y a que lui qui presse, le reste ça peut attendre.

— Tu pourras acheter tout ce qu'il te faut, les camelots manqueront pas tout le long de la rue. Et puis ça fera plaisir à mon père de t'emmener, il t'apprécie bien.

— Si c'est comme ça…

Ayant déboutonné le bas de sa blouse pour tenir le seau entre ses jambes, Juliette avait commencé la traite par la vache brune du fond de l'étable, alors que Gustave sifflotait en brossant Colombe. Il était satisfait de pouvoir aller à la foire avec son compagnon, le cheval étoilé, et aussi le père Chabassol avec qui il entretenait d'excellentes relations. Cet homme toujours calme était plaisant, lui faisait confiance, le conseillait utilement dans ce travail auquel il n'était pas habitué. Mais il commençait à s'y faire.

Gustave allait sortir de l'étable, ayant terminé son travail, lorsque Juliette l'appela à la rescousse près de la vache blonde :

— Viens jusqu'ici Gustave, et amène une ficelle pour attacher la queue de Colombe, cette bougresse la remue sans arrêt, à croire qu'elle veut pas se laisser traire.

Assise sur le tabouret à trois pieds et front appuyé contre la bête, Juliette avait sur la joue gauche une trace de bouse appliquée par la queue de la vache.

Gustave s'approcha et parla à Colombe, tout en passant sa main entre les jambes pour lui attacher la queue. La vache ne bougea pas. En faisant un faux tour avec la ficelle, ses yeux se posèrent bien involontairement sur les genoux généreusement découverts de Juliette qui ne faisait rien pour les cacher. Elle aurait pu retirer le seau et se mettre debout, le temps qu'il attache la queue de la bête, et reprendre sa position assise pour la traite. Mais elle n'en fit rien.

Gustave s'appliquait à faire un nœud et une boucle, lorsqu'il sentit sur son avant bras droit la pression de la poitrine de Juliette. Ce contact inattendu n'était pas imputable à un faux mouvement, mais bien à un geste volontaire de la part de sa patronne. Il avait bien remarqué qu'elle avait de jolis seins, opulents même, mais pas à ce point.

Quant à les toucher un jour et se rendre compte de leur fermeté, Gustave n'y avait jamais songé. Il était le domestique et devait le rester, de ça il était intimement persuadé, mais…

Il hésita un instant, ne sachant s'il devait retirer son bras précipitamment, ou accentuer le frottement. Il acheva la boucle de la ficelle sans la moindre précipitation et laissa faire. Juliette s'appuya davantage, avec insistance, d'avant en arrière. Au moment où elle saisissait de ses doigts les mamelles de la vache pour reprendre la traite, Gustave posa sa main libre, large et dépourvue de finesse, sur le genou gauche de sa patronne. Elle ne dit rien, interrompant malgré elle ses mouvements de va-et-vient aux tétines, cherchant à serrer ses jambes qui maintenaient le seau. La main du bûcheron remonta la cuisse en un lent mouvement. Juliette serra les mamelles de la vache, appuya le front contre son flanc, ferma les yeux et desserra lentement les jambes. Le seau tomba à terre presque en silence, et le peu de lait qu'il contenait se répandit sur la paille. La main de Gustave pouvait reprendre sa lente et chaude progression vers une destination à découvrir, qui lui était on ne peut plus accessible, offerte même, en ce 31 mai.

Juliette et Gustave s'étaient-ils compris sans avoir échangé le moindre mot ?

En cet instant que dominait la tiédeur de l'étable, l'un et l'autre n'avaient rien à se dire, mais seulement à poursuivre un cheminement de gestes, guidé par un désir soudain et partagé. Tout dialogue semblait étouffé, ridicule, inutile. Un silence complice régnait, alors que les gestes ne pouvaient maintenant que se préciser. Juliette n'avait pas cherché à rattraper le seau au fond duquel le chien léchait déjà quelques gouttes de lait, ni à resserrer ses jambes découvertes au plus haut.

Pour elle, ce plaisir de caresses intenses avait chassé son quotidien de travail, semblait nouveau, prenait le dessus et n'allait pas tarder, elle le sentait, le souhaitait, à étendre en elle une rapide et profonde satisfaction. Elle était fin prête, n'attendait plus que ça.

Pourtant, à cet instant crucial que Juliette ne voulait pas laisser passer, de la cour parvenait subitement la voix du père Chabassol :

— Gustave, viens m'aider à atteler Bijou, tu finiras après…

Le 1er juin, au matin, Gustave Peyrusse avait attelé le cheval étoilé au break à quatre roues. Pour l'occasion il l'avait harnaché pour la promenade, avait tressé la crinière et la queue, graissé les sabots, préparé le fouet dont il n'aurait nul besoin.

La voiture hippomobile, toujours remisée au fond de la grange, était en excellent état, légère et confortable. L'attelage avait fière allure. Bijou était excité, semblait avoir compris que cette journée ne s'annonçait pas comme les autres, ce qui arrivait assez rarement d'ailleurs.

Pour une fois, les vignes se passeraient de ses bons et loyaux services.

Alors qu'il attachait la sous-ventrière de cuir aux brancards, Gustave s'était posé la question de savoir comment le menuisier avait fait pour donner une telle forme à ces bois d'attelage qui épousaient la forme de la bête. « En voilà un qui est loin d'être maladroit », avait-il pensé.

Gustave s'était levé plus tôt que d'habitude pour faire son travail et préparer le départ. Lorsque le père Chabassol et lui-même avaient franchi le portail de la cour, juchés sur la banquette avant du break, Juliette se dirigeait vers l'écurie, tenant un seau de la main droite, et blouse boutonnée jusqu'au dernier bouton. Elle leur adressa un timide sourire, alors que Claudius donnait maladroitement de la nourriture aux lapins. Lui aussi aurait bien voulu se rendre à la foire du 1er juin. Mais Juliette l'en avait dissuadé fermement. C'est du moins ce que Gustave avait cru comprendre la veille au soir, lorsqu'il avait entendu en montant se coucher près du grenier : « t'aurais bonne mine à la foire avec ton bras en écharpe. Pas la peine d'aller raconter ton histoire à tout le monde et boire un canon dans chaque bistrot. Et puis y a à faire au jardin »…

L'homme du haut pays avait compris que Juliette n'appréciait guère l'inactivité de son mari. Pourtant, malgré son handicap provisoire, Claudius ne restait pas inoccupé. Et même s'il faisait quelques allers retours à la cave, seul ou avec Gustave et son beau père, on ne pouvait pas dire qu'il s'était mis à la boisson. Mais le comportement quotidien de son épouse, maîtresse femme en l'occurrence, laissait à penser qu'elle ne vivait que pour son travail, et que seul celui-ci était de nature à lui procurer épanouissement et satisfactions. Alors, voir son homme passer son temps à s'occuper du travail habituellement dédié aux femmes ne pouvait la satisfaire, la rendait agressive et bien peu souriante.

Pourtant, le matin même à l'étable, Juliette n'avait semble-t-il pu occulter un désir, peut-être un manque, car Gustave ne pouvait être tenu pour responsable de ce contact pour le moins inattendu, surprenant.

Mais il n'avait pas fait grand-chose pour s'y soustraire. Mieux, il avait apprécié le long et agréable frottement des seins de Juliette sur son bras, et il avait laissé filé sa main rugueuse sur la peau douce et chaude de la cuisse de sa patronne. Ce dont il se sentait responsable, c'était de la chute du seau sur la paille qu'il avait étalée le matin même. Il était vide, une chance !

Le cheval se mit au trot après le pont de la Couze, bien décidé à parcourir à cette allure la longue plaine rectiligne. Gustave aimait le bruit des grelots fixés au collier de la bête. Avec le bruit des sabots, ils semblaient cadencer le balancement de Bijou sur ses membres soudains enlevés, plus légers, plus souples.

Vêtu d'une veste et pantalon de velours côtelé, le père Chabassol tenait les rênes d'une seule main, les ayant ajustées dès le départ, une fois pour toutes. Une casquette quasiment neuve laissait s'échapper quelques cheveux blancs qui auraient mérité d'être coupés.

Le bûcheron s'en chargerait un jour prochain, l'homme le lui ayant demandé.

Gustave avait mis son meilleur bleu de travail, une chemise propre et une paire de galoches noires achetée à Saugues dont il prenait le plus grand soin, la réservant exclusivement à ses rares sorties. Il s'était lavé la veille à l'eau apparemment claire de la rase, près du laurier où la Félicie faisait la lessive fréquemment, s'accroupissait péniblement quelquefois. Là où elle avait perçu les soupirs de Wanda s'échappant de la meule de paille.

Les deux hommes étaient rasés du matin, bavardaient de la pluie et du beau temps, de tout et de rien. Gustave avait prolongé son regard à droite, sur la butte et la Chaux de Montcelet. Au pont des Acacias, ils arrivèrent à la hauteur d'une femme âgée vêtue totalement de noir qui marchait, se rendant à la foire.

L'ayant reconnue à sa silhouette et sa démarche, le père Chabassol stoppa le cheval. Elle était de Letz, le hameau de la commune d'Augnat, et avait perdu son mari à la guerre de 14-18. La femme se laissa inviter :

— Montez mère Contournat, ça vous économisera les jambes. La plaine a dû vous paraître longue.

— Elle l'est bien de reste quand il faut la faire à pied, et mes jambes sont bien fatiguées. Pour revenir ça sera bien pire, surtout s'il fait chaud au moment de midi. Mais peut-être que quelqu'un de brave me ramassera sur la route avec une carriole. Et de Barèges à Letz ça grimpe. Mais baste, c'est pas la première fois que je fais le chemin. Avec mon pauvre mari on le faisait avec les bêtes qu'il fallait bien aller vendre si on voulait avoir un peu d'argent. Ah pauvre, c'était quand même le bon temps…

Gustave voulut engager la conversation.

— Combien de temps vous mettez pour faire le trajet ?

— En marchant bien il faut deux bonnes heures, et autant pour le retour. Vous êtes pas de par-là, vous ? Je vous ai encore jamais vu.

— Je viens de la Besseyre-Saint-Mary, une commune du côté de Saugues-en-Gévaudan, dans la Haute-Loire.

— Là où y avait la terrible bête ?

— C'est bien ça Madame.

— Ah pauvre, quelle histoire, et que de malheur ! Mais pas de madame avec moi, appelez-moi Marie. Dans le pays on m'appelle Marie des brebis, ou la femme en noir, depuis que mon Ernest… Ah ces Allemands !

La mère Contournat avait serré son fichu noir sous son cou et posé son panier d'osier sur ses genoux, apparemment heureuse de bavarder, d'économiser ses jambes et que quelqu'un se soit intéressé à sa modeste existence.

Le cheval avait ralenti son pas, puis relevé la queue pour libérer des crottins verts et fumants. Le père Chabassol remit le cheval soulagé au trot, en faisant claquer bruyamment sa langue dans la bouche. Bijou n'hésita pas un seul instant. Il secoua la tête de gauche à droite, dressa les oreilles, et les grelots reprirent leur musique interrompue, peu après le passage sur le pont de la Goulave.

Gustave avait voulu laisser sa place sur la banquette à la mère Contournat qui avait refusé tout net, poliment. Elle s'était assise à l'arrière, sur la caisse en bois ajourée, dirigeant son regard vers le coteau de Chalus, le pic de l'Avoiron, la Brugère, le Fromental et Letz, le hameau de toute sa vie.

Le père Chabassol avait connu son défunt mari dont il était cousin éloigné, par alliance. Et pendant l'hiver, quand il se rendait à la vigne de Champveix pour tailler et pointer les échalas, il apercevait la femme en noir qui gardait ses quelques brebis et chèvres à l'abri du vent du nord dans la Ronzaille, près de l'ancienne mine de kaolin et du gour de la Marguerite.

La longue plaine allait disparaître dès la prochaine courbe, alors Marie des brebis lança aux deux hommes, assez fort pour couvrir le bruit merveilleux des fers et grelots de Bijou :

— Prenez la peine de vous retourner pour regarder le trou de la Jeanne. Il est clair et bien dégagé, signe que le beau temps sera de la foire.

Gustave avait souri à ces propos, tout comme le père Chabassol, alors que le cheval étoilé poursuivait fièrement sa longue promenade vers Saint-Germain-Lembron.

La grande place du Désert, au chef-lieu de canton, était encombrée de quelques camions, de voitures hippomobiles et aussi de chars à bœufs. Attachés aux anneaux fixés aux murs du foirail, les animaux meuglaient, destinés à changer de propriétaires ou à la boucherie.

Le père Chabassol attacha Bijou au dernier platane de l'allée qui en comptait une vingtaine. Il y serait partiellement à l'ombre pendant une bonne partie de la matinée, en compagnie d'une jument noire dont le propriétaire venait de Collanges.

La mère Contournat remercia les deux hommes, et partit en trottinant en direction de la quincaillerie.

Aussitôt, les deux hommes traversèrent le bourg pour se rendre au marché aux cochons. Il était situé quasiment à l'opposé, en direction du Breuil-sur-Couze, au bas de la rue Saint-Clément. Le père Chabassol s'approcha des caisses, regarda les petites bêtes roses qui s'égosillaient, et s'arrêta plus longuement auprès d'un paysan de Chalus qui proposait une portée de huit porcelets. Il en choisit deux, discuta âprement le prix avant de conclure la transaction :

— L'affaire est faite, mais vous paierez un canon au bistrot d'en face. On a rien bu depuis ce matin, pas vrai Gustave ?

— C'est vrai patron.

Derrière le comptoir du minuscule bistrot enfumé, un homme grand et maigre remplissait les verres de vin rouge et rosé, déposait les chopines sur les tables. Sur un pantalon de velours il portait un grand tablier bleu, était coiffé d'un immense béret, chaussé de galoches rutilantes et silencieuses. Le calme et la méfiance semblaient l'habiter, comptant au moins deux fois la monnaie remise en paiement. Gustave avait remarqué que l'homme circulait entre les rares tables, rajoutant ici et là un peu de vin dans les verres, sans aucun doute soucieux de satisfaire sa clientèle du jour.

Le vigneron de Madriat remit sa tournée, et proposa à Gustave de le suivre un peu plus loin, chez un jardinier amateur déjà âgé.

Juliette avait commandé à son père des plants de tomates et de choux, et mieux valait ne pas les oublier. Puis ils reviendraient chercher les cochons avec Bijou et le break, avant de reprendre la route en direction du Cézallier.

En remontant la rue avec les plants pliés dans une page de papier journal, ils firent le tour du marché aux veaux, place du Lembron, et burent un nouveau canon au café de gauche. Pendant que le père Chabassol entrait dans la quincaillerie pour acheter des clous à ferrer, des pointes, de la mèche à tonneaux et un paquet de bougies pour la chambre de Gustave, celui-ci circulait entre les bancs des camelots pour faire ses achats. Il n'avait que l'embarras du choix, tant les étals étaient nombreux dans la rue principale.

On approchait des onze heures, lorsque les deux hommes arrivèrent sur le foirail devenu calme. Les transactions semblaient bien avancées, seuls quelques paysans téméraires et marchands de bestiaux discutaient encore de prix.

En déambulant parmi la foire, Gustave avait été surpris par le nombre de bistrots de la petite ville. Il en avait compté huit depuis celui du marché aux cochons, et avait bu dans deux. Il s'était dit : « jamais deux sans trois » !

Gustave ayant proposé à son patron d'offrir une tournée, les deux hommes franchirent la porte du café-restaurant des Sports. L'établissement donnait sur la route d'Ardes qui longeait l'allée de platanes ombragée où était attaché Bijou. Ils trouvèrent, dans un renfoncement à gauche du comptoir, une petite table encombrée de carafes d'eau qui manifestement n'avaient rencontré aucun succès. Ils s'installèrent avec difficulté, et, depuis le comptoir, une femme avenante et déjà âgée prit leur commande. Ici aussi, la salle était enfumée, bruyante. Une serveuse brune en tablier blanc posa les deux verres de vin au coin de la table. Gustave demanda :

— Ça fait combien les deux canons ?

La serveuse annonça le prix aimablement, et Gustave, qui tête baissée comptait sa monnaie, leva brusquement la tête dans sa direction, comme pour mieux se persuader de ce dont il était sûr.

Il avait reconnu la voix de la serveuse en tablier blanc. C'était celle de Wanda Jakowski, la Polonaise de Charbonnier-les-Mines, fille de mineur de fond au puits de la Combelle. La surprise passée, Wanda engagea la conversation spontanément, le visage souriant, quelque peu empourpré :

— Gustave, ça alors, toi ici à la foire ! Si tu savais comme je suis contente de te voir, et vous aussi Monsieur Chabassol.

Gustave questionna, timide et surpris :

— Tu travailles ici Wanda ?

— Ici et ailleurs, faut bien que je gagne ma vie. J'aide ma mère, depuis que mon père est mort, ça fait un peu plus d'un an. C'était en décembre, juste avant la Noël.

Gustave regretta sa curiosité pourtant bien innocente, ne sachant plus que dire, gêné par ce qu'il venait d'apprendre. Alors le père Chabassol tenta, à sa façon, de venir en aide à l'une et à l'autre.

— Ma pauvre petite. Mineur ! Voilà bien un métier pénible et dangereux. C'est quoi qui l'a emmené ton papa ?

— Il est mort d'un accident dans une galerie, et complètement silicosé, comme tant d'autres mineurs de fond du bassin. Depuis, mon frère travaille en surface, au puits de Sélamines, à la fabrication des boulets. C'est dur pour ma mère, pour nous tous.

Les yeux de Wanda s'étaient voilés. Sa poitrine se souleva sous l'effet d'une forte respiration. Elle demanda :

— Et toi Gustave, qu'est-ce que tu deviens ?

L'homme de la Margeride avait expliqué rapidement les raisons de son retour à Madriat. Mais Wanda regardait vers le comptoir et dans la salle, sachant qu'elle ne pouvait pas prolonger la conversation indéfiniment. Elle était là pour travailler et servir les clients, pas pour discuter avec eux. Elle quitta les deux hommes en souriant, appelée depuis le fond de la salle par un maquignon en blouse noire.

Dès cet instant, Gustave ne la quitta plus des yeux, la regardant circuler entre les tables du bistrot avec son plateau chargé de verres qu'elle tenait d'une seule main. Wanda avait forci quelque peu, surtout des hanches, et son sourire était toujours aussi illuminé, franc et profond. Une mèche de cheveux barrait son front, ces cheveux dans lesquels il avait soufflé, tenté d'apprivoiser entre ses gros doigts d'homme des bois, longuement respiré l'odeur entre l'oreille et la nuque.

Elle revint rapidement vers eux et compléta leurs verres. S'adressant à Gustave, elle demanda :

— Tu repars quand vers ton pays de Margeride ?

— J'en sais trop rien, sans doute après les moissons et les deuxièmes coupes de luzerne. Hein patron ? Quand Claudius sera complètement remis de l'échelle.

— Alors tu pourrais venir me voir un dimanche à la Combelle, rue des Mineurs, c'est là qu'on habite à présent. Ou bien au Petit Boulogne, c'est un café-restaurant au bord de l'Alagnon, pas loin du stade. J'y travaille les samedis et dimanches pour vider les poissons, servir la friture et faire la vaisselle. On y danse à la belle saison, sous les grands arbres qui bordent la rivière, avec un orchestre de mineurs. Mais depuis la disparition de mon père… Ça me ferait plaisir que tu viennes. Et je sais que tu aimes l'accordéon.

Le père Chabassol, brave homme, avait rajouté malicieusement, désireux de venir en aide à Wanda :

— Mais oui qu'il viendra petite, avec mon vélo, et je me charge de te l'expédier…

Après avoir récupéré les deux porcelets au marché aux cochons, Bijou avait repris la route d'Ardes, tirant toujours aussi vaillamment le break, malgré la température élevée de cette fin de matinée.

Dès la sortie du bourg, les deux hommes avaient porté le regard de part et d'autre de la route, s'accordant à reconnaître la richesse des terrains et leur facilité d'exploitation.

Les blés étaient déjà hauts, les pommes de terre en fleurs. Les grands peupliers qui bordaient la Couze frémissaient sous le vent léger de ce début d'été. Tout en regardant les oreilles mouvantes de Bijou, Gustave se disait que Martin et Agnès Bournerie n'avaient pas eu tort de quitter Lair d'Auvers pour venir s'installer ici. Ils travaillaient dur, certes, mais avaient suffisamment pour nourrir leur famille. Et contrairement au Gévaudan et à la Margeride, ici il y avait des fruits une bonne partie de l'année. Et à Madriat il y avait une école que fréquentaient les enfants du bourg, mais aussi ceux des hameaux environnants. Et gare aux oreilles de ceux qui manquaient la classe !

Certains y venaient de la Rivière-l'Evêque, de Letz, du Fromental et des deux Brugère, la Haute et la Basse.

Tous ne rentraient pas chez eux le soir, l'éloignement de leur domicile les contraignant à rester en pension au village, souvent chez des personnes plus désireuses de rendre service que de gagner de l'argent. Et c'était très bien ainsi. Car ils pouvaient aller au catéchisme, faire leurs devoirs, se divertir en sautant à la corde, jouer aux billes, aider les personnes âgées à faire du bois, à rentrer leurs boulets de charbon, à bêcher le jardin, grimper dans les cerisiers, faire des lance-pierres pour tuer quelques pigeons domestiques…

Et si le minuscule galet ratait sa cible pour terminer son incertaine trajectoire dans une vitre, mieux valait prendre les devants et aller s'excuser au plus vite, quitte à recevoir une sévère punition, rarement une correction.

Les moins veinards, ceux qui rentraient chaque soir, ne connaissaient pas ces merveilleux moments de répit à courir ensemble dans les rues, à jouer à cache-cache, à chanter dans la sacristie avec la catéchiste ou le curé, à cueillir des fleurs sauvages pour fleurir l'église.

Chez eux, on les attendait, avec impatience, et leur fin de journée était consacrée aux travaux des champs ou aux soins des animaux de la ferme. Il y avait toujours à faire. Et les devoirs pouvaient attendre !

Agnès Bournerie l'avait dit et répéter à Gustave. Elle ne se souvenait pas de la bonne odeur de craie et des livres, du poêle rond qu'allumaient les enfants et qui ronronnait au centre de la classe, de la douce voix du maître qui chaque matin parlait de morale, invitait à chanter, à s'asseoir face au tableau noir essuyé par les plus grands.

Ce dont elle ne pouvait se séparer, c'était le souvenir d'avoir été placée à huit ans, n'ayant pas véritablement compris qu'elle devait quitter ses frères et sœurs et aller garder les brebis, râteler le foin, écarter le fumier. Combien de fois avait-elle pleuré sur sa paillasse ? Et l'école ! avait-elle pensé.

À l'embranchement des chemins de Collanges et Couzances, Bijou se mit au pas, sans doute fatigué par l'allure et la chaleur. Alors le père Chabassol décida de changer de direction.

Du petit doigt de sa main droite, il actionna très légèrement la rêne du cheval qui bifurqua, prenant à angle droit le chemin de la ferme blottie derrière les grands arbres de la Couze. Le cheval connaissait cet itinéraire qui passait par le chemin des Varennes, plus doux à ses sabots, plus cahotant pour le break, les voyageurs et les porcelets maintenant couchés dans la paille.

Après l'étroit chemin bordé de murs construits en galets, le pic de l'Avoiron s'imposa à leur vue, offrant sa faille ressemblant à une blessure mal cicatrisée. Les hameaux de la Brugère et Letz brillaient sous le soleil de ce premier jour de juin, alors qu'un nuage clair avait pris possession du trou de la Jeanne.

— Alors Gustave, t'as perdu ta langue ? demanda le père Chabassol.

— Non, mais je pensais à Wanda, et aussi à sa famille. Tout le monde a bien ses malheurs sur cette terre.

— Venir de Pologne, de si loin pour crever à la Combelle, au fond d'un puits profond d'au moins quatre ou cinq cents mètres, tu me diras pas !

— Même les chevaux crèvent au fond de la mine, aveugles et sans soleil. C'est elle qui me l'a dit, l'année des vendanges.

Le père Chabassol souhaitait changer de conversation, détourner les pensées de l'homme de Margeride, aspirées par la mine et la brune Polonaise. Il hésita un court instant, se rappelant les propos matinaux de la mère Contournat de Letz.

— Et de cette fameuse bête du Gévaudan, tu peux m'en dire deux mots Gustave ? Tu as dû en entendre parler souvent à la Besseyre-Saint-Mary.

— Pour sûr que j'en ai entendu parler, aux veillées surtout.

— Elle était loin de chez toi ?

— Oui et non. Elle était partout dans la région du mont Mouchet, et attaquait aux confins du Cantal, de la Haute-Loire et de la Lozère. Mais à cette époque c'était le Gévaudan. Plus de cent personnes ont été tuées et dévorées, des enfants surtout, et on osait plus les envoyer garder les bêtes dans la vallée de la Desges, pas plus qu'ailleurs. Mais c'est pas d'hier, ça s'est passé vers 1760 et quelque chose… Il est venu des chasseurs de partout. Et même l'évêque de Mende s'en est mêlé.

— Et alors ?

— Et alors ! C'est un chasseur de la Besseyre qui a eu sa peau le 19 juin 1767, sur la commune d'Auvers, le pays de Martin Bournerie. Pourtant, il s'en était tué des loups auparavant, mais jamais de si gros, et les carnages avaient continué.

Mais depuis ce 19 juin, plus rien. Alors c'était bien elle la bête !

— Sans doute Gustave, sans doute.

La Venise des canards

En ce 13 juillet 1937, Juliette Lestival avait mis à tremper, dans la rase, une botte de paille de seigle destinée à attacher la vigne. À Madriat et les environs, seul ce moyen était utilisé, car produit sur place et aisément mis en œuvre. De plus il coûtait peu, seulement de la peine, mais ici comme ailleurs, sans elle on n'avait rien, ou pas grand-chose. Elle faisait partie de l'univers de ces hommes qui ne faisaient que travailler du matin au soir, prenant seulement un peu de plaisir à rouler une cigarette, à boire un canon, à manger une soupe de vermicelle et à penser à quelque improbable fredaine. Pour les femmes n'en parlons pas, c'était pire.

Depuis son retour en ce village qu'il connaissait bien maintenant, en ayant fait le tour avec Bijou ou seul,

Gustave Peyrusse avait été surpris par l'eau qui l'entourait, l'irriguait, lui lavait les pieds en quelque sorte.

Avec Diocane, il avait suivi le cours du Béal dévié de la Couze, à mi-chemin entre Barèges et le bourg. Puis, une nouvelle fois plus en aval, le précieux liquide clair et limpide se scindait en deux rases.

Nées au sud du village, l'une le contournait par l'ouest et l'autre par l'est, se retrouvant enfin une nouvelle fois côté nord pour poursuivre un long cheminement entre des roseaux.

Mais auparavant, les deux fugitives avaient frôlé les murs de galets, abreuvé les animaux, arrosé les touffes d'orties et les jardins potagers, longé les iris sauvages, rincé culottes claires et chaussettes foncées, écouté le battoir de bois des lavandières sur les pierres, entendu d'innombrables commérages, véhiculé quelques étrons, lavé le croupion de nombreux canards…

À Diocane le Sicilien, l'existence des deux rases jumelles paraissait inestimable, était une aubaine. Les paysans de Madriat en étaient-ils conscients ? Sans doute, puisqu'ils les entretenaient plus régulièrement que leurs dents et plus soigneusement que les ongles de leurs pieds. Ne faisaient-elles pas, seules, le bonheur de toute une population qui en abusait jour et nuit ?

Même les vairons suivaient le courant de cette eau bienfaisante, offrant aux gamins du village l'occasion de s'y faire prendre pour finir en friture, dans une poêle au cul jamais lavé, seulement essuyé avec un vieux journal. De ce point de vue les canards étaient plus propres, eux qui y trempaient le leur en permanence.

Diocane ne se privait pas du plaisir de cracher sa chique dans l'une des deux rases. Il s'y lavait rarement les pieds, seulement lorsque leur odeur devenait pestilentielle, non pas pour lui, mais pour son entourage.

Depuis son plus jeune âge, en Sicile, il avait économisé l'eau, tant elle était rare. Il en avait porté des seaux, à bout de bras, dans son village haut perché, où les ânes pouvaient mourir de soif. Alors, pour lui, il était hors de question de la gaspiller à trop se laver.

Après avoir sorti la botte de paille de la rase, Gustave et Diocane avaient pris la direction de la Brugère, celle de la vigne des Chabassol à Piavarate. La journée s'annonçait chaude. Les rangées emmêlées grimpaient vers le sommet d'où l'on dominait toute la plaine. L'Avoiron semblait veiller sur Bard, alors que les ambitions dominatrices des vestiges de Montcelet propulsaient sa silhouette bien au-delà, jusqu'en Brivadois.

Dans le ciel clair où montaient les alouettes des champs, la butte de Nonette se détachait, baignée par l'Allier que signalaient les grands peupliers.

Gustave avait rangé le baril rempli de vin sous la botte de paille humide, au creux d'un fossé ombragé. Il était de joyeuse humeur, et pour diverses raisons.

L'homme des bois aimait travailler avec Diocane qui lui parlait de sa Sicile illuminée, de sa Madone dont il semblait exagérer les charmes, de sa solitude pesante, de son manque de femme.

Gustave l'écoutait religieusement, le questionnait, le respectait. Et de ça Diocane lui était reconnaissant.

Mais Gustave allait rentrer chez lui à la Besseyre-Saint-Mary, en Margeride, dès la fin des moissons.

Claudius allait mieux, devait retrouver l'usage de son bras dans les jours suivants. Juliette était toujours aussi sévère avec son mari, mais avec qui ne l'était-elle pas ? Gare à ses enfants quand elle en aurait, avait pensé Gustave qui ne s'en plaignait pourtant pas, la trouvant quelquefois aguichante et garce.

Il est vrai qu'il faisait de son mieux pour éviter les critiques. Son travail irréprochable satisfaisait la maison Chabassol, même s'il prenait quelques moments pour rendre visite aux Bournerie qui n'avaient guère de repos. Parfois même il allait, les dimanches, les aider quelque peu.

Demain 14 juillet il n'irait pas, ayant sollicité le vélo de son patron pour aller à la Combelle, en pays minier. Gustave demanderait la route du Petit Boulogne, là où travaillait Wanda Jakowski, la belle et courageuse Polonaise.

Mais pour l'heure il devait attacher les longues branches aux échalas et les dépointer avec ses doigts peu habiles, plus aptes à serrer un manche de hache et à tirer le passe-partout. Il faisait de son mieux cependant, paraissant ridicule aux côtés de Juliette Lestival que le travail semblait distraire.

Cette femme était à l'aise dans les vignes, craignant la chaleur contre laquelle elle luttait en déboutonnant deux boutons de son tablier, du haut et du bas. Un jour où le temps était à l'orage, qu'elle avait les tempes mouillées de sueur, ne s'était-elle pas éloignée de quelques mètres pour retirer son soutien-gorge qui, avait-elle précisé, lui tenait chaud et la serrait, la gênant dans son travail. Elle l'avait accroché à un échalas, le tissu blanc orné de fine dentelle apportant une tache claire dans la vigne pentue de Piavarate.

De la sorte, Gustave avait pu laisser vagabonder son regard vers une poitrine qu'elle avait ferme et généreuse. C'est du moins le souvenir qu'il gardait de son contact récent avec Juliette, sa patronne durant quelques semaines encore.

Le 14 juillet au matin, après avoir soigné le cheval et sorti les bouses de l'étable des vaches, Gustave avait regagné la soupente du grenier envahie de toiles d'araignées. Il avait accroché sa minuscule glace à une solive du plafond, puis s'était rasé en dirigeant de temps à autre, bien malgré lui, son regard vers l'extérieur, en direction de l'Avoiron qui semblait protéger la vallée des Saints. Le soleil de ce début de matinée resplendissait, pénétrait dans le grenier par la minuscule croisée, donnait une couleur tendre au lointain bois de pins qui, là-haut, prolongeait les pacages du pic en direction du hameau de Charmeix-Bas.

En ce jour où l'on fêtait l'anniversaire de la révolution de 1789 et la prise de la Bastille, Gustave avait décidé de faire une toilette complète sur les berges de la Couze, en amont du pont de pierres à deux arches. L'eau de la rivière coulait, limpide, était fraîche, presque froide. Il serra les dents et se lava de la tête aux pieds, avec un énorme savon de Marseille prêté par la Félicie.

Il s'essuya énergiquement, en prenant soin de se protéger des regards derrière des baliveaux de vergnes que perçait timidement le soleil.

Gustave se sentait bien. Il enfila des vêtements propres et s'assit sur une grosse pierre, espérant apercevoir quelque truite remonter le léger courant. Il discerna seulement une loche, poursuivie par une énorme couleuvre qu'il effaroucha par un jet de pierre. Alors il trempa son linge sale dans l'eau et le savonna assez maladroitement, satisfait cependant d'avoir fait sa lessive corporelle et vestimentaire qui aurait tout le temps de sécher.

La longue plaine lui parut courte en ce début d'après-midi, n'ayant eu que quelques coups de pédales à donner jusqu'au franchissement de la Goulave. Le vélo du père Chabassol roulait à merveille. Sur la place du Désert, à Saint-Germain-Lembron, des amateurs de pétanque jouaient aux boules à l'ombre des platanes. Gustave s'arrêta face au café-restaurant des Sports, là où il avait rencontré Wanda le jour de la foire. Le bistrot était plus calme. Il posa ses fesses sur la muraille du foirail et regarda, écouta. Jamais il n'aurait imaginé que la pétanque puisse être aussi compliquée. Les joueurs parlaient doucement, se déplaçaient du rond au cochonnet, se baissaient pour mesurer, frottaient le sol de leurs pieds…

Ce jeu ne semblait pas fait pour lui. Il préférait les concours de bûcherons qui supposaient moins de précision mais tellement plus de puissance musculaire.

Gustave enfourcha une nouvelle fois la bicyclette noire au guidon relevé et poursuivit sa route en direction du Breuil-sur-Couze. Il reconnut sans difficulté le marché aux cochons, et le tenancier du bistrot qui rinçait une barrique en bordure du trottoir. Comme le jour de la foire, l'homme était en galoches, protégé par un grand tablier bleu, coiffé d'un énorme béret qui aurait pu faire de l'ombre à un couple de nains. Il se prit à sourire de cette pensée, se rappelant en avoir rencontrés à la foire de Sainte-Catherine à Langeac.

La route se rapprochait de la Couze d'Ardes, passait sous un pont métallique peint en noir, remontait sur la droite et traversait les voies du chemin de fer. Au passage à niveau, la barrière venait juste d'être relevée, car l'arrière d'un train de marchandises était encore à portée de vue dans la ligne droite. Près d'une maison tout en hauteur, la garde-barrière étendait du linge sur un fil de fer. Gustave la salua aimablement et poursuivit sa route en longeant les voies.

En pédalant sans le moindre effort, l'homme des bois de Margeride sifflotait un air de valse, la danse qu'il préférait. Il regarda longuement la butte de Nonette et se trouva bientôt en vue du pont du Saut-du-Loup. Pourquoi un tel nom pensa-t-il ?

La route traversant une nouvelle fois la voie ferrée, il prit la direction de la Combelle, laissant à droite celle de Beaulieu.

Après avoir franchi le pont sur l'Alagnon, Gustave longea le stade de Basse-Combelle situé à droite. Un match semblait s'y préparer, car sur les abords du terrain allaient et venaient de nombreux supporters. La buvette était ouverte, fréquentée par quelques hommes tenant en mains des canettes de bière. Les discussions parurent vives à Gustave. Il demanda poliment, à un homme sans âge se rendant au stade, où se trouvait le café-restaurant où travaillait Wanda.

— Je cherche le Petit Boulogne, si vous pouviez me l'indiquer ?

La réponse fusa avec un accent aussi prononcé que celui de Diocane, signe que le questionné avait des origines italiennes.

— C'est comme si vous y étiez. Après le virage prenez à droite et suivez les arbres, marchez un moment, y a pas à se tromper, les tables sont dehors, à l'ombre.

L'homme avait parlé rapidement. Il marqua un temps d'arrêt et poursuivit, se retournant à demi, semblant pressé :

— Vous venez pas voir le match ?

— J'y connais pas grand-chose au ballon.

— Moi non plus mais vous avez tort, aujourd'hui on va faire la fête à l'équipe de Montjoie, ça c'est sûr. On a une revanche à prendre. Chez eux ils ont gagné, mais ici ça sera pas la même musique. Et dans le bassin on en connaît un rayon en musique, avec ou sans partition... Y a des mineurs qui jouent de l'accordéon, de la guitare, du violon, du saxo, de la batterie...

Alors les bals on connaît, et les filles savent danser.

— Chez nous aussi on sait danser !

— Tu viens d'où toi ?

— De Margeride, du pays des bois et de la bête du Gévaudan. Vous connaissez ?

— Non. T'es pas descendu de là-haut en vélo des fois ?

— Je travaille à Madriat, chez les Chabassol, à cause que mon patron est tombé d'une échelle.

— Madriat ! Je connais. J'y suis allé une belle bande de fois ramasser des mousserons, vers Bard et la Brugère, et aussi à Boudes, mais là-bas c'était plutôt pour les escargots, aussi pour boire des canons. Putain ! Qu'est-ce qu'on a pu en boire ! Y en a même de là-bas qui viennent chercher du charbon à Sélamines. Ils arrivent avec du rouge et de la blanche dans le tombereau, et repartent avec du noir. Allez, faut que j'y aille. Et si tu changes d'avis tu me trouveras à la buvette, me cherche pas ailleurs, c'est pas la peine, tu perdrais ton temps.

Gustave avait remercié l'Italien, repris sa route et tourné à droite en direction du Petit Boulogne, comme cela lui avait été indiqué. Le chemin était ombragé, bordé d'arbres au feuillage qu'un léger vent faisait trembloter.

L'homme de la Besseyre-Saint-Mary aperçut le bistrot, ses tables et quelques clients qui vidaient une chopine. Il appuya le vélo à un arbre et rentra dans le bar, agréablement surpris par une bonne odeur de friture.

Derrière le comptoir un homme le questionna assez sèchement :

— Si c'est pour boire un coup ça va, mais pour manger c'est trop tard, le cuistot est parti se changer pour aller au match, il en loupe pas un, et aujourd'hui !

— C'est pas pour manger, plutôt pour boire une bière, et aussi voir Wanda Jakowski, si elle est là. C'est elle qui m'a dit que je pouvais venir.

Gustave avait préféré apporter cette dernière précision, ne voulant pas être considéré comme un intrus. Le patron avait l'air d'un brave homme, mais ne semblait pas particulièrement de bonne humeur. Il annonça en direction de la cuisine d'où parvenait une odeur de poisson :

— Wanda, t'as de la visite !

— J'arrive, le temps de finir de passer la serpillière et de m'essuyer les mains, répondit la Polonaise.

Le bonheur en face

Balayée par les vents, modelée par la neige et la pluie, cultivée et entretenue par les hommes avec un soin continu et une patience infinie, la Margeride aux étendues sauvages et boisées subissait un inexorable exode de sa jeunesse.

Mais pourquoi grand Dieu ? On ne manquait ici ni d'occupations, ni d'espace, et encore moins d'air pur.

En ce haut pays, des femmes et des hommes, vêtus de vêtements rapiécés et chaussés de sabots à longueur d'année, usés par le travail depuis leur plus jeune âge, poursuivaient leur vie, résignés et fiers, conscients de ne rien devoir à quiconque.

Si pourtant, ils remerciaient le Seigneur de les garder nombreux en bonne santé, valides et courageux.

N'avaient-ils pas la chance de dormir à l'abri d'épais murs de pierres arrachées à la terre des hauts plateaux, de pouvoir casser du bois pour ne pas se geler de froid, d'avoir à leur disposition d'épaisses tranches de lard, des pommes de terre, du fromage aux artisons, de l'eau claire et du pain le plus souvent rassis ? Rassis certes, mais tellement savoureux dès lors qu'il avait trempé dans un bouillon de soupe au chou.

Alors, si à l'occasion d'un baptême, d'une première communion, d'un mariage ou d'un enterrement on leur servait une entière et fumante tête de veau parfumée de thym et de laurier, chacun se régalait, partageait cette délicieuse nourriture, souhaitant qu'un tel bonheur puisse se renouveler. Dans le cas d'un pot-au-feu, le plaisir de passer à table était le même, plus grand selon le goût de chacun. Et cette soupe de vermicelle dont l'odeur envahissait les salles communes noircies de fumée et privées de lumière !

En ce 15 juillet 1937, Médard Bournerie s'était rendu sans difficulté sur les bords de la Desges. À 62 ans il était encore valide, marchait d'un bon pas, travaillait durement. Pourtant, sa jambe droite le faisait souffrir quelque peu, blessée par un malheureux coup de hache voilà de ça 4 ou 5 ans, alors qu'en compagnie de son fils Joseph il émondait des frênes. Le métal avait glissé sur le bois gelé, frappé le genou et déchiré le pantalon de velours côtelé et râpé. Il avait tiré la patte quelques jours, se la frictionnant le soir avec du saindoux. Voilà que la douleur se faisait à nouveau sentir, surtout aux changements de temps.

Sur l'étroite parcelle qui bordait la rivière, le père Bournerie avait planté les pommes de terre, semé des haricots, des choux et des raves. Il aimait descendre en ce lieu encaissé, éloigné, travailler la terre légère, regarder le courant se diriger vers l'aval. Depuis bien longtemps il n'avait pas pêché de truites à la main, prenant plaisir à s'asseoir au bord de l'eau, surprenant les malins martins-pêcheurs qui filaient à tire d'ailes entre les branches des vergnes à demi couchés.

Médard avait pioché les fayots et buté deux rangées de Bintje. Puis il avait quitté ses sabots et relevé son pantalon grossier, enjambé un banc de gravier pour aller vers une grosse pierre, au beau milieu du courant. L'eau était fraîche, plutôt froide, et le soleil peinait à traverser les épaisses frondaisons. Avant de s'y asseoir, il chercha dans sa poche droite le vieil Opinel au manche en bois, cadeau reçu lors de son mariage, d'un oncle par alliance qui habitait Chazelles. Le vieux célibataire avait quitté ce monde depuis fort longtemps, retrouvé pendu à la branche d'un arbre, sur le bord de la Desges.

La lame était usée, de nombreuses fois affûtée sur la meule de pierre douce depuis longtemps déformée. Ce couteau il y tenait, ne s'en était jamais séparé, et aujourd'hui encore il faisait appel à ses bons et loyaux services.

Le père Bournerie leva péniblement sa jambe gauche sur le support improvisé de la rivière, coupa courts et avec précaution les ongles longs et noirs de ses orteils. Il fit de même avec le pied droit. Puis il s'était lavé jusqu'à hauteur des genoux dans le tourbillon que formait la rivière à cet endroit. Maintenant habitué à l'eau fraîche, il en appréciait les bienfaits, prolongeait son repos, portait longuement son regard vers l'amont, en direction du pont de la Valette.

Péniblement et à regrets, Médard regagna la berge et s'allongea sur l'herbe pour s'y sécher les jambes au soleil, là où il avait quitté ses sabots. Il ferma les yeux, offrant son visage flétri au soleil déjà haut dans le ciel. Et, comme tant d'autres fois, ses pensées l'avaient entraîné vers un recoin du cimetière d'Auvers, là où reposait son fils Adrien, « tué par cette putain de guerre » disait-il pour lui-même. Son fils aimait passer ses mains sous les pierres et racines de la Desges, à la recherche de quelques truites qu'il jetait vivement sur les berges. Parfois elles retombaient à l'eau dans un sursaut désespéré. Alors il disait : « toi tu perds rien pour attendre » !

— Mon pauvre petit, il me semble encore te voir et t'entendre, avait dit Médard à voix haute.

Il n'allait que rarement au cimetière, seulement pour les enterrements, entre ces murs où la mère Mélanie se rendait fréquemment, même si le temps avait atténué sa douleur. Elle avait l'impression de connaître chaque pierre et plant de fougère. Quant aux dernières demeures ! Et les noms sur ces tombes !

Combien de fois avait-elle poussé le portail grinçant de cet espace du dernier repos, ce jardin calme qui avait enseveli à jamais son fils aîné ? Mélanie avait refusé qu'il parte seul. Ses pensées l'accompagnaient chaque jour, solidement bâties de tendresse et d'amour, celui d'une mère à jamais meurtrie.

Sur le coup des onze heures, Médard but un coup à la rivière, accrocha sa pioche dans un arbre et prit le chemin du retour, celui qui le mènerait vers le grand jardin d'où personne ne venait dire si on s'y trouvait bien, au bas de l'église qui faisait face à la maison d'école. Le soleil tapait dur dans la montée où roulaient d'innombrables pierres polies par les pluies ruisselantes. En contre-haut du chemin, après le premier tournant à angle droit, quelques vaches pacageaient en agitant la tête pour en chasser les mouches. L'une d'elle avait une cloche attachée au cou. L'herbe rase jaunissait, vaincue par la sécheresse, la pauvreté du sol et la dent des animaux qui peinaient à y trouver leur vie.

La pauvreté ! Médard connaissait. Ne l'avait-il pas côtoyée sa vie durant, dès le jour où sa mère avait accouché, dans la maison restée de nombreuses années inhabitée, face au four à pain deux fois centenaire ? Lui avait bien vieilli, ne craignant ni les intempéries qui venaient du mont Mouchet, ni le soleil levé tôt sur le Gévaudan.

Et cette garce de jambe qui compliquait la vie de Médard ! Il cherchait bien à éviter les creux, les bosses et les cailloux, mais pour trouver du plat ici, braves gens !

Face à la Besseyre-Saint-Mary, le cimetière d'Auvers était envahi de fleurs sauvages dès le printemps venu. Les oiseaux se perchaient sur les croix, et quelques lézards gris semblaient dormir entre les pierres, à l'abri du vent.

Le père Bournerie suivit l'allée de droite et s'arrêta devant la tombe familiale. Il se signa longuement, sortit son grand mouchoir à la propreté douteuse et fit semblant de se moucher. Puis il leva la tête en direction de Lair, se disant qu'il avait encore à marcher.

Devant l'église, là où les enfants de la maison d'école venaient jouer pendant les récréations, Médard rencontra Gabriel Robler, le maître d'école. Il était originaire de Lavoûte-Chilhac, ce village construit sur les bords de l'Allier, en direction du Brivadois.

— Alors père Bournerie, lui dit l'instituteur, vous avez l'air d'avoir chaud ?

— Je viens du Champ Dernier des bords de la Desges, et pour en remonter j'ai mouillé la chemise. Ah pauvre, on a plus vingt ans !

— Venez boire un coup, ça vous donnera des forces pour finir d'arriver. Vous avez des nouvelles de Martin et Agnès ?

— Aux dernières ils allaient bien, et leurs trois enfants aussi. Là-bas les foins sont finis, mais avec les vignes y a toujours du travail. Gustave Peyrusse de la Besseyre y est parti pour quelque temps. Il a l'air de se plaire en Basse-Auvergne. D'ici qu'il y reste ! Oui, ça se pourrait.

— Il faut comprendre les jeunes. Chez nous c'est trop pénible, et on est loin de tout. Les femmes l'ont bien compris. Et sans femmes !

Médard avait vidé son verre à demi, appréciant la fraîcheur et le goût du vin dans sa bouche et gosier desséchés. Le maître avait poursuivi, comme à regret :

— Sans femmes les hommes sont perdus mon pauvre Médard, et ici bien plus qu'ailleurs. Ce ne sont pas les célibataires qui me contrediront, eux qui rêvent d'en toucher une, de mettre leur nez sous un de leurs bras pour mieux en sentir l'odeur.

— Qu'est-ce qui vous pousse à dire ça monsieur l'instituteur ?

— Les femmes craignent le froid, redoutent la solitude, aiment qu'on les regarde quand elles se font belles pour nous plaire à nous les hommes. Mais ici elles ont l'impression de perdre leur temps en jouant les coquettes. Et être toujours derrière les vaches et les brebis, vous croyez que c'est une vie ? Regardez-les Médard, les vendredis, dans les rues de Saugues. Elles se font belles pour aller au marché, n'en finissent pas de regarder les vitrines, de toucher la légèreté des robes et des chemisiers des camelots. Elles aiment les couleurs vives et gaies, voudraient essayer et acheter. Et comment brillent leurs yeux en voyant les sous-vêtements fleuris et dentelés accrochés à hauteur de leurs quinquets ! Tiens, je vais vous faire une confidence. Oh ce n'est pas méchant ! Un jour, y a de ça pas mal d'années, j'ai surpris la mienne en culotte et soutien-gorge fleuris de rose devant l'armoire à glace de la chambre à se pavaner. On était allés à la foire de Sainte-Catherine à Langeac, et bien, sitôt arrivée, elle a essayé, sans même quitter les chaussures, et elle se tournait dans tous les sens, m'avait questionné sans détour : « Comment que tu me trouves » ?

Je m'en rappelle comme si c'était hier.

— Et ça lui allait comment ? avait questionné le père Bournerie non sans malice.

— Ah pauvre ! Elle s'est retrouvée sur le lit les jambes en l'air sans crier gare, sans même avoir eu le temps de se débarrasser de cette lingerie affriolante. Et les chaussures s'étaient perdues dans les couvertures, tout au fond du lit, contre le bois. Et oui, c'est comme ça la vie ! Les femmes aiment se faire belles pour elles, ça c'est sûr, mais surtout pour les autres, pour nous les hommes.

Le maître d'école était redevenu soudainement sérieux, poursuivant son idée qui le mettait mal à l'aise :

— Regardez dans la commune, elles partent toutes à Langeac, Brioude et Clermont, et même à Paris ! Avec le train, c'est bien commode. Quelques-unes rentrent au couvent à Saugues, celles qui sans doute n'aiment pas les hommes et veulent faire le bien.

— Pas besoin de rentrer au couvent pour faire du bien, dans nos villages elles pourraient en faire, les hommes demandent que ça. Vous en connaissez-vous, des « ceuss » qui diraient non ?

Le maître compléta les verres, et Médard requinqué quitta le banc de bois poli par les pantalons, sortit de la maison d'école, passa devant l'église et contourna la grange d'un bon pas, en direction de Lair.

Lorsqu'il eut repris sa marche d'un pas plus vif que dans la montée de la Desges, Médard Bournerie se mit à penser à la guerre de 14-18, à l'avenir de son pays, de sa commune, de son hameau.

Pourquoi les femmes tenaient-elles tant d'importance dans la vie de cette Margeride que pour rien au monde il n'aurait voulu quitter ? Il y était né durant l'autre siècle, y crèverait à son heure, sa place l'attendant dans le coin le mieux exposé du cimetière, aux côtés de son fils Adrien.

Là-bas, il serait en pays de connaissances, entouré de fleurs sauvages, enveloppé de cette terre brunâtre sur laquelle il s'était penché tant de fois. Et pour un peu qu'il prête l'oreille, ne pourrait-il percevoir le doux murmure de la Desges en fond de vallée ?

La terre, cette terre de Margeride, combien de fois l'avait-il retournée, remerciée, maudite ? Et pour un peu que Dieu lui prête encore vie, le père Bournerie ne se lasserait pas de la caresser de ses mains, de la fouler de ses sabots dans lesquels il se sentait bien, au chaud. Des sabots il en avait usés. Avec eux il avait joué, dansé la bourrée, quelquefois botté le cul de ses fils. Et que de chemin parcouru depuis sa plus tendre enfance !

Encore une petite demi-heure et il serait chez lui, dans ce hameau de toute une vie, là où s'arrêtaient le chemin, l'existence, le monde… Au-delà ce n'étaient que forêts, ciel et genêts. Pas vraiment étonnant que la bête se soit installée ici, dans ce pays que d'aucuns appelaient perdu.

Dans son for intérieur, Médard s'estimait pourtant satisfait, heureux que ses enfants aient trouvé chaussure à leur pied, ravi d'avoir des petits-enfants, comblé par la présence de Marie-Lisa et Toma, les enfants épanouis de Léa et Joseph.

Lorsqu'il arriva à Lair, en vue du four à pain, Médard Bournerie marqua un temps d'arrêt à l'entrée de la cour où trônait le tas de fumier sur lequel grattaient les poules. Sous ses yeux s'affichait un incomparable bonheur.

Devant l'étable, son fils Joseph dételait la paire de vaches. Léa étendait du linge sur un fil de fer galvanisé en compagnie de Marie-Lisa, et Toma, assis, jouait sur le pas de la porte avec le chien. À la vue de son grand-père le gamin se leva et courut maladroitement à sa rencontre, se jeta dans ses jambes et implora :

— À cou cou pépé Médard, à cou cou…

Le déjà presque vieil homme baissa le regard, posa une main rugueuse sur la tête de son « pépère de gamin », fléchit péniblement des genoux, et l'enfant se cramponna avec difficulté à des bras osseux, usés, encore solides cependant, tellement réconfortants. Toma laissa aller sa tête sur l'épaule de son grand-père qui avait toujours la même odeur, mêlée de fumée, de vache et de transpiration, parfois de bois. Le gamin ne s'en lassait pas, la trouvait forte, rassurante, somme toute agréable, et ô combien chargée d'affection.

Médard le leva le plus haut possible, et son regard heureux rencontra la fumée qui s'échappait de la cheminée du four à pain. Aujourd'hui Léa cuisait. Médard porta le gamin et le déposa sur la large pierre qui formait le seuil de la maison. Dans la pénombre de la pièce, debout près du tiroir de la grande table encombrée, Mélanie aplatissait de la pâte à pain avec un rouleau de bois grossier, alors que dans un saladier des pommes de terre étaient coupées en rondelles.

Marie-Lisa rentra précipitamment, posa les épingles à linge sur le rebord de la croisée, près du chat qui faisait sa toilette, puis se mit à genoux sur le vieux banc. Sa petite robe bleue ne laissait qu'apparaître ses mollets rondelets teintés par le soleil. Installée à sa façon, elle commença à étaler maladroitement les tranches épaisses de pomme de terre sur la pâte. Comme à son habitude, la mère Bournerie y alla de son conseil, à croire qu'elle ne savait faire que ça :

— Applique-toi petite, et pas la peine de vouloir finir avant de commencer !

Et, comme par enchantement, le père Bournerie se remémora la discussion avec le maître au sujet des femmes. Sans elles, que deviendrait la Margeride ? En cet instant somme toute banal, les trois générations de femmes représentaient la nourriture, la propreté, l'avenir…

Basse-Combelle

Dans l'attente de rencontrer Wanda Jakowski au Petit Boulogne, le café-restaurant des bords de l'Alagnon, Gustave Peyrusse avait commandé une bière. Elle venait de la cave, était fraîche, agréable à boire. Il avait contourné le stade par la gauche, trouvé facilement le lieu et la construction qu'il cherchait, auxquels il n'avait cessé de penser en pédalant et sifflotant : « Oh Maria, quand je valse avec toi Maria… » !

Mais l'Italien de la buvette avait été précis, il n'avait donc eu aucun mérite.

De sa place au bar, face aux grands peupliers pyramidaux et aulnes généreusement étalés qui bordaient l'Alagnon, Gustave percevait un timide vent du sud agitant les feuilles, emportant avec légèreté une multitude de fragments ouatés.

Dans cette vallée finissante, l'Alagnon sauvage avait appris à serpenter, rongeant ça et là, couchant dans son lit roches et troncs d'arbres. À quelque deux cents mètres de là, le chemin sablonneux offrait deux directions. Celle de droite conduisait à un pont métallique qui enjambait la rivière, vers Beaulieu, la seconde menait au café-restaurant où travaillait Wanda, où il l'attendait en faisant durer le plaisir de sa bière.

Le patron du bar s'était attardé vers lui, non sans avoir précisé que les jours de matchs importants, ici à Basse-Combelle, il se buvait beaucoup de bière et de canons de vin rouge. Et que, finalement, tous les matchs avaient un intérêt, petit ou grand. L'homme un tantinet bourru gagnait assurément à être connu. À peine bedonnant sous un vaste tablier bleu serré plus haut que la taille, il ne s'était pas arrêté à ces propos :

— Ici, dans le bassin, toutes les rencontres sportives comptent dans la vie des joueurs, des mineurs aussi. Pardi, ça se comprend tout seul si on les connaît un tant soit peu. Et, aujourd'hui, le bar du stade fera une bonne recette. S'il manque des canettes, Mario viendra en chercher ici. C'est lui qui gère la buvette et remet la tournée du club sans rechigner. Moi je fais pareil, mais seulement aux bons clients. Alors ça fait une tournée de plus, étant donné que chacun paye la sienne.

— Et pour les canons ? avait questionné naïvement Gustave.

— Pour les canons ! Je sers plutôt des chopines et des litres, et ils ont tôt fait de les vider. À la remontée de la cage et après la chambre chaude, les mineurs passent par ici, c'est une habitude et sur le chemin de Beaulieu, par le pont métallique de l'Alagnon. Le pinard vient de Boudes, qu'il soit rouge ou rosé. Les mineurs aiment ce goût de terroir, aussi la blanche, la gnole si tu préfères.

— La cage ! Quelle cage ?

— Toi mon gars tu poses des questions pas banales. On voit bien que t'es pas d'ici. La mine tu connais guère. Tu viens d'où exactement ? Mais ça me regarde pas après tout, si tu veux le dire c'est bien, sinon tant pis pour moi, j'y perdrai pas mon latin.

L'homme des bois avait remarqué le tutoiement subit du patron aux tempes grisonnantes qui s'appelait Lanarce, preuve qu'il n'était pas vu d'un si mauvais œil par le type du bistrot. Peu avant, sur le chemin qui bordait le stade, l'Italien à qui il avait demandé son chemin avait fait de même. Peut-être était-ce Mario, le rital qui tenait la buvette à Basse-Combelle. Puis Gustave avait répondu à la question, longuement, manifestant à son tour une marque de confiance à l'homme qui avait un torchon posé sur son épaule gauche :

— Je suis de la région de Margeride, de la Besseyre-Saint-Mary, une commune entre Saugues et Pinols. C'est pas loin de la route qui mène au Malzieu et à Saint-Alban-sur-Limagnole, en Lozère. Chez nous autres y a que des bois, c'est pas comme ici. Et le gars qui a tué la bête du Gévaudan était de chez moi. Je travaille provisoirement comme ouvrier agricole à Madriat, pas loin de la route qui mène à Ardes. Moi je connais pas grand-chose à la mine, sauf le peu que m'a appris Wanda.

— Et ça fait longtemps que tu la connais la belle Polonaise ?

— Je l'ai connue en vingt-neuf, chez les Chabassol de Madriat. Elle était venue vendanger de Charbonnier-les-Mines. Oui c'est ça, avec des copines, tout comme moi et mon cousin Martin Bournerie du hameau de Lair d'Auvers. C'est sur le versant d'en face, de l'autre côté de la Desges.

Le patron du Petit Boulogne avait réfléchi un court instant et poursuivi son questionnement en fronçant les sourcils :

— Y a huit ans de ça, et tu l'as pas revue depuis ?

— Si, une fois, le jour de la foire du 1er juin à Saint-Germain-Lembron, ça fait guère de temps vu qu'on est en juillet. Elle était serveuse au café-restaurant des Sports, face au foirail.

L'homme, qui n'était pas avare de paroles, hésita une nouvelle fois :

— Les Jakowski habitent à la Combelle maintenant, rue des Mineurs, à cause que la mère a voulu se rapprocher du cimetière d'Auzat-sur-Allier. Ils ont pas eu de chance dans cette famille, surtout avec l'accident du père au fond de la mine, et aussi…

— Et quoi d'autre ?

— Elle t'a rien dit Wanda le jour de la foire ?

— Pas grand-chose. Elle avait pas trop le temps, les clients la réclamaient pour leur servir à boire.

— Elle t'expliquera sûrement. C'est pas à moi de le faire, et c'est pas mes affaires. Ce que je peux te dire, c'est qu'elle est une chic fille Wanda. Et pour le travail d'autres peuvent s'y aligner !

— Et la cage ? sans vouloir vous ennuyer.

— Tu lui poseras la question toi-même, elle connaît aussi bien que moi. Et tu m'ennuies pas plus que ça.

Éloigné de quelques pas, le patron du Petit Boulogne fit soudain demi-tour et ajouta :

— En fin d'après-midi, après le match, viens donc manger une friture d'ablettes et de goujons, tu m'en diras des nouvelles des petits poissons frétillants de l'Allier.

— Vous les pêchez à la ligne ?

— Un peu mon n'veu, avait répondu en souriant le tenancier du bistrot.

Wanda était apparue, coiffée avec soin, portant jupe noire et petit tablier blanc serré à la taille. Elle avança vers Gustave et l'embrassa simplement sur les deux joues, presque avec tendresse, comme on embrasse un grand frère.

— Excuse-moi si je t'ai fait attendre, mais j'avais encore des poissons à vider pour le repas de ce soir. Oh j'enlève que le plus gros, le reste se mange… Après le match y aura du monde. Et ça danse à Haute-Combelle ce soir, c'est pas loin d'ici, sur le plateau en direction de Bayard. On pourrait aller y faire un tour, j'ai jamais dansé avec toi, ça me ferait plaisir tu sais ! T'as trouvé facilement le restaurant du père Lanarce ?

— J'ai demandé mon chemin à un Italien qui allait tenir la buvette au stade. C'est en tout cas ce que j'ai cru comprendre.

— Mario probablement. Le match d'aujourd'hui sera difficile pour les Combellois. Mais faut qu'ils gagnent, ouais, ils ont intérêt à gagner, sinon…

— Sinon quoi ?

— Ils se feront traiter de bons à rien par leurs femmes et leurs gamins, et aussi par toutes les filles du bassin. Et elles sont nombreuses à leur courir après, surtout à la troisième mi-temps.

— Explique-moi, j'y connais rien dans le football.

— C'est pourtant simple. Le match se joue en deux parties qu'on appelle 1re et 2ème mi-temps, avec un repos entre les deux. Les joueurs en profitent pour parler, discuter de la suite de la rencontre, boire un coup… Et si dans l'équipe adverse y en a un qui tripote bien la balle, qui risque de les faire perdre, alors ils décident de s'occuper de lui.

— Comment ça ?

— Dès qu'il aura le ballon par les pieds, nos joueurs vont tout faire pour le lui piquer, par tous les moyens, et le pauvre gars aura vite compris qu'à la Combelle c'est pas facile de gagner un match. Il s'en souviendra, tu peux me croire.

— Et l'arbitre ?

— Comment que je pourrais bien te dire ? L'arbitre a intérêt à voir clair ou à fermer les yeux, sinon !

— Encore un sinon, c'est un mot que tu emploies souvent. Et cette 3ème mi-temps, c'est quoi ?

— C'est la fête, mais seulement si les locaux ont gagné. Les supporters envahissent le terrain, les gamins sautent de joie, crient en levant les bras au ciel. Tout le monde se retrouve à la buvette pour arroser la victoire. Et là Mario se fait du souci pour servir le plus vite possible et encaisser la monnaie. Sinon il se fait engueuler comme du poisson pourri, traité de bon à rien, de marchand de limonade, de cocu… Tu vois, encore un sinon.

— Et c'est vrai qu'il est cocu ce Mario ?

— Cocu ou pas, quelle importance ? Sa femme est belle, Italienne comme lui, et elle a ce qu'il faut là où il faut, elle en a pour lui, et aussi pour d'autres. Et puis il est plus vieux qu'elle. Alors les hommes lui tournent autour, laissent traîner leurs mains sur ses fesses, lui pincent les nichons, tout ça quand il a le dos tourné. Elle dit trop rien, cherche même, preuve que ça lui déplait pas. Certains lui rendent visite quand les gamins sont à l'école et son homme à la mine, au puits des Graves, sur la route de Brassac. Tu me comprends ?

— Je pense que oui. Et les filles, elles viennent au match ?

— Tu penses, et elles sont pas les dernières à s'égosiller. Y en a même qui suivent les joueurs dans les vestiaires, au moment où ils vont se changer.

— Et alors ?

— Certaines en ressortent ravies, gonflées d'espoir, d'autres déçues… T'as qu'à venir au match avec moi, tu verras toi-même comment ça se passe. T'es pas pressé ?

— Pas le moins du monde, pourvu que je sois rendu demain matin pour aller dans la vigne de Piavarate, en direction des Terres Rouges, tu t'en souviens sûrement. Et ton travail au restaurant ?

— Je dois revenir pour sept heures.

Sur le chemin du Petit Boulogne au stade, Wanda était restée silencieuse, répondant seulement aux questions de son compagnon du jour. Elle lui parut triste dans sa tenue vestimentaire noire. Son pull léger et sa jupe la moulaient quelque peu, mais Gustave la trouva amaigrie, aperçut quelques cheveux blancs au-dessus de ses tempes. Sa voix n'avait rien perdu de sa douceur. Afin d'avoir le plaisir de l'entendre, il la questionna :

— Dis-moi Wanda, c'est quoi la cage ?

— La cage ! C'est par là que les mineurs descendent au fond des puits. Mais avant ils passent à la chambre chaude. Tu sais ce que c'est qu'une chambre chaude dans le bassin minier ?

— Non, j'ai jamais appris.

— Alors je vais t'expliquer, aussi simplement que toi tu m'as parlé des bois de Margeride dans la meule de paille de Madriat, tu t'en souviens ? C'est pourtant pas d'hier.

— Pour sûr que je m'en souviens.

— Alors voilà. Quand ils viennent de chez eux pour prendre le travail en équipe, les mineurs passent obligatoirement à cette fameuse chambre chaude qui ressemble à un hangar. Chacun d'eux y a un panier suspendu dans lequel il range ses affaires personnelles. À l'aide d'une chaîne le panier est descendu, le mineur y prend ses vêtements de travail et y dépose sa tenue propre. Et il le remonte en tirant sur la chaîne. Puis il récupère sa lampe, veille à ne pas oublier son casse-croûte, mais ça risque pas, et se dirige vers la cage située sous le chevalement, cette grande construction métallique installée au-dessus des puits. La cage de trois étages est grillagée solidement, suspendue à un câble qui permet de la descendre tout au fond et de la remonter. Et, dedans, rentrent les mineurs, quatre ou cinq par étage, tassés comme des sardines, je sais plus exactement à combien ils y vont.

— Et elle descend profond cette cage ?

— Ça dépend des puits. C'est la profondeur du charbon à piocher qui décide... À la Combelle c'est quatre cents et quelques mètres, six cents à Bayard, aux Graves j'en sais rien. Mon père savait ça mieux que moi. Mais il en a tellement parlé à la maison... Et quand l'équipe remonte elle retourne à la chambre chaude. Les mineurs rendent la lampe, se lavent sous la douche, se changent, remettent les vêtements de travail dans le panier et tirent sur la chaîne. Pour eux la journée est terminée, la plus dure, car ils en font très souvent une deuxième pour arriver à nourrir leur famille. Certains ont six à huit gosses. Ça fait des bouches à nourrir et remplit les écoles, aussi la chapelle.

— Ils viennent de loin les mineurs ?

— De Jumeaux, Lamontgie, Auzat-sur-Allier, Beaulieu, Charbonnier-les-Mines et d'ailleurs... Ils viennent à pied, parfois en vélo. En retournant chez eux ils s'arrêtent dans un bistrot, pour boire quelques canons, parler de foot, de la silice et des malheurs qui vont avec.

— Et ils font quoi après leur journée de mineur ?

— Ils ont un jardin, un bout de vigne, quelques poules et lapins. Les plus vieux jouent à la pétanque, pêchent les ablettes dans les courants de l'Allier et l'Alagnon. Enfin, les quelques-uns qui sont encore de ce monde. Les plus jeunes apprennent la musique, font du vélo, des gosses...

— Et ton père, il est mort comment? pas de vieillesse?

— Certes pas! Mais j'ai pas trop envie d'en parler maintenant, et puis on arrive au stade, tu les entends pas crier?

Wanda l'avait pris simplement par le bras, presque affectueusement, semblant rechercher un peu de réconfort auprès de cet homme aux cheveux coupés courts, vêtu simplement, chaussé de brodequins cirés avec le plus grand soin. En lui, elle aimait sa voix forte, son parler franc, ses gestes lents et ordonnés, profonds. Et d'eux, elle venait de se souvenir, une nuit dans la meule de paille, à Madriat. Elle avait fermé les yeux, gémi, soupiré, quasiment crié...

Le temps avait passé si vite, accompagné des inévitables épreuves que la vie pouvait infliger, dont elle payait le prix fort.

Gustave se sentait moins ignare sur ce monde de la mine qu'il méconnaissait totalement, qui l'intriguait, lui faisait peur, accaparait ses pensées. La cage, la profondeur, le manque de lumière du jour, la silice, les éboulements : tout ceci le contrariait, sans savoir vraiment pourquoi. Il voulait apprendre, savoir, comprendre...

La mine! Ce mot était pour lui synonyme de mystère et de galère souterraine. Il avait du mal à admettre que des hommes puissent travailler sous terre comme les taupes, dans les ténèbres, cernés par un danger latent, privés de soleil, de vent et d'air pur. Tout le contraire du travail que pouvaient effectuer les hommes de Margeride, ce proche et pourtant lointain pays de confins.

Et tout au fond ! Gustave savait, avait appris à l'école que dans cet enfer avaient travaillé de jeunes enfants pour pousser les wagonnets dans les galeries. Et ces chevaux semblables à Bijou ! Ils y devenaient aveugles, ne remontant que très rarement, mais au moins une dernière fois, à leur mort au fond du trou. « Pauvres bêtes » ! avait pensé Gustave en apercevant l'entrée du stade.

Le travail dans les bois de Margeride était tellement différent. Mais il ne fallait pas craindre la pluie, la neige, le vent, le froid et les crevasses aux mains. Finalement, rien n'était facile en quelque endroit que ce soit. Mais dans ce bassin Gustave devinait un enfer quotidien duquel il ne pouvait détourner ses pensées.

Les cris joyeux parvenant de l'intérieur du stade lui donnaient finalement tort. Le ballon rond catalysait Basse-Combelle derrière les murs qui cernaient le terrain de foot.

Sur la prairie adjacente au terrain, étaient assises de vieilles femmes et quelques jeunes filles qui cachaient pudiquement leurs jambes sous des jupes et robes fleuries. De jeunes enfants jouaient joyeusement au ballon, à proximité. Très peu d'hommes âgés étaient là. Depuis longtemps, ils avaient craché leurs poumons, rejoint le boulevard des allongés au cimetière d'Auzat-sur-Allier, emportés par la silicose ou victimes d'accidents, d'effondrements, de malchance en quelque sorte.

Leurs veuves continuaient de vivre, vêtues de noir et faisant du tricot, de la dentelle. La vie des familles avait basculée vers le néant, dans ce bassin minier, après qu'elles soient venues de Pologne, Tchécoslovaquie, Italie, et tant d'autres pays.

Le match contre Montjoie allait se terminer. Les supporters locaux criaient depuis les tribunes, offensaient grossièrement l'équipe de mineurs des Combrailles, menaçaient l'arbitre en termes peu avenants. Le score étant à deux partout, on s'acheminait inexorablement vers les prolongations. À moins que !

Un strident coup de sifflet ramena le calme avant la tempête. L'arbitre venait d'accorder un penalty au détriment des Combellois.

— Pauvre de lui, s'était exclamée l'énergique Polonaise. Il ne sait pas ce qui l'attend celui-là.

Et les canettes de bière n'avaient guère tardé à pleuvoir sur le malheureux arbitre. Maurice Corbetto, c'était son nom, n'avait eu d'autre solution que celle de déclarer un match nul somme toute justifié. Mais rien n'y fit. Une bagarre générale se déclara à la buvette, se développa sur le terrain, et deux gaillards aux larges épaules s'emparèrent de l'arbitre dont les cheveux et le maillot dégoulinaient de bière mousseuse.

— Viens petit, on va te rafraîchir les idées dans l'eau de l'Alagnon, avait-il entendu de la bouche du plus grand, véritable colosse du bassin à la réputation ô combien justifiée, acquise au fil du temps et d'événements.

Un peu à l'écart, Wanda avait perçu les propos du costaud de la Combelle qui ne maîtrisait pas ses forces. Combien de fois l'avait-elle vu faire le vide dans les bals, balayer d'un bras le dessus des comptoirs de bistrots, fracasser des mâchoires, écraser des nez, mordre des oreilles, écrouler des baraques foraines de quelques coups de pied, vider des caisses de bière entières...

Sans parler des filles qui avaient refusé de danser avec lui et l'avaient regretté. Ce type était une force de la nature, doux comme un agneau à jeun, mais dès qu'il avait tâté du goulot !

Dans le bassin minier il comptait beaucoup d'amis, et gare aux autres. Il ne cherchait pas véritablement la bagarre, mais il s'en accommodait à merveille, ne la fuyait pas. Ce qu'il adorait par-dessus tout ? C'était d'être appelé en renfort par de plus faibles se trouvant en difficulté. Alors les curieux s'éloignaient quelque peu du champ de bataille, et le colosse entrait en action, tapait de la tête, des poings et des pieds. Il distribuait des coups, en évitait, en recevait suffisamment pour décupler ses forces qu'il avait jadis éprouvées à pousser des wagonnets au fond du puits de Bayard.

Wanda avait entraîné Gustave le plus loin possible de la bagarre, près de la sortie, sachant par expérience que l'issue n'était pas imminente, loin s'en fallait. Il l'avait entendu dire le plus sérieusement du monde, comme si pour elle le scénario était connu d'avance, allait immanquablement se renouveler :

— Ils vont le jeter tout habillé dans la rivière le Corbetto, ça lui apprendra à accorder des penaltys juste avant la fin. Pourvu qu'il sache nager ! Si c'est pas le cas il a de la chance.

— Pourquoi tu dis ça ?

— Les eaux sont basses et il fait pas froid, il a vraiment de la chance cet arbitre de mes deux ! J'en connais qui en ont eu moins que lui, tu peux me croire sur parole.

Gustave la croyait, surpris cependant qu'elle tienne de tels propos, car jamais il ne l'avait entendue parler de la sorte. Mais ça faisait tellement longtemps... Et les vendangeurs de Madriat ne ressemblaient en rien aux footballeurs et mineurs de la Combelle. Un monde les séparait.

En fin de match, Gustave avait bien assisté à quelques débordements, mais de là à penser que l'arbitre puisse être jeté dans l'Alagnon par des supporters locaux !

Des canettes avaient voltigé loin sur le terrain depuis les tribunes, des insultes étaient devenues langage courant, des hommes qui chiquaient avaient craché le plus loin possible sur des maillots. Une femme à la fleur de l'âge et à l'accent chantant n'avait-elle pas relevé sa jupe jusqu'à la taille et montré son postérieur joliment enveloppé ? « Et mon cul » ! avait-elle crié aussi fort que sa voix le lui permettait, plus par provocation que méchanceté.

Gustave s'était dit qu'il ferait mieux de récupérer son vélo et de pédaler en direction de Madriat, mais Lanarce l'avait invité à manger la friture. Et ce spectacle n'était pas pour lui déplaire outre mesure. Il était même grandement satisfait d'avoir assisté à la rencontre des deux équipes de mineurs. Le nul avait été arraché, chaque équipe ayant sauvé l'honneur assez fièrement.

Finalement, le calme était revenu autour de la buvette à Mario, et l'arbitre Maurice Corbetto avait échappé au bain forcé que lui réservait le club de la Combelle, sauvé in extremis par l'Italienne à la culotte fleurie et aux fesses joliment rebondies, la femme de Mario. Avec beaucoup de charme et de persuasion, elle avait sollicité l'indulgence du colosse à qui elle accordait régulièrement une valse, mais jamais de tango, de peur qu'il devienne trop entreprenant au contact de ses formes généreuses qu'elle aimait pourtant laisser apprécier en douceur.

Tous les prétextes avaient été bons pour sauver Corbetto de la baignade forcée : le penalty était mérité, l'arbitre travaillait à la mine de Messeix, il était Italien comme elle et lui...

Alors ! N'était-ce pas suffisant pour éviter à un compatriote l'affront d'être jeté à la rivière, peu avant le confluent de l'Alagnon et de l'Allier ?

Le bon sens l'avait finalement emporté, et l'arbitre sauvé des eaux, s'adressant en Italien au colosse Combellois, avait précisé qu'il payait une caisse de bière.

L'honneur était sauf pour tous. Les capsules pouvaient sauter, la bibine couler, le sourire de Mario s'éclairer, sa jeune et jolie femme se laisser pincer et caresser discrètement.

Basse-Combelle était dans la tradition, la bonne humeur, la joie et le bonheur. La galère des puits se trouvait provisoirement reléguée.

Au Petit Boulogne, ça sentait bon la friture, preuve que le cuistot n'avait pas prolongé la troisième mi-temps au-delà du raisonnable.

À Gustave, Wanda avait décrit son patron, Christian Lanarce, comme un homme compréhensif, mais exigeant quant au travail. Gustave semblait revoir en lui le bistrotier du marché aux cochons de Saint-Germain-Lembron. Sauf qu'ici l'homme ne marchait pas en galoches, il était chaussé d'espadrilles bleues.

Wanda avait remis son petit tablier blanc et s'était éclipsée en direction de la cuisine et du bar.

À la terrasse, quelques personnes étaient attablées sous les grands peupliers. Le soleil tombait vers l'ouest, la chaleur persistait cependant, incitant à rester à l'extérieur pour profiter du vent léger et de la fraîcheur de l'eau de la rivière.

Le lieu était tranquille, calme, reposant. On était bien loin de l'ambiance survoltée du stade de Basse-Combelle où s'étaient affrontées les deux équipes de mineurs.

Les clients du père Lanarce, de probables habitués, bavardaient, semblant se connaître et s'apprécier. À l'écart, trois gamins jouaient gentiment au ballon, bientôt rejoints par un quatrième qui venait d'arriver. Une femme toute vêtue de noir s'installa à l'écart, à la table la plus éloignée, recherchant manifestement une solitude qui ne pouvait être que relative.

La quiétude de l'endroit parût très agréable à Gustave Peyrusse, à qui le patron servit un verre de vin et posa la question :

— Alors ! Comment c'est qu'il était ce match contre Montjoie ?

— J'y connais pas grand-chose en football, mais j'ai trouvé que ça chauffait dur, oui plutôt. Même les femmes et les filles criaient. Sur la fin, elles ont même insulté les autres joueurs comme c'est pas possible. Mais ceux d'ici…

— Tu sais mon gars, les joueurs vraiment d'ici y en a pas bézef, à part trois ou quatre qui ont des noms bien de chez nous, comme le fils d'un flic de Jumeaux. Pour les autres ! T'aurais déjà du mal à entendre leurs noms et à les répéter, alors pour les lire et les écrire il faudrait te lever tôt. Même moi j'y arrive pas, et pourtant je suis né dans le coin, à Brassac, pas loin de la gare. J'en ai vu des wagons chargés de charbon. On allait ramasser des boulets le long de la voie avec mes frères et des copains, les jeudis.

— Ils viennent d'où ?

— De partout qu'ils sont venus, de partout. Et quand on a déménagé à la Combelle, rue Germinal, j'ai été à l'école avec eux. Tu peux pas savoir comment on était nombreux, trois cents, peut-être plus. Vise un peu, ça faisait du monde, et fallait pas longtemps pour faire une équipe de foot dans la cour de récréation et dans la cité. Avec toi j'ai envie de parler du bassin. C'est mon pays tu comprends. Ma vie est ici, pas ailleurs, et les chevalements je les connais tous. Mais j'ai du boulot. Faut que j'aille couper du jambon et du saucisson. Tu aimes ça ?

— J'aime tout.

— À la bonne heure.

Gustave avait beaucoup écouté, questionné, appris. Mais il commençait à avoir faim, languissait de manger cette friture d'ablettes qui laissait échapper, de la cuisine, une odeur appétissante.

D'autres personnes, du coin sans le moindre doute, s'étaient installées, ça et là. Il entendait parler étranger, ne comprenait pas un traître mot de ce qui se disait. Le patois de Margeride n'était pas au rendez-vous en ce 14 juillet.

À l'intérieur Wanda s'activait, allant et venant de la salle de restaurant à la cuisine. Pour elle Gustave n'existait plus, seul son travail comptait.

En servant l'apéritif à une table d'à côté, le patron du Petit Boulogne s'adressa à lui :

— Tu veux manger tout seul ?

— C'est pas forcé, j'aimerai bien discuter en même temps.

— Alors je vais t'arranger ça.

L'homme de la guinguette se dirigea vers la femme en noir installée à l'écart et lui dit quelques mots. Elle leva la tête, pivota difficilement sur sa chaise, se tourna en direction de Gustave et répondit par un timide sourire au restaurateur.

Gustave avait compris, allait avoir de la compagnie pour manger la friture pêchée dans les courants du confluent des deux sœurs, l'Allier et l'Alagnon. Comment ? Il n'en savait rien.

— Viens, suis moi, je t'ai trouvé une place auprès de la veuve Jakowski, la mère de Wanda. Tu la connais ?

— Pas le moins du monde, je connais personne ici. Mais ça commence à venir, répondit-il surpris en souriant.

Le bûcheron de Margeride tendit la main à la veuve du mineur qui, surprise, lui fit remarquer que sa poignée de main était ferme, sa paume large. Gustave tira une chaise et s'installa à la table sur laquelle étaient disposés trois couverts. Wanda allait donc manger avec eux.

Le visage de la femme encore belle était impassible, marqué par quelques rides, çà et là. Ses cheveux blancs, tirés soigneusement vers l'arrière et maintenus par des pinces, dégageaient ses oreilles, donnaient de la hauteur à son front, de la lumière à ses yeux clairs. À Gustave, elle parut maigre dans sa robe noire usagée.

Il se devait d'engager la conversation sans tarder. N'avait-elle pas accepté sa présence, peut-être gênante ?

— J'espère que je vous dérange pas trop, hasarda-t-il timidement.

— Il en faudrait plus que ça pour me déranger.

La femme avait un fort accent Polonais. Elle regarda en direction du bar où elle venait d'apercevoir Wanda, poursuivit :

— Alors comme ça vous connaissez ma fille ?

— Un peu.

— Un peu c'est pas beaucoup. Et vous la connaissez d'où ?

— On s'est rencontrés chez Chabassol à Madriat, au moment des vendanges, ça fera huit ans en octobre de cette année. Et je l'ai aperçue à la foire du 1er juin à Saint-Germain-Lembron, au café-restaurant des Sports. Mais elle avait du travail à servir, on a pas parlé beaucoup, par manque de temps, alors me voilà.

— Elle va y travailler quand ils ont besoin d'elle. Vous savez, ma fille est courageuse.

— Je sais, j'ai vendangé à côté d'elle. Elle travaille dur et chante bien, avait rajouté Gustave en souriant.

Madame Jakowski avait regardé les gamins qui jouaient au ballon, puis vers le bar, et poursuivi assez timidement :

— Elle chante plus beaucoup la pauvre. C'est comment votre nom à vous ?

— Gustave Peyrusse. Je suis de la Besseyre-Saint-Mary, pas bien loin de Saugues-en-Gévaudan.

— Oui c'est ça. Wanda m'avait parlé de vous, en bien. Mais depuis tout ce temps…

Au moment où le patron déposait sur la table une bouteille de vin et une carafe d'eau, un ballon avait roulé sous une chaise d'à côté. Un gamin était apparu pour récupérer son bien, presque heureux de n'avoir rien cassé, son sourire radieux suffisant à excuser sa maladresse. Le patron du Petit Boulogne avait commenté en bougonnant :

— Ah ce ballon ! Ici les gamins songent qu'à ça. Les parents arrivent même pas à les faire rentrer le soir pour les devoirs.

Puis la veuve s'était adressée à l'enfant avec une grande affection :

— Allez Jiji, ça suffit pour aujourd'hui, c'est l'heure de manger, et ce soir on a un invité à notre table. Tu sens pas la bonne odeur de friture ?

Puis se tournant vers l'homme de la Besseyre-Saint-Mary :

— Gustave, vous permettez que je vous appelle par votre prénom ?

— Si ça peut vous faire plaisir ! Moi ça me gêne pas pour deux sous.

— Voici mon petit-fils Jiji, l'enfant de ma fille Wanda. Regardez comme il est beau et costaud. Il va sur ses huit ans.

Gustave avait accusé le coup, s'était renfrogné bien malgré lui, surpris par les paroles de la veuve en noir.

Pourquoi Wanda ne lui avait-elle pas annoncé la nouvelle elle-même ? À l'évidence, Gustave ne pouvait que se poser des questions. Quant aux réponses !

Il fixa longuement le gamin qui tenait des deux mains, comme un trésor, son ballon serré sur ses genoux, de peur sans doute de le perdre, qu'on le lui prenne. Jiji était joufflu, semblait calme, dirigeait tantôt son regard vers cet homme qu'il voyait pour la première fois, tantôt vers sa grand-mère triste et amaigrie.

Le silence s'était subitement invité à la table, rompu peu après par l'arrivée d'un plat de jambon et saucisson que portait le restaurateur qui ne s'attarda pas. La veuve servit Jiji et tendit le plat à Gustave :

— Servez-vous, à votre âge un homme a faim, et le vélo ça creuse, même si Madriat c'est pas le bout du monde.

— Le ballon aussi, avait rétorqué le gamin en souriant, tenant la tranche de jambon entre ses dents.

Gustave lui demanda :

— Alors tu t'appelles Jiji ?

— Mon nom c'est Jean Jakowski, mais à l'école on préfère Jiji, moi aussi. Et toi ! c'est comment ton nom ?

— Gustave. Et je viens du pays de la bête du Gévaudan. T'as sans doute entendu parler d'elle ?

— Oui, à l'école, et aussi par mon grand-père.

En répondant, le gamin avait dirigé son regard vers la femme sans âge que Gustave interrogea :

— Wanda m'a dit pour votre homme. Ça s'est passé comment ? Mais si ça vous gêne d'en parler...

— Me taire ou parler, qu'est-ce que ça change ? C'est pas ça qui le fera revenir de là où il est.

La veuve avait terminé sa dernière rondelle de saucisson, bu un peu de vin et croisé ses doigts, comme en signe de prière. Puis, s'adressant au gamin :

— Tu peux aller jouer si tu veux, mais t'approche pas trop de l'eau, on sait jamais, et va pas jusqu'au pont de Beaulieu ! Je t'appellerai pour les ablettes.

Jiji avait filé sans demander son reste, emportant un morceau de pain dans sa main gauche et serrant comme un bonheur son ballon sous le bras droit. Se sentant soulagée par ce départ, la mère Jakowski avait repris du vin, poursuivi calmement son propos de femme qui avait le plus grand mal à cacher sa douleur.

— Juste en quelques mots, pas plus, pour répondre à votre question. Ce jour-là il était de l'équipe du matin, et après être passé par la chambre chaude, tous s'étaient tassés dans la cage pour descendre au fond du puits, comme d'habitude. La veille, y avait eu un éboulement dans une galerie, et des bois verts et glissants descendus par le poste de nuit s'y trouvaient pour réparer et consolider. Une grosse bille a basculé et l'a frappé sur le côté de la tête, en plein sur l'oreille gauche. Il est tombé à genoux dans la poussière, et tout de suite le sang a coulé de son oreille. Mon homme s'est jamais relevé. Pourtant il était prudent, mais les accidents... Voilà ce qu'on m'a dit. Alors le puits s'est arrêté de travailler jusqu'au jour de son enterrement, au cimetière d'Auzat-sur-Allier, et depuis mon fils aîné travaille au puits de Sélamines, à la transformation du charbon. J'ai plus voulu qu'il descende au fond. Un ça suffit amplement, vous me comprenez ?

Gustave n'avait pas répondu toute de suite, cherchant des mots qui auraient pu réconforter la veuve dont le visage s'était crispé. La douleur semblait l'habiter à jamais.

Autour d'eux, les Combellois mangeaient de bon appétit. Ils vidaient les bouteilles de vin, plaisantaient, parlaient du prochain match, du bal à Haute-Combelle, sur le chemin de Bayard, pas si loin du chevalement où la cage descendait à six cents mètres de profondeur, peut-être plus.

L'homme de la Besseyre-Saint-Mary ne cessait d'apprendre sur la mine. Il devait cependant parler à cette femme, tenter de la réconforter, de comprendre sa douleur, ne pas rester silencieux, indifférent au malheur des Jakowski.

Mais que pouvait-il dire grand Dieu ? Et avec quels mots ?

C'est elle qui éprouva le besoin de rompre le silence, de parler encore à cet homme qu'elle ne connaissait que depuis peu, qui l'écoutait avec attention et respect.

— Venir de Pologne pour mourir ici, au fond d'un puits de mine, c'est pas malheureux ? Dîtes Gustave.

Le silence n'était plus de mise, sollicité il devait parler, dire quelque chose, mais quoi ? Il chercha, trouva des mots qui lui parurent ridicules, mais là n'était pas l'important.

— Et l'enterrement, ça a dû vous coûter ?

— La mine a payé tous les frais et me verse une pension. Mais ça fait pas tout. Les mineurs sont gentils avec moi, se serrent les coudes quand le malheur frappe une famille. Et dans le bassin minier, le malheur, on connaît ! Les veuves sont nombreuses, et les orphelins se consolent en jouant au ballon dans les rues après l'école. Les gens s'entraident, qu'ils viennent de Serbie, de Croatie, d'Espagne ou du Portugal… On m'amène du charbon pour nous chauffer, du fumier pour le jardin, de la luzerne pour nos quelques lapins. Tout le monde pense à nous, j'ai pas à me plaindre de ce côté-là.

— Dans la mine, y a plus d'enfants qui y travaillent ?

— Non, Dieu merci. Les wagonnets sont poussés par des plus grands, des hommes, ou tirés par des chevaux, quelquefois des ânes. Les pauvres bêtes ! Quand elles sont mortes on les remonte du fond pour les enterrer pas loin d'ici, au pied de la butte qu'on peut voir du chemin qui longe l'Alagnon.

La mère de Wanda sortit de sa poche un mouchoir blanc, brodé et rapiécé, qui contrastait sur le noir de sa robe. Elle s'en tamponna les yeux et le rangea rapidement avec le plus grand soin, ayant aperçu sa fille qui apportait le plat de petits poissons recroquevillés par l'huile de la friture.

Gustave avait regardé la femme, pensé à Bijou, le cheval étoilé. Celui-ci pouvait hennir sous le soleil, au beau milieu des vignes, en haut de la butte de Piavarate ou sur le plateau des Chausses. Là était le paradis des alouettes, entre Bard et Madriat.

Wanda avait posé le plat et soupiré, s'était assise.

— J'ai fini pour aujourd'hui dit-elle, je peux manger la friture avec vous et souffler un peu. Excuse-moi Gustave de t'avoir abandonné, mais le travail…

Et cette question qui avait tardée, tendu le visage de la belle et courageuse Polonaise :

— Tu as vu mon fils ?

— Il m'a bien parlé. Tiens, le voilà qui revient en courant avec son ballon sous le bras.

Le repas s'était terminé par un échange de banalités. Wanda avait questionné :

— Dis Gustave, si on allait danser à Haute-Combelle ? C'est pas trop loin, même à pied, et ça fait tellement longtemps…

— Depuis la mort de ton pauvre père, avait rappelé la veuve. Et puisque tu as un cavalier ! Nous on va aller faire un tour jusqu'au pont de Beaulieu et on rentrera chez nous.

La nuit était claire, étoilée, douce. Se tenant par la taille, Wanda et Gustave passèrent les deux grands virages de la côte pour atteindre Haute-Combelle et la grande place.

Wanda avait envie de parler :

— Tu vois là-bas, tout droit, on pourrait presque apercevoir le chevalement du puits de Bayard, et je devine le vaste bâtiment des machines, de la chambre chaude, de la lampisterie et des houillères du Bassin d'Auvergne. Partout y a des wagonnets stationnés, du charbon stocké, des billes de bois entreposées.

« Et la cage pensa Gustave » !

Cette cage qui emmène jour et nuit des hommes dans les entrailles de la terre. Ils sont venus de si loin pour travailler, boivent des canons, respirent la silice, crachent leurs poumons, gagnent péniblement leur vie, peuvent la perdre dans l'instant.

Sur la place du bourg, l'orchestre composé de mineurs du Bassin jouait en plein air.

Au loin brillaient quelques lumières, en direction de Beaulieu et Charbonnier-les-Mines. Pour toute cette jeunesse des environs, les origines diverses ne comptaient pas, gommées par le ballon, le charbon, les différents puits, les chevalements métalliques de tout le bassin minier, la bière, la friture des deux rivières, les sentiments…

En cette nuit d'été, le bal musette de Haute-Combelle avait pris le relais du match agité du stade des rives de l'Alagnon.

Gustave n'avait pas eu à attirer Wanda. Elle s'était blottie contre lui, avait abandonné sa main menue dans celle du bûcheron des bois de Margeride, respirait son odeur par sa chemise entrouverte.

Elle était bien, se sentait en sécurité, sentiment chez elle trop longtemps absent, dont elle avait beaucoup souffert, souffrait toujours.

Et combien de temps durerait encore en elle cette souffrance morale, la pire de toutes, celle qu'aucune thérapie ne pouvait enrayer, soulager, venir à bout.

Elle se serra davantage, perçut comme une révolte dans le pantalon de son cavalier, ne chercha pas à contrarier le désir de Gustave, ni à l'attiser d'ailleurs. Pourquoi l'aurait-elle fait ?

Sur le chemin du retour au Petit Boulogne, là où se trouvait le vélo de Gustave, Wanda avait parlé des vendanges, de Diocane le Sicilien qui chiquait, de la soupe de pot-au-feu, des brins de vermicelle accrochés dans la moustache broussailleuse du père Boisseul, du vin bourru, du cheval étoilé, de la meule de paille…

Dans les souvenirs de la belle Polonaise, le sujet semblait inépuisable. Ses vendanges à Madriat, sous le soleil d'octobre, pour rien au monde elle n'aurait voulu les occulter, oublier la douleur des courbatures, le surprenant parfum de la rosée du matin, l'infinie douceur des après-midi ensoleillés, le chant des alouettes sur le plateau de Champveix proche de l'ancienne mine de kaolin.

N'avaient-elles pas été, entre le pic de l'Avoiron et la butte de Montcelet, les vendanges d'un bonheur simple, déjà si loin, et pourtant !

Ils avaient marché en direction du cimetière des chevaux aveugles, jusqu'au pont métallique qui reliait les deux rives de l'Alagnon, au bas de la montée vers Beaulieu, bordée de rochers, côté droit.

La rivière était calme, paisible, semblait ne pas être pressée de rejoindre l'Allier un peu en amont du pont du Saut-du-Loup. Le courant était réduit à presque rien. Pourtant, le timide murmure de l'eau entre les pierres semblait bercer cette nuit d'été que la lune éclairait.

Wanda connaissait bien les lieux, racontait y être venue de nombreuses fois pêcher les ablettes et autres poissons avec son père. Elle-même avait une ligne en tige de noisetier, cherchait sous les pierres les petites bêtes pour les fixer à l'hameçon, marchait pieds nus sur les cailloux glissants en relevant sa robe, s'asseyait sur les grosses pierres du lit de la rivière en bordure du courant.

Gustave se laissa guider en contrebas du chemin par un étroit sentier, sur un espace que recouvrait de son épais feuillage un immense vergne dont les racines avaient été à demi dénudées par les crues.

Le sol était doux, sableux, tapissé d'une maigre végétation. Wanda choisit un espace au creux du talus, s'y laissa choir sans précipitation et invita Gustave à venir près d'elle, tout près. Elle chercha instantanément à se blottir contre lui, posa sa tête au creux de son épaule, soupira bruyamment et ferma les yeux.

Gustave passa son bras gauche derrière les épaules de Wanda, la serra à la faire disparaître contre sa carrure de bûcheron, à lui couper le souffle. Et de souffle elle avait grand besoin, l'attendait, allait le reprendre, il le fallait.

Elle bredouilla, hésita, chercha des mots qui ne venaient pas, qu'elle trouva enfin, comme soulagée :

— Pour Jiji, il faut que je te dise.

— Me dire quoi ?

— Comment c'est arrivé.

— Si tu y tiens.

— C'était un jour de match important à Basse-Combelle, mais ici tous les matchs sont comme ça, ils veulent pas en perdre. L'équipe jouait contre des gars du Cantal, de Riom-ès-Montagnes je crois, des durs à cuire, des costauds, pas faciles à bousculer, habitués à recevoir des gnons, à en donner aussi, le plus possible. On les a quand même cabossés les Cantalous. Deux à zéro qu'ils ont pris, juste avant la fin du match. On y croyait plus.

Gustave avait remarqué l'excitation de Wanda lorsqu'elle parlait de foot. Elle s'agitait, parlait plus fort, plus vite, alors qu'habituellement son langage était mesuré. À croire qu'ici le ballon était comme un Dieu, ou un démon !

Elle poursuivit sans hâte, calmement, avec comme un sentiment de honte dans la voix :

— Alors on a fêté ça à la buvette avec les locaux. L'ambiance était joyeuse, les filles plaisantaient avec les supporters, les joueurs du club combellois. Elles se laissaient chahuter, approcher de très près. Et moi j'ai fait pareil. J'ai bu plus que de raison, du vin et de la bière. Dans l'équipe y avait un joueur qui travaillait au puits des Graves. Je m'étais bien rendu compte qu'il m'avait reluquée depuis longtemps, gentiment, sans plus. Pour lui j'étais presque une gamine. C'est vrai qu'il était pas mal, grand aux yeux verts. Dans le bassin minier, toutes les filles lui tournaient autour, et même des femmes mariées. Il se disait qu'il n'avait que l'embarras du choix, qu'à lever le petit doigt, et toc elles lui tombaient dans les bras. En plus il dansait bien, j'avais fait un boléro avec lui, à la fête de Charbonnier-les-Mines. Il s'est approché de moi, m'a parlé gentiment, a vite compris que j'étais pompette. Il m'a même dit que j'avais un beau corsage et qu'il était bien rempli. J'ai biché du compliment, fière et trop heureuse qu'il s'intéresse à moi devant les autres, surtout les filles, moi la petite Polonaise fille de mineur. J'avais fini ma bière. Il est allé en chercher deux autres vers Mario et m'a proposé d'aller les boire à l'extérieur pour éviter le vacarme de la buvette. C'est vrai que c'était bruyant, que l'ambiance continuait de grimper, que les bières se vidaient. Alors je l'ai suivi sans réfléchir à l'extérieur du stade, vers l'Alagnon, mais dans la direction opposée à celle du Petit Boulogne. Le chemin était désert de ce côté-là. Je titubais presque, m'appuyant contre lui pour marcher aussi droit que possible. Il m'a entraîné vers la rivière.

Wanda ne parlait plus, ne souhaitait pas poursuivre le récit de cette aventure sentimentale qui la mettait mal à l'aise, qui ne regardait personne, l'avait en partie détruite. Elle avait pourtant commencé, sans que Gustave ne lui ait rien demandé. Il la questionna néanmoins :

— Et après ?

— Ce qui devait arriver est arrivé, tu t'en doutes bien. J'ai pas dit oui, j'ai pas dit non. J'étais pas dans mon état normal, tu comprends ça ? Je me suis retrouvée allongée et à demi déshabillée dans des herbes hautes, sans m'en rendre vraiment compte. Alors il s'est servi copieusement, sans ménagement pour mon corps brûlant, sans la moindre précaution. Après, il a reboutonné mon chemisier et m'a demandé de renfiler ma culotte. J'avais retrouvé mes esprits, étais complètement dessoûlée, honteuse d'avoir cédé aussi facilement à ce collectionneur de filles et femmes faciles dont je faisais maintenant partie du lot. Et pourtant je dois être honnête. Dans mon état normal j'aurais sans doute été satisfaite d'avoir été séduite, moi la petite Polonaise, histoire de faire pâlir de jalousie toutes celles qui en crevaient d'envie, auraient bien voulu être à ma place. Puis on est revenus vers le stade qui avait fermé ses portes. En marchant le long des arbres je l'avais trouvé gentil, tendre, affectueux. Après tout, ce qui était arrivé était bien un peu de ma faute, pas complètement de la sienne. Il m'a demandé de le revoir, dit qu'il me trouvait gentille, bien roulée, aimait mon sourire, mes seins… Je croyais qu'il était sincère.

— Et vous vous êtes revus ?

— Oui, deux fois, toujours au bord de l'Alagnon. Et la dernière, alors que je me rhabillais, il m'a dit que ça suffisait. Que pour lui j'étais trop jeune. Qu'il préférait les femmes mûres, plus portées sur la chose, et qu'il était en âge de se marier… Et ce qui m'a fait le plus de mal, c'est quand il m'a remercié pour mes charmes et ma docilité, en rigolant. Le salop ! Et moi j'étais déjà amoureuse de lui, pauvre gourde que j'étais, assez conne pour avoir cru en ses belles paroles. Il s'était servi de moi pour satisfaire ses envies, prendre du plaisir, me salir, rien de plus. Et maintenant il me jetait comme on jette une canette vide.

Gustave avait écouté, compris que le footballeur du club Combellois était doué pour le ballon, mais pas seulement. Les femmes lui couraient après, aussi ardemment que lui galopait pour la victoire de son équipe. Il driblait avec la balle, tirait les penaltys, regardait au travers des chemisiers, devinait le dessous des jupes, et attendait confiant les offres de service qui ne tardaient guère. Monsieur choisissait comme un maquignon sur le foirail de Langeac, monsieur laissait roucouler, monsieur se faisait fort d'apprendre la vie aux jeunes filles du Bassin Minier en âge de devenir femmes.

D'elles il savait s'occuper, comme un maréchal-ferrant des pieds des chevaux, un boulanger de ses miches, un charcutier de ses andouilles.

Dans sa tête, Gustave fit un détour par la Margeride, se disant que là-haut les garçons étaient plus timides, les filles plus réservées, même si quelques-unes auraient bien voulu approcher au plus près ce que le renard traîne.

Il voulut rendre la parole à Wanda, alors que la lune éclairait le pont, se réverbérait en amont, sur un plat d'eau formé par un méandre de la rivière.

— Et après ? questionna-t-il à mi-voix, gêné d'être curieux, de vouloir en savoir davantage afin de comprendre :

— Après ! J'ai très vite compris que j'étais enceinte, que j'attendais un enfant de ce type qui collectionnait les filles dans tout le bassin de Brassac, et d'ailleurs. Ma mère m'avait expliqué certaines choses de la vie sur les femmes. Le doute n'était donc plus possible, j'attendais un enfant de lui. Et quand je lui ai annoncé la nouvelle, presque heureuse de donner la vie à un bébé qui serait forcément beau, il m'a envoyée balader, ne m'a plus adressé la parole. Mon père a failli me tuer, puis s'est fait une raison. « Des malheurs y en a de bien pires », m'avait-il répondu une fois sa colère retombée. Ma mère s'est mise à tricoter pour le bébé, et moi à pleurer chaque soir dans mon lit. Combien de fois j'ai pensé à toi Gustave ? À notre rencontre à Madriat, à cette nuit dans la meule de paille des Chabassol, alors que la chouette avait poussé son cri des ténèbres. Tu t'en souviens ?

— Comme si c'était hier. Et même que la Félicie nous avait entendus. Et ton joueur de ballon, qu'est-ce qu'il est devenu ?

— Il s'est marié avec une fille du bassin, de Brassac je crois, d'un milieu aisé, et ils sont partis vivre ailleurs. Il joue maintenant dans un autre club, fini pour lui le stade de Basse-Combelle. Et moi j'ai mon Jiji. C'est un adorable gamin qui aime le ballon, mais ça ne remplace pas un papa. Je suis bien placée pour le savoir depuis la mort de mon père au fond du puits.

Il était tard. Gustave ne voyait que la lune qui, à la verticale, éclairait le métal noir et brillant du pont, les rochers sur la droite. Il devait reprendre son vélo et pédaler sur la route pour rejoindre le grenier dans lequel il dormait, face au pic de l'Avoiron.

Pourtant, contre sa poitrine, battait fort le cœur de Wanda. Il lui caressa les seins avec tendresse, posa une large main sur ses genoux serrés qu'il ne chercha pas à écarter, et l'embrassa longuement. Elle répondit à son baiser, sans le repousser ni l'encourager, redoutant par-dessus tout que ce soit le dernier.

Elle se mit à pleurer au moment où il voulut partir, cherchant à conserver encore quelques instants ce havre de paix, la chaleur de l'homme des bois, son odeur, toujours la même, qui se dégageaient de son corps robuste et sécuritaire.

Ils se séparèrent en silence, espérant l'une et l'autre, sans se l'avouer, que la vie puisse les faire à nouveau se rencontrer. Qu'en serait-il ?

Gustave franchit une première fois la voie ferrée au Saut-du-Loup, puis une deuxième au Breuil-sur-Couze. Dans le jardin de la garde barrière séchait encore la lessive. Il pédala sans relâche jusqu'à Saint-Germain-Lembron et prit la route d'Ardes, s'arrêta un court moment au pont des Acacias. Il avait soif, sans doute à cause du jambon et de la friture dont il s'était régalé goulûment.

Sa tête était encombrée. Il pensait à la Margeride, à la Besseyre-Saint-Mary, à la vigne des Chausses où il irait travailler le jour même, au café-restaurant du Petit Boulogne et au père Lanarce, au stade de Basse-

Combelle, à l'orchestre des mineurs, au pont métallique, à Jiji et Wanda… C'était trop pour lui, beaucoup trop.

Cet homme se disait que la vie n'était pas facile pour tout le monde. Qu'un chemin de croix pouvait s'ouvrir à l'improviste devant les pas de chacune et chacun d'entre nous, qu'il pouvait être malaisé de vivre quelque chose de beau, de sentimental, de simple.

Gustave pissa longuement contre le parapet de pierre. En boutonnant sa braguette il pensa à Wanda, à la douceur de ses seins lourds et chauds, au plaisir qu'ils auraient pu partager sur les bords de l'Alagnon. Il n'avait pas osé faire le premier pas, avait respecté la détresse ô combien courageuse de celle qui souffrait en silence, payant au prix fort son abandon au plaisir d'un homme de qui elle se croyait déjà aimée. Mais l'amour est-il si pressé ?

La longue plaine rectiligne se devinait devant lui, face au trou de la Jeanne que la lune éclairait. Au-delà, le massif du Cézallier semblait sommeiller dans le plus grand silence, sentait sans aucun doute l'odeur du foin coupé, barrait l'horizon vers l'ouest, n'offrait pas la moindre lueur de vie.

Légèrement sur sa droite, Gustave devinait très distinctement le col du Fromental et l'ancienne chapelle qui s'ouvrait sur de vastes étendues cultivées et boisées. Ce village, bâti sur un piton rocheux, était exposé à tous les vents, et celui d'ouest faisait trembler la maison d'école lorsqu'il soufflait en rafales violentes. Du père Chabassol, Gustave avait appris tant de choses sur la région : les lieux éloignés, les habitudes, la vie quotidienne… Il avait retenu que le nom de ce village venait de froment, était synonyme de fertilité, de récoltes abondantes, de richesse agricole, de terre qui collait aux pieds à longueur d'année, comme la poussière de silice aux yeux des mineurs et des chevaux.

La mine revenait encore à l'esprit de Gustave.

Dans quinze minutes environ il serait à Madriat, passerait à la cave boire un ou deux canons, irait dire quelques mots à Bijou, le cheval étoilé, avant d'aller se coucher. Le cimetière des chevaux aveugles du bassin de la Combelle l'avait ému.

Il ouvrit la croisée du grenier, jeta un regard en direction du plateau des Chausses derrière lequel sommeillait le village de Bard. L'Avoiron s'offrait à sa vue, enveloppé d'une lumière nocturne et surmonté de deux petits nuages s'étalant vers l'ouest.

Gustave se tourna et retourna dans son lit, pensa aux seins et genoux de Wanda, à sa désespérance courageusement dissimulée. Il chercha le sommeil, ayant le plus grand mal à chasser le Petit Boulogne et les bords de l'Alagnon de ses pensées.

Dans quelques heures se lèverait un nouveau jour.

L'orage sur la vallée des Saints

Pour Gustave, la nuit du 14 au 15 juillet avait été courte, particulièrement agitée, alors qu'habituellement il dormait à poings fermés. Quand il avait posé le pied hors de son lit, le plancher avait fléchi sous son poids. Il s'était dit qu'il eut mieux valu ne pas se coucher du tout. La journée serait longue et pénible, d'autant que la chaleur de juillet sévissait. Le beau temps était installé, convenait parfaitement à la vigne.

Lorsqu'il s'était rendu dans la cuisine pour boire le café, après s'être occupé du cheval étoilé, la Félicie Chabassol l'avait observé attentivement, lui avait fait remarquer qu'il était peu bavard, manquait sans doute de sommeil, se trouvait peut-être contrarié de quelques façons. En disant cela elle ne supposait pas grand-chose, si ce n'est qu'il avait peu dormi. Ne l'avait-elle pas entendu rentrer sur le coup des deux heures du matin ou un peu plus ?

De tout cela il était pleinement conscient, n'avait nul besoin de se l'entendre dire. De plus, il n'ignorait pas que Félicie était curieuse, aimait les petites histoires, les accommodait, savait s'y prendre pour tirer les vers du nez, prêchait le faux pour savoir le vrai, revenait à la charge avec insistance.

Gustave n'avait aucun compte à lui rendre sur sa journée passée dans le Bassin Minier, sur les bords de l'Alagnon. Il était là pour travailler, et ne racontait que ce qu'il voulait. Les bavardages et commérages sur les autres le laissaient indifférent, alors s'agissant de lui !

De façon laconique, Gustave avait pourtant abordé le match de Basse-Combelle, la friture au Petit Boulogne, le bal en plein air, se sentant un peu redevable pour le vélo prêté par le père Chabassol. Félicie avait resservi du café, émis un petit sourire et questionné d'un air faussement innocent :

— Alors t'as vu la mine à la Combelle ?

— Oui et non. Les puits sont en dessous, profonds, et les chevalements se dressent dans le ciel. J'ai discuté avec des gens de là-bas de ce foutu métier. Une veuve de mineur m'a parlé sans détour des malheurs du Bassin, raconté plein de choses, pas toutes belles. À la réflexion c'est pas un travail fait pour moi, sauf à Sélamines, là je pourrais m'y faire, et encore ! C'est pas sûr.

Juliette venait de rentrer avec un demi-seau de lait à la main, enveloppée d'une caractéristique odeur d'étable.

La traite était finie. Son père devait sans doute sortir les dernières bouses, et Claudius était à la rase pour faire tremper de la paille de seigle. Les vignes n'étaient pas finies d'attacher.

— Et Wanda, comment c'est qu'elle va ? avait questionné Félicie avec une curiosité bien mal dissimulée.

À cette question, Juliette marqua un temps d'arrêt auprès de l'écrémeuse de la souillarde, cherchant manifestement à percevoir la réponse qui ne devrait pas tarder, qui l'intéressait.

Elle tarda cependant quelque peu, Gustave ne souhaitant pas s'éterniser sur un sujet qui l'avait suffisamment contrarié la veille, pour ne pas dire plus, car s'il avait aussi mal dormi ! Et puis, les Chabassol étaient-ils au courant de la maternité de la Polonaise ? Car même si elle n'était pas revenue vendanger, rien ne s'opposait à la circulation des nouvelles, de quelque nature qu'elles soient.

Les paysans de Madriat allaient chercher du charbon là-bas, avant chaque hiver. Les mineurs du bassin venaient ici s'approvisionner en gnole et pinard plusieurs fois par an, et Wanda faisait occasionnellement le service au café-restaurant des Sports de Saint-Germain-Lembron.

Le monde n'était pas si grand pour ignorer les nouvelles, surtout celles-ci, autrement plus intéressantes qu'un bras ou une jambe cassée. Claudius en savait quelque chose, lui qui devait retrouver l'usage de son bras dans les jours à venir.

Par contre, une fille engrossée ça intéressait les hommes, les femmes aussi, surtout celles qui n'avaient pas d'enfant, comme Juliette, et qui en voulait bien un pour travailler la terre, prendre la suite sur la propriété. À maintes reprises elle avait dit trouver injuste qu'une femme sans homme puisse avoir un enfant, alors qu'une femme mariée attendait impatiemment de voir son ventre s'arrondir. Vue sous cet angle-là, la vie était décidément mal faite. Et sur ce point tout le monde était d'accord.

Gustave devait se décider à répondre à la question dont il ignorait le sens véritable. Pourquoi serait-il allé au-devant d'une curiosité pouvant être déjà satisfaite ? Et s'il avait décidé de prendre la défense de la Polonaise à sa façon, c'était son droit après tout. Dans le cas où les deux femmes connaissaient l'existence de Jiji, savoir de qui il était devenait une nécessité. Et ne pensaient-elles pas que lui, Gustave, puisse être dans le coup après ce qui s'était passé dans la meule de paille ?

La Polonaise y avait trouvé son compte, de ça la Félicie était persuadée, elle qui avait perçu les soupirs à n'en plus finir.

Dans la tête de Gustave, le doute planait. Il continua de remuer son café, alors que le sucre était fondu depuis longtemps, et que Juliette posait sur lui un regard inquisiteur, attendant une réponse qui tardait à venir. Elle vint cependant, aussi laconique que la question :

— Elle va bien, oui ça avait l'air d'aller.

La mère Chabassol ne laissa rien paraître de son désappointement, pas plus que sa fille qui se mit à tourner énergiquement la manivelle de l'écrémeuse. Aucune autre question n'ayant été posée sur la fille Jakowski, Gustave en avait déduit assez intelligemment que les deux femmes savaient, et que de lui elles n'obtiendraient rien d'autre au moment présent. Mais il savait pertinemment qu'elles ne pourraient se satisfaire longtemps de sa réponse évasive. Elles reviendraient à la charge pour en savoir plus, peut-être à un moment où il s'y attendrait le moins. Elles en étaient bien capables, ayant toutes deux les idées bien arrêtées.

Le séjour de Gustave à Madriat tirait à sa fin. Encore quelques jours et il regagnerait sa Margeride, son village, ses bois...

Ce soir-là, en revenant de la vigne de Piavarate, il avait rendu visite à Agnès et Martin Bournerie. C'est avec eux qu'il parlait le même patois, des mêmes gens, des marchés à Saugues, des messes à Auvers et la Besseyre-Saint-Mary, des truites de la Desges, des champignons des bois, du pain cuit dans le four ancien à Lair...

Les sujets de conversation semblaient inépuisables aux Bournerie déracinés à vie probablement, à Gustave très provisoirement. Agnès était cependant satisfaite de cette installation ici. Les enfants du couple allaient à l'école, y travaillaient bien, surtout l'aîné, Simon. Et de temps à autre, n'apprenait-il pas sa mère à lire et écrire ? Combien de fois avait-elle été tourmentée par son illettrisme dont elle ne pourrait jamais s'affranchir ?

Peu lui importait maintenant. Les enfants grandissaient, seraient bientôt à même de faire face aux quelques papiers qui parvenaient irrégulièrement, pouvaient lui lire quelques articles du journal prêté par des voisins compréhensifs.

Agnès Bournerie avait eu à faire face à quelques sarcasmes mal intentionnés, et de ça avait beaucoup souffert. Ici, comme ailleurs, la méchanceté tenait sa place. Mais qu'y pouvait-elle ? n'ayant jamais eu la chance d'aller à l'école ?

La vigne des Chabassol, sur le plateau des Chausses, à hauteur de la croix plantée en bordure du chemin qui menait à Bard, était enchevêtrée. Les autres avaient été attachées, dépointées et binées. Cette parcelle était plate, agrémentée d'une cabane accueillante qui protégeait du vent du nord, des giboulées de neige et de pluie, de la chaleur parfois torride des étés. Elle était construite en pierres, des galets de rivière aux teintes foncées, récupérés ça et là, au hasard du travail de la terre et précieusement conservés.

« Elles peuvent toujours servir », disaient les paysans prévoyants, plus sûrement économes, soucieux de rendre la terre plus facile à travailler sans ses innombrables cailloux.

Face à la butte de Montcelet, la porte en bois de vergne ne fermait pas à clé, laissant accéder les journaliers agricoles à la recherche d'un peu de repos, de fraîcheur, d'un abri pour la nuit. Ils pouvaient y manger leur quignon de pain et morceau de lard, s'allonger sur un tas de sarments, y dormir jusqu'au petit jour dans la plus profonde quiétude, avant que les alouettes ne prennent possession du ciel. Puis, d'où qu'ils viennent et aillent, ils reprendraient leur route de village en village, usant leurs sabots à chercher travail et nourriture, rencontrant d'autres bougres dans la même situation, quelques paysans bien décidés à profiter de leurs bras. Ces bras qui ne tiendraient jamais de femme ni d'enfant avec tendresse, mais seulement des outils pesants qui, de connivence avec les pierres, les mettraient à rude contribution.

De leurs doigts déformés ils roulaient quelques cigarettes de tabac gris, pour peu qu'ils aient pu en acheter un paquet, ou ayant été remerciés par une patronne compréhensive, compatissante, généreuse.

Côté ouest était planté un cerisier. De ses branches étalées il faisait de l'ombre très largement, jusque sur le toit de la cabane aux tuiles rouges et demi-rondes. Son tronc à l'écorce lisse ressemblait à un parchemin, au cahier de dessins d'un écolier, à un registre de messages exprimés maladroitement par des amoureux. Eux aussi fréquentaient ce lieu hospitalier, d'indicible bonheur.

Des cœurs et prénoms y étaient gravés, des aveux, serments et déclarations inscrits. L'éternité pouvait passer, rien n'y ferait. Les sentiments avoués ici braveraient les intempéries, survivraient au déroulement des calendriers, mais pas à la mort inéluctable du cerisier. Le moment venu, le feu gommerait, aurait le dernier mot, une fois pour toutes. Qui sait ? Peut-être pour faire cuire un pot-au-feu ou une tête de veau lors d'heureuses vendanges, comme celles que n'oublierait jamais Wanda la sensuelle, ni Gustave le bûcheron.

En ce matin du 25 juillet 1937, Claudius Lestival devait se rendre à l'hôpital d'Issoire pour faire enlever le plâtre de son bras. Il lui tardait de retrouver l'usage de son membre, de ne plus aller garder les vaches, être considéré comme un infirme, un estropié. Il avait besoin de reprendre une activité normale et, ainsi, il éviterait les railleries méchantes de Juliette, son épouse, toujours aussi polarisée par le travail. Selon ses dires, un homme était fait pour travailler, au moins. Et davantage encore lorsqu'il n'était que gendre, qu'il n'était arrivé qu'avec sa bonne volonté, mise à mal à longueur d'année. Et garder les vaches convenait aux enfants et aux vieilles personnes déjà usées. C'était aussi simple que ça.

Gustave s'était demandé, de nombreuses fois, si d'autres idées pouvaient venir à l'esprit de cette femme qui semblait ne penser qu'à l'ouvrage. Et après réflexion il avait acquiescé, lui accordant le bénéfice du doute à titre bienveillant.

Car elle chantonnait quelquefois, se regardait dans la glace, croisait haut les jambes devant lui, serrait fort la ceinture de son tablier, mettant ainsi en valeur les rondeurs de ses fesses et l'opulence de ses seins. Pour les avoir touchés bien malgré lui, il les savait fermes et de belle taille, dociles à n'en pas douter.

L'incident, si incident il y avait eu, ne s'était jamais reproduit. Juliette semblait avoir tenu bon, attachait elle-même la queue des vaches avant de les traire. Cependant, elle gardait vivace le souvenir agréable de la large main du bûcheron sur sa cuisse découverte. À table, elle les regardait à l'improviste ses mains, se disant qu'elles ne pouvaient pas convenir à une poitrine menue, à des épaules fragiles, à des cuisses maigrichonnes. Alors qu'elle !

Les autobus départementaux desservaient le chef-lieu de canton et celui d'arrondissement, en passant par Saint-Germain-Lembron et le Breuil-sur-Couze. Il suffisait donc de rejoindre la route et d'attendre que le car montre son capot vert et jaune au pont de Feuillère.

Claudius était parti seul, endimanché et satisfait de savoir qu'il allait rapidement pouvoir reprendre ses habitudes quotidiennes, dans les vignes notamment, et ainsi Gustave regagnerait sa Margeride dans les jours suivants. L'accident du Claudius avait coûté cher, Juliette l'avait rappelé à chaque occasion propice, mais jamais devant le bûcheron de la Besseyre-Saint-Mary.

Le beau temps persistait, particulièrement favorable au travail des vignes, à leur croissance. Depuis le matin, Gustave avait commencé d'attacher celle des Chausses, la dernière qui restait à faire. Parti de bonne heure avec une botte de paille de seigle sous le bras et un baril de vin, il avait rencontré Diocane et le père Boisseul sur le chemin du Costilloux. Ensemble ils avaient marché, franchi le ruisseau à sec bordé de roseaux, bavardé amicalement jusqu'au moment de leur séparation, chacun se rendant sur son lieu de travail.

L'homme à la moustache broussailleuse avait commenté en direction du bûcheron :

— Les Chabassol t'envoient tout seul sur ce plateau des Chausses ? T'es pas près de la finir la vigne. T'en verras jamais le bout, toi le gars de Margeride ou du Gévaudan, je sais plus trop d'où t'es, mais baste, ça n'a pas grande importance. Je sais que tu viens de là-haut.

— Je l'ai assez dit, je suis de la Besseyre-Saint-Mary, du hameau de Pompeyrin, et je ferai ce que je ferai, le reste attendra. Et puis les Chabassol viendront me prêter main-forte, de ça je suis presque sûr. Aujourd'hui le Claudius est parti à Issoire, à cause de son bras. Faut pas compter sur lui. Alors c'est le père qui ira garder les vaches, mais la Juliette est libre, et la mère s'occupe du fourneau. On doit m'apporter le casse-croûte à la vigne sur le coup des onze heures. Je serai un peu bien dans la cabane au plus fort de la journée. Et puis dans quelques jours je repars chez moi, avec le car et le train jusqu'à Langeac. Après je finirai à pied. Si seulement ils pouvaient me donner une ou deux bouteilles de gnole ! J'arriverai toujours à les ranger dans ma musette.

Gustave s'était attelé à la tâche en bordure du chemin, saisissant les longues pousses de la vigne qui couraient sur le sol. Il les relevait, les assemblait autour des échalas, les attachait avec la paille humide du seigle trempée la veille dans l'eau de la rase, les dépointait de ses mains dépourvues de la moindre finesse.

Le soleil était déjà haut dans le ciel sans nuage. Pourtant, quelques traînées blanches apparaissaient du côté de Saint-Gervazy et à l'opposé, de Saint-Hérent. Ce temps chaud convenait à la vigne, à condition qu'il ne s'accompagne pas d'orage, encore moins de grêle. Et, en cette fin juillet, les jours étaient longs, le temps pouvait évoluer, changer rapidement en cours de journée.

De la chaleur, le bûcheron se moquait éperdument, ne la craignait pas, l'appréciait même. Il avait décidé de travailler sans relâche avant que la température ne s'élève au plus fort. Et, quand il en aurait marre, il se mettrait à l'ombre dans la cabane dont la porte était si basse qu'il devait se courber, ou sous le cerisier. Le moment venu il n'aurait que l'embarras du choix.

Pour l'instant il s'activait, levant rarement la tête, seulement pour regarder furtivement en direction de la croix de Notre-Dame, de la butte de Montcelet, du pic de l'Avoiron.

À proximité de la source ferrugineuse baignée de rouille et de la vallée des Saints, le village de Bard vivait à son rythme, laissant parvenir à ses oreilles quelques bruits familiers.

En direction de Boudes, un vigneron et son cheval noir émergeaient d'une vigne en pente douce. Ce cheval, Gustave le connaissait, l'avait déjà vu tirant un tombereau chargé de grain en direction du moulin de Madriat, par le chemin des Varennes.

Le long du ruisseau du Mérignot, juste en contrebas du plateau, une paire de vaches tirait une faucheuse, guidée par un enfant muni d'un aiguillon sans doute en branche de noisetier. Sur le siège de la faucheuse, une femme en noir tentait avec un râteau de ramener la luzerne derrière la barre de coupe. Un large chapeau de paille la protégeait du soleil. Elle semblait peiner au-delà de ses forces, s'essuyant le front de son mouchoir lorsque les bêtes reprenaient leur souffle sous un noyer du bord du chemin.

L'homme des bois commençait à transpirer, à avoir soif. Il se mit à penser à l'eau de cette source de Bard qui remontait miraculeusement des entrailles de la terre, bouillonnait au pied du pic, donnait l'impression de couper les jambes à qui s'en abreuvait trop copieusement.

Il tenait ces informations d'un berger qui, comme lui, préférait le vin à cette eau, malgré sa fraîcheur bienfaisante et toutes les vertus que d'aucuns lui reconnaissaient.

Gustave se surprit à sourire ironiquement, s'étant dit : « pourquoi se noyer l'estomac de flotte rouillée, quand il y a autant de pinard et que les raisins grossissent à vue d'œil tous les jours » ?

— Gustave !

Il lui avait semblé entendre son prénom prononcé à l'autre bout de la vigne par une voix de femme. Il leva la tête, se retourna en direction de la voix, ne vit personne. Rêvait-il ? ou pire, devenait-il gaga ?

— Gustave, amène-toi !

Non il n'avait point rêvé. Au coin de la cabane en pierres, il venait d'apercevoir sa patronne pour quelques jours encore, Juliette Lestival. Elle lui faisait signe avec son chapeau, sans doute pour mieux transmettre son signal au-delà de la végétation des pêchers, des ceps et du cerisier.

Il prit le temps de pisser en bordure du chemin qui montait à la butte de Piavarate, serra sa mince botte de paille à la taille et se dirigea vers la cabane à pas lents, aussi lents que ceux d'une paire de bœufs.

Il avait eu raison de dire à Diocane et Boisseul que quelqu'un des Chabassol le rejoindrait pour l'aider à attacher la vigne. Il aurait préféré le père à la fille, pour discuter entre hommes d'abord, mais aussi et surtout pour échapper au rythme de travail endiablé de la femme du Claudius. Et puis, avec le père ils auraient pris un baril plus grand, l'auraient probablement vidé à l'ombre du cerisier ou dans la cabane.

C'était Juliette qui était venue, elle qui travaillait comme une bête et buvait comme un chameau. Il ferait ce qu'il pourrait, boirait seul un ou deux canons, et au diable l'énergie débordante de cette femme qu'il trouvait assez jolie, solide sur ses jambes, bien enveloppée dans ses formes, mais pas facile à vivre. Pour lui c'était une garce, un point c'est tout.

Au moment présent il avait soif, n'avait pas vidé le moindre « tassou » depuis le matin. Sur la table de la cabane, il y avait un panier d'osier recouvert d'un torchon troué, et une bouteille de vin était débouchée. Juliette avait pensé à lui, n'était pas venue les mains vides.

— Bois un canon quand il est frais lui dit-elle, avec le temps qu'il fait il le restera pas longtemps. J'ai amené le casse-croûte, ça nous évitera de faire le trajet et on gagnera du temps…

Le temps, toujours le temps, pensa Gustave. Cette remarque allait-elle le mettre de mauvaise humeur, lui qui n'avait pas levé la tête de la matinée, à peine pris le temps de pisser ? Il allait avoir cette femme toute la journée sur le dos, ne pourrait même pas somnoler un court instant, le dos appuyé au tronc du cerisier, face au Montcelet. Pour ses derniers jours ici il n'allait guère souffler. Juliette allait ponctionner sa bonne volonté jusqu'au dernier jour. Pauvre Claudius ! pensa-t-il.

Le vin frais atténua ses pensées revêches. Juliette avait déjà rejoint les rangées de vigne. Le soleil persistait, sa chaleur s'intensifiait, le Montcelet apprivoisait quelques nuages côté Vichel, en direction du Bassin Minier et de la Combelle.

Gustave reprit du vin et partit rejoindre sa patronne, se remit au travail. Juliette avait déjà attaché une dizaine de ceps. Elle l'aida à la rejoindre, signe qu'elle souhaitait travailler côte à côte avec lui, avait peut-être envie de parler. Elle chantonnait déjà, active et souple dans des mouvements que rien ne venait contrarier, pas même de rebelles mèches de cheveux qui s'échappaient de son chapeau usagé.

Arrivé devant la gare d'Issoire, le car des services départementaux s'était vidé des voyageurs. Le chauffeur en blouse marron et casquette beige venait d'afficher sa nouvelle destination : Champeix. Pour le retour il ferait la démarche inverse, indiquerait son terminus : Ardes-sur-Couze.

Claudius remonta l'avenue de la gare en direction de l'abbatiale Saint-Austremoine, emprunta la rue Gambetta, traversa la place de la République et rejoignit le boulevard de la Manlière par la rue de Chateaudun.

Il se savait sur la bonne voix pour retrouver l'usage de son bras, fracturé malencontreusement par cette mauvaise chute de l'échelle. Son handicap n'avait que trop duré. Il était grand temps pour lui de retrouver une activité normale, même si dans les premiers jours il devrait être prudent, éviter les trop gros efforts, ménager ce bras affaibli par trop d'inactivité. Le chirurgien l'avait prévenu.

Sur le plateau des Chausses, le soleil était maintenant au plus haut. Des nuages blancs s'amoncelaient sur la vallée des Saints, s'étiraient vers Charmeix, en direction du Barnalou et du Fromental, avaient pris possession du trou de la Jeanne, tentaient de rejoindre le Caure d'Augnat. La chaleur devenait pénible à supporter.

En bout de rangée, Juliette s'était éloignée d'une bonne dizaine de pas pour s'accroupir dans la végétation épaisse dont dépassait à peine le haut de son chapeau. Puis elle s'était relevée, avait tourné le dos à Gustave pour dégrafer son soutien-gorge qui la serrait, la gênait dans ses mouvements. Elle le quitta prestement, le posa au sommet d'un échalas et reprit son travail, comme soulagée, libérée d'une entrave.

— J'aurais pu le quitter plus tôt ce soutien-gorge. Je vais pas les perdre, ils se tiennent encore seuls mes seins, confia-t-elle à Gustave en rajoutant :

— Fais-moi penser à pas l'oublier.

— C'était à vous de voir, mais à quoi ça sert d'être ficelée comme une andouille par un temps pareil.

— C'est pas très gentil ce que tu viens de dire, pas gentil pour deux sous.

— J'ai pas voulu vous offenser patronne, seulement vous dire que pour travailler vaut mieux être à son aise, surtout par cette chaleur, et avec moi faut pas vous gêner. Quand on est tiraillé on est pas bien, du tout.

— Rassure-toi, je l'avais pas mal pris.

Et elle avait rajouté aussitôt :

— Peut-être parce que ça vient de toi.

— Tenez, moi je me passe de caleçon. Sans, je suis plus à l'aise dans mon pantalon. Quand il fait froid c'est une autre paire de manches. J'en mets des longs et épais, et aussi une ceinture de flanelle pour tenir et chauffer les reins. Encore que dans les bois on se réchauffe.

Gustave avait regardé en direction du Sarcenat et de l'ancienne chapelle du Fromental. Il fit part de ses craintes :

— Le temps se gâte patronne. Le trou de la Jeanne est encombré, devient sombre et bourru. On va avoir droit à l'orage avant peu. Y a eu un coup de tonnerre du côté du Cézallier, vous avez pas entendu ?

À l'écouter parler du trou de la Jeanne, Juliette Lestival avait souri avec une apparente malice, avant de répondre distraitement :

— À peine. C'est mauvais quand ça vient de ce côté-ci. Et Claudius qui est parti en chemise à Issoire !

— Il fondra pas votre homme, même s'il prend une bonne rincée, et Issoire c'est loin, d'ici que l'orage y passe !

— Dépêchons-nous d'attacher encore quelques ceps, après on ira manger.

Gustave n'avait pas répondu, pensant seulement, une nouvelle fois, que cette femme poursuivait le travail sans relâche, y consacrait tout son temps et toute son énergie. Et de cette dernière elle ne manquait pas, en possédait à en revendre. Quand donc cette femme s'accordait-elle quelques moments de répit ?

Un éclair rapide zébra le ciel au-dessus de Letz, en direction du Bois Grand et de la Rivière-l'Evêque, suivi d'un timide coup de tonnerre. Le ciel s'assombrissait de plus en plus vite, la chaleur devenait étouffante, tapait sur les ciboulots.

Les premières gouttes de pluie apparurent à l'oblique, rapides et bienfaisantes, mettant un terme au travail programmé par Juliette, la femme aux seins en liberté.

Ils se mirent à courir de toutes leurs jambes en direction de la cabane. Et soudain, Gustave interrompit sa course pour aller récupérer le soutien-gorge de sa patronne suspendu à un échalas. La lingerie légère donnait une touche claire sur le feuillage verdoyant des feuilles de vigne. Il la prit délicatement du bout des doigts de sa main droite, hésita un instant, et la porta à sa bouche et à son nez en souriant innocemment. Il lui trouva une bonne odeur de transpiration, agréable et terriblement féminine. Le bûcheron ouvrit sa chemise et glissa le soutien-gorge à l'intérieur, contre sa large poitrine velue, sans doute pour l'abriter, sentir sa douceur. Ce demi-tour l'avait exposé à la pluie, pourrait justifier un canon de plus avait-il pensé en se souriant à lui-même. Du vin il n'abusait guère, et Juliette ne le lui plaignait pas. De ça il était satisfait, en profitait à peine, souvent en compagnie du père Chabassol avec qui il aimait bavarder et trinquer.

Ici, il était au pays de la vigne, tous les coteaux en étant plantés, et dans quelques jours il en serait différemment. Alors pourquoi s'en priver de ce vin léger? Il serait toujours temps, là-haut en Margeride, de boire l'eau des fontaines et des ruisseaux.

Déjà à l'abri, la femme du Claudius dirigea son regard vers cette large poitrine qu'il avait découverte pour en extirper le léger vêtement. Elle parut surprise par ce geste auquel elle ne s'attendait nullement, le remercia soudain d'une voix dont il avait jusqu'alors ignoré la douceur.

Elle venait de penser au prochain départ de Gustave vers la Besseyre-Saint-Mary, devait se préparer à cette absence, la subir malgré elle, consciente d'avoir sollicité son courage et sa bonne volonté plus que de raison. Juliette se connaissait bien, était consciente d'en demander toujours plus, souvent trop.

Mais il fallait le payer le Gustave, et les sous elle les aimait, les dépensait avec parcimonie, y pensait le jour et en rêvait la nuit. Gustave l'avait cataloguée depuis belle lurette, depuis les vendanges. Cette femme pouvait desserrer et dégrafer facilement les bretelles de son soutien-gorge, mais pas les cordons de sa bourse. Il s'en était rendu compte à maintes reprises, et notamment quand il avait fallu discuter des prix de journées, quasiment batailler.

Juliette accrocha, avec précaution, le sous-vêtement au clou d'une étagère et posa le panier du casse-croûte sur la table vermoulue, chancelante, mais encore solide. Elle se ravisa subitement, invitant Gustave à se retourner :

— Regarde un peu en direction du Montcelet, le temps que je remette mon soutien-gorge en place. J'en ai pas pour longtemps.

L'orage grondait plus à l'est, s'éloignait en direction du Brivadois. C'était tant mieux pour la vigne qui n'avait pas besoin d'eau, encore moins de grêle. Gustave devinait, à la couleur du ciel, une forte rincée de pluie sur Unsac, Saint-Gervazy et la butte qu'il fixait.

Il avait faim et soif, languissait de s'asseoir pour se reposer, se restaurer. De son imposante carrure il obstruait la porte, coupait la lumière déjà affaiblie par les nuages sombres. Il entendit une voix faible, timide, comme étouffée, venant du fond de la cabane :

— Tu peux te retourner à présent.

Juliette était torse nu, avait plaqué ses mains verdies sur ses seins pour les cacher, s'appuyait à la table dans une position de protection.

Se protéger de quoi grand Dieu ?

Gustave venait de comprendre l'offre qui lui était faite, que l'orage avait émoustillé sa patronne, ou bien qu'elle voulait tirer profit de lui encore un peu, toujours plus. Cette pensée le contraria franchement. Il la chassa. Peut-être voulait-elle tout simplement le récompenser en lui offrant son corps généreusement, pensant qu'il était en panne sentimentale, ignorant ce qui s'était passé avec Wanda sur les bords de l'Alagnon, l'autre nuit. Et ce cadeau ne causerait aucun préjudice à la bourse des Chabassol, ni à son mari, le Claudius, qui au lit était bien loin d'être un foudre de guerre. Juliette l'avait suffisamment fait comprendre, laissé deviner.

Gustave n'avait jamais réfléchi aussi vite. Le casse-croûte pouvait attendre après tout, malgré sa faim. Il s'avança à pas lents et en silence, dégageant la faible clarté de la porte. Juliette avait pris des couleurs, le regardait venir, le dévisageait de bas en haut, l'attendait, ayant redouté qu'il parte sous la pluie en courant, fuyant son offre généreuse et spontanée. Que pouvait-il penser d'elle en ce moment ? Allait-il lui parler ? Lui dire des mots inutiles qu'elle n'entendrait qu'en sourdine, que l'orage pouvait atténuer, que rien ne justifiait d'ailleurs ? Ce n'était pas de paroles dont elle avait le plus grand besoin. Et elle pensait avoir suffisamment su se faire comprendre, qu'il n'y avait rien à se dire, à rajouter.

Juliette le savait peu bavard mais redoutablement efficace dans le travail. Pour le reste, ce qu'elle attendait de lui aujourd'hui !

Gustave crut s'entendre dire faiblement, comme dans un rêve :

— Profites-en, sers-toi comme tu l'entends, comme tu l'as fait avec Wanda dans la meule de paille :

Dans sa tête, Gustave avait compris la soudaine jalousie de Juliette, sa patronne qu'il savait garce au possible, mais pas à ce point. À tort ou à raison, le bûcheron pensa qu'elle savait pour Jiji. Mais savait quoi au juste ?

Pourquoi aurait-il cherché à savoir ce qu'elle voulait dire précisément ? Et la connaissant comme il la connaissait, vouloir la dissuader aurait été mission impossible. Dans sa tête, Gustave avait assez perdu de temps en vaines interrogations.

Il la prit par les épaules, la retourna et la plaqua sans ménagement contre lui. Il la serra si fort que ses jambes l'abandonnaient, se dérobaient sous elle, et que ses fesses généreuses s'écrasaient contre la table fragile, sur laquelle elle se voyait déjà assise ou renversée.

Il l'embrassa maladroitement et substitua ses mains aux siennes, emprisonnant sans égard ses seins lourds et légèrement tombants, comme brûlants de fièvre. De ces mains en mouvement, larges et verdies par le feuillage, manquant de la plus élémentaire douceur, elle ne pouvait désormais s'échapper, en était étrangement prisonnière. De ça elle avait maintenant conscience.

À ses premiers mouvements de hanches, la blouse ample de la femme du Claudius glissa facilement sur le sol de terre battue de la cabane jonché de quelques sarments poussiéreux. De ses mains énormes, Gustave saisit le fort élastique de la culotte qui suivit le même chemin, jusqu'aux chevilles. Juliette leva les pieds l'un après l'autre, dans un mouvement lent et ordonné, et le sous-vêtement se trouva bientôt accroché au clou rouillé où pendait le soutien-gorge.

Juliette avait perdu sa langue, cherchait désespérément un endroit où poser ses mains, à se culpabiliser, n'y parvenait pas. Avait-elle pris sa décision le matin même, la veille au soir alors qu'elle savait que son homme serait à l'hôpital d'Issoire, le jour où elle avait demandé à Gustave d'attacher la queue de la vache et frotté ses seins contre lui ?

Si tel était le cas elle avait fait preuve de patience et de retenue, plus sûrement de volonté. Pour Juliette, la vigne en ce jour de juillet était-elle devenue un océan de désir, la cabane un lieu de plaisir où le bonheur ne ferait que passer, le cerisier un témoin muet, habitué peut-être aux aveux sans suite concrète ?

Mais aujourd'hui il y avait de l'orage dans l'air, et un magnifique arc-en-ciel barrait l'horizon de Collanges à la butte de Nonette.

Gustave le lui indiqua, histoire de dire quelque chose, de ne pas rester bouche cousue indéfiniment. Par ses mouvements lents et son regard langoureux, Juliette émit le désir de se tourner pour le regarder, aussi le Montcelet qu'un timide rayon de soleil éclairait. Les éléments poursuivaient leur route en grondant sourdement, de loin en loin, en direction des monts du Livradois.

Le panier d'osier se mit à trembler dangereusement sur la table. Alors Gustave marqua une pause dans son entreprise, tendit le bras droit et le posa à terre avec précaution, sachant qu'avant peu il aurait faim, que les ébats en cours allaient aiguiser son appétit, s'accentuer, s'intensifier, et que le panier pouvait chuter lourdement sur le sol, dans la poussière. Ça, Gustave homme de bon sens voulait l'éviter.

Pour Juliette la vigneronne, dont les hanches étaient fermement prisonnières des mains du bûcheron, l'orage reprit de plus belle dans la cabane.

De ses yeux grands ouverts mais voilés, soumise bien volontairement à des éléments déchaînés, comme à un océan en furie, ne voyait-elle pas tanguer les ruines du château sur le vaste plateau de la Chaux ?

Cet orage elle l'avait attendu, provoqué, ardemment souhaité, appelé de ses vœux même. Et voilà que, maintenant, elle le subissait sans le moindre ménagement, contrainte de se tenir des deux mains à la table, de se mordre la lèvre inférieure pour tenter de demeurer silencieuse, en vain.

À percevoir les gémissements et propos de Juliette, le bûcheron de Margeride avait souri. Il avait poursuivi sauvagement ses mouvements, satisfait à plus d'un titre, se sentant à la hauteur, regardant non sans fierté et envie le panier d'osier posé à terre.

Le train du changement

Peu après Brassac-les-Mines, en gare d'Arvant où le train à destination de Nîmes avait marqué un arrêt prolongé, attendant la correspondance avec celui qui venait de Neussargues et Béziers, Gustave était descendu nonchalamment sur le quai, face à la salle d'attente des voyageurs. Il avait observé les rails brillants, les chariots chargés de bagages, les conducteurs avec casquette et lunettes, juchés sur la locomotive à vapeur, des femmes et des hommes hésitants, tenant des enfants par la main, aussi les affiches placardées sur les murs, dont l'une avait retenu son attention.

Récemment créée, la SNCF, Société Nationale des Chemins de fer Français, embauchait des cheminots pour travailler sur les voies. Les célibataires pouvaient être logés dans des dortoirs ou cités, les familles dans de petites maisonnettes en bordure des voies, et on pouvait voyager sans bourse délier.

Gustave avait rejoint sa place près de la vitre, et le train reprit son cheminement en direction de Saint-Georges-d'Aurac et Langeac.

L'affiche revint à son esprit. Des voyages il s'en fichait pas mal, mais le logement chauffé et éclairé lui parut être un avantage intéressant, avec un jardin de surcroît ! Il pensa à la femme qu'il avait vue étendre son linge le jour du 14 juillet au Breuil-sur-Couze, quand il pédalait en direction du Saut-du-Loup pour se rendre au Petit Boulogne, sur les bords ombragés de l'Alagnon.

Lui, Gustave, préférait les bois de Margeride aux chemins de fer nationaux. Pourtant, le Baptistou d'Elise Bournerie se plaisait chez les cheminots, s'y était fait de nombreux copains, aimait voir et entendre rouler les trains dans les gorges de la vallée, fumer les locomotives qui crachaient des escarbilles et disparaissaient dans les tunnels aux courbes douces. Et Elise, qui disait avoir un toit, puisqu'elle gardait maintenant une barrière au Marcet, près de Paulhaguet.

Ils logeaient avec leurs trois enfants dans une maison à deux étages, travaillaient un jardin, pouvaient tenir quelques poules et lapins, élever un cochon. Et ils s'étaient très vite habitués au bruit des trains qui faisaient trembler la maison, jour et nuit. La paye de Jean-Baptiste n'était pas grosse, mais régulière, et avec les avantages du logement, ils arrivaient à faire quelques économies. Et ils auraient, le moment venu, droit à une retraite.

Mais d'ici là…

Dans son hameau de Pompeyrin, Gustave avait repris son travail, coupe de bois de charpente ou de chauffe. Chaque jour, il empruntait des chemins et sentiers dont il connaissait le moindre détail, la plus grosse pierre, la traverse des sangliers, le passage des lièvres. Ses outils, soigneusement entretenus et affûtés, étaient toujours les mêmes : passe-partout, hache, masse et coins métalliques.

En Margeride, les hivers étaient longs et rigoureux. Il le savait pour les avoir vécus et subis. N'était-il pas né sous les toits, dans une chambre où la température, lors de sa venue au monde, était de + 1°, où les vitres ressemblaient à un voile de dentelles, où l'urine gelait fréquemment dans le pot de chambre caché sous le lit ?

Il n'en était pas mort pour autant, enfoui dans un berceau de bois, noyé de plumes et de laine tondue chaque printemps sur le dos des brebis.

Avec un plaisir non dissimulé, Gustave avait retrouvé le marché de Saugues et rencontré son cousin Joseph Bournerie, de Lair.

De sa bouche, il avait appris que Marie-Lisa et Toma grandissaient, travaillaient bien en classe. Mais que son père Médard souffrait de plus en plus de la jambe droite, ne pouvait enfiler seul ses chaussettes, peinait pour se mettre à genoux et tirer le passe-partout, redoutait d'abattre les gros arbres, craignant de ne pouvoir s'en éloigner rapidement au moment de leur chute toujours incertaine. En vieillissant il ne s'arrangeait pas.

Sa mère Mélanie s'occupait des drôles, ne sortait guère plus, même pas pour aller uriner, sauf si le temps était beau. Elle tricotait à longueur de journée assise près du fourneau ou de la croisée, parlait toute seule, continuait cependant à aller à la messe à Auvers, moins régulièrement qu'autrefois, bien moins.

Lors de ces rencontres des vendredis à Saugues, des nouvelles sur les uns et les autres étaient échangées. Surtout celles concernant les jeunes qui se mariaient, étaient encore célibataires, partis travailler ailleurs et ne le regrettaient pas, loin s'en fallait.

Après son retour de Madriat, combien de fois Gustave avait pensé à toute cette jeunesse du bassin minier de Brassac qu'il avait côtoyée au stade des bords de l'Alagnon, au bistrot du Petit Boulogne, au bal de Haute-Combelle ?

Les filles étaient nombreuses, jeunes, souriantes et jolies. Là-bas les gars n'avaient que l'embarras du choix pour trouver chaussure à leur pied, quasiment devant leur porte, alors qu'ici il ne fallait pas plaindre ses jambes pour aller danser et ainsi faire la connaissance de cœurs à prendre.

Mais lui Gustave, qu'avait-il à offrir à un parti qu'il aurait souhaité un tant soit peu intéressant ? comme tout le monde à bien y réfléchir, mais à part ses grandes oreilles, sa large poitrine, ses mains énormes, sa force et son courage ! De sa part, une prétendante au mariage pouvait faire une croix sur la moindre dot, même s'il avait quelques économies qu'il rangeait dans une boîte à biscuits et auxquelles il ne touchait pas.

Pauvre il était né, pauvre il resterait sa vie durant, de ça il avait conscience. S'il avait possédé une maison, des terres et des bois, sa situation aurait été bien différente. Mais quand on est l'aîné d'une famille nombreuse, tout comme Agnès, on doit apprendre à se résigner, et se dire une fois pour toutes que rien ne sera facile.

À elle il s'était comparé quelquefois, ne se sentait nullement malheureux, plutôt bien loti, sachant suffisamment lire, écrire et compter pour se débrouiller sans se faire rouler, ce qu'il détestait par-dessus tout. Pourtant Juliette…

Du travail il s'était toujours accommodé, de son éclairage à la bougie aussi. Mais son âge commençait à l'interpeller sérieusement. Il se disait que les femmes avaient tout de même du bon, ici plus qu'ailleurs. Et à 32 ans il fallait qu'il y pense. Mais baste, il gardait par devers-lui d'excellents souvenirs, avait tout son temps, mais pas grand-chose d'autre.

Puis le malheur avait frappé une nouvelle fois la famille Bournerie de Lair.

C'est début novembre, dans la forêt d'Auvers, que Médard avait trouvé la mort, occasionnée par un énorme fayard qui, en tombant, avait pivoté sur lui-même et s'était « pendu » à un résineux dont le tronc faisait à peine trente centimètres de diamètre. Le sapin avait plié sous la charge, résisté au poids et soutenu le feuillu dans une position incertaine et dangereuse, comme tous les bûcherons en connaissaient régulièrement.

Dans de telles circonstances il suffisait de s'éloigner rapidement, d'observer à distance raisonnable la situation, sans précipitation, et de décider de la suite à y donner. Vouloir faire vite pour gagner du temps ne servait à rien, sauf à prendre des risques inconsidérés et parfaitement inutiles.

Médard n'ignorait rien de l'abattage des arbres, des pièges et des dangers qu'il présentait. Toute sa vie il avait travaillé dans les bois, appris ce métier à ses fils, répété inlassablement les mêmes conseils de prudence, regardé le haut des arbres qui allaient succomber.

Neuf fois sur dix tout se passait bien. Mais en cas de gel, de givre, de vent, de contrepoids, de la pente du terrain, de l'entaille, du choix de l'emplacement de la chute… Autant d'éléments que les bûcherons de Margeride connaissaient, ne sous-estimaient pas, vivaient au quotidien.

D'un coup de sa lourde hache affûtée comme un rasoir, le père Bournerie avait frappé le sapin à environ un mètre cinquante du sol, là où son fût était comme vrillé, ressemblait à un croissant de lune. Le coup avait comme rompu le ressort du tronc, provoqué une fracture bruyante, rapide et inattendue, libérant toute la force comprimée du résineux par le poids du hêtre.

Propulsée comme un galet de lance-pierres, la partie supérieure du sapin avait frappé Médard en pleine poitrine, le jetant à terre brutalement, sans coup férir, alors que le fayard s'écrasait au sol sans précipitation, quasiment sans bruit, définitivement vaincu.

Joseph avait jeté le passe-partout, crié en patois, s'était précipité vers son père dont les yeux hagards fixaient déjà le ciel de cette Margeride qu'il n'avait quittée qu'une seule fois, pour aller faire son service militaire en lointaine Silésie.

Pour le père Bournerie, tout secours s'était avéré inutile, ayant été tué sur le coup par le choc violent porté à la poitrine, côté gauche.

Lors de cette triste nouvelle, Gustave avait pensé au père Jakowski mort au fonds d'un puits de mine à la Combelle, à sa veuve, à Wanda, aux mineurs accidentés et silicosés qui, nombreux, quittaient ce monde bien avant l'heure, laissant femmes et enfants dans la détresse. Il se rappela les propos très dignes de la mère Jakowski, le 14 juillet au Petit Boulogne, relatifs à la solidarité de ce peuple de mineurs aux origines si diverses.

Mais le malheur était-il à même de faire une différence entre les êtres, de reconnaître les origines, les frontières ? L'amour pas davantage.

Et, suite à sa longue et inachevée réflexion, Gustave avait osé penser respectueusement à l'adresse de son oncle, que finalement, « il avait eu une belle mort, sans souffrance, parmi les siens, en faisant un travail qu'il avait toujours aimé, au cœur de sa Margeride, si près du mont Mouchet ».

Gustave savait aussi que Marie-Lisa et Toma souffriraient de cette interminable absence de leur grand-père. Mais que le temps viendrait à leur secours, que le souffle de la vie reprendrait le dessus, sans pour autant qu'ils puissent oublier la rudesse de sa barbe, l'odeur de sa transpiration, le bruit de ses sabots, la douceur et sévérité mêlées de sa voix. Cette voix qui en avait réconforté plus d'un sa vie durant.

De Madriat, Martin Bournerie qui n'avait pas revu son père était venu l'accompagner à sa dernière demeure, avec Simon son fils aîné qui découvrait la Margeride, Lair et Auvers. De ces villages il avait beaucoup entendu parler, aussi de la bête du Gévaudan et de la Desges.

Fallait-il qu'en ce haut pays, plus qu'ailleurs peut-être, la mort rassemble les familles à jamais dispersées, éclatées par la volonté de s'en sortir sans avoir à demander quoi que ce soit à quiconque, seulement à Dieu.

Sur ces terres de forêts, de charbon et de vignobles, de partout sans doute, les grands mouchoirs à carreaux n'en finiraient-ils donc jamais d'éponger la sueur, d'essuyer les larmes ?

Au secours de la liberté

Après l'enterrement de Médard Bournerie, à Auvers, Gustave Peyrusse avait rejoint sa famille à Pompeyrin. Depuis Nozeyrolles et la Valette, il n'avait cessé de penser aux propos que lui avait tenus Elise, la femme du cheminot Baptistou, à la sortie du cimetière. Lui n'avait pu venir, retenu par la garde de la barrière au Marcet.

Les jours étaient sombres, courts et humides, déjà froids. Les nuits n'en finissaient pas, prolongeant à l'infini l'obscurité impénétrable de l'immensité des bois. Les hameaux peinaient à sortir de leur torpeur nocturne, semblaient se tasser sous un ciel bas que rien ne viendrait éclairer durablement avant le prochain printemps. L'hiver serait long, froid et blanc de neige, s'éterniserait, comme tous les précédents. Car Gustave n'en avait pas connu d'autres. À moins qu'il ait oublié, ce qui était bien improbable.

En Margeride les hivers se ressemblaient tous, apportant les sempiternelles contraintes de terre gelée, de givre aux fenêtres, de neige poussée par le vent, de chemins comblés, de pain rassis et de patates quotidiennes. Les fourneaux de fonte noire dévoraient les bûches à longueur de journée, peinant à vous brûler le devant pour mieux vous geler le derrière...

Aussi loin que portait le regard par temps dégagé, seule la fumée s'échappant paresseusement au-dessus des toits donnait signe de vie. À l'intérieur des maisons aux murs épais, les gens bougonnaient, jetaient par habitude un regard au travers des minuscules croisées, tuaient le temps à s'occuper utilement, raclaient minutieusement les croûtes de fromage aux artisons, histoire de n'en pas gaspiller.

La Margeride vivait au ralenti, enveloppée par ses bois, cernée par les cimes et le ciel au carrefour des vents, alors que les vignes de Madriat s'impatientaient, que les mineurs du bassin de Brassac arrachaient le charbon en caleçon et respiraient la silice, tout au fond.

Au début janvier de 1938, Wanda Jakowski avait écrit une longue lettre à Gustave Peyrusse, pour lui souhaiter une bonne année et une bonne santé, donner de ses nouvelles, prendre des siennes. Dans ce courrier aux lignes appliquées, un long paragraphe était consacré à Jiji, son fils sans papa. À l'école de la Combelle ses résultats scolaires laissaient à désirer, mais il était inscrit à l'école de foot du club qui avait formé des professionnels.

Au ballon, il jouait chaque jeudi et dimanche, aussi en semaine, dans la rue des Mineurs, dès qu'il avait bâclé ses devoirs. Parfois même, il allait jusqu'au chevalement des Graves retrouver des copains. Quand ils sortaient de la chambre chaude, les mineurs silicosés les encourageaient, leur renvoyaient le ballon avec adresse et affection.

La brune Polonaise lui parlait du puits de Sélamines où travaillait son frère, et de Claudius Lestival de Madriat, le gendre des Chabassol, venu chercher un tombereau de boulets avec Bijou, le cheval étoilé à qui elle avait fait des tresses un soir d'octobre. Elle disait s'en souvenir comme si c'était hier, aimerait le refaire.

Sa mère portait toujours le deuil, tricotait, faisait du crochet, de la dentelle. Elle, Wanda, travaillait toujours occasionnellement dans les deux bistrots, à Basse-Combelle et Saint-Germain-Lembron. En cette saison le Petit Boulogne vivait à l'intérieur, forcément, au bord de l'eau en plein hiver ! Ce qui n'empêchait pas le père Lanarce d'y servir de très nombreux canons aux mineurs, surtout à ceux qui rentraient chez eux, à Beaulieu, en empruntant le pont.

Mais la saison n'était guère à la friture, les eaux des deux rivières étant fortes et froides, parfois gelées sur leurs bords. Alors les pieds de cochons et les tripes remplaçaient les ablettes et goujons, mais dès les prochains beaux jours… Et puis il y avait toujours le jambon et saucisson qui donnaient soif aux mineurs.

Wanda n'était pas retournée danser, aurait bien voulu cependant, avec lui Gustave. Un jour peut-être, avait-elle rajouté.

D'autres propos avaient suivi, puis la conclusion à cette longue lettre :

« Je pense souvent à toi et t'embrasse ».

Gustave Peyrusse avait répondu à Wanda, sans tarder, contrairement à ses habitudes. Mais de lettres il recevait peu, ce qui n'avait donc pas beaucoup d'importance. Le porte-plume n'étant pas son fort, il avait profité de l'occasion pour envoyer un mot aux Chabassol et Bournerie de Madriat, demandant à son cousin Martin de donner son bonjour à Diocane et au père Boisseul, l'ancien de 14-18 qui avait laissé deux de ses doigts du côté de Verdun, arrachés par un obus.

Trois lettres le même jour, voilà qui n'était jamais arrivé au bûcheron de la Besseyre-Saint-Mary. Mais puisqu'il avait sorti le plumier et l'encrier…

Dans sa réponse, Martin n'avait pas fait de discours, alors que Juliette Lestival s'était montrée beaucoup plus prolixe, semblait vouloir lui transmettre son enthousiasme, un message de profonde amitié, un brin de reconnaissance, plus peut-être.

Elle s'excusait presque de l'avoir sollicité chaque jour, jusqu'au dernier. Son ancienne patronne lui donnait des nouvelles de Bijou qui commençait à traîner les pieds quand il fallait monter à Piavarate, de ses parents fatigués, de Claudius au bras fragilisé. Elle le remerciait pour son efficacité dans les vignes, pour tout avait-elle rajouté, sans plus de précision.

Gustave avait cru comprendre l'allusion, s'était remémoré l'orage sur la vallée des Saints, la complicité bienveillante de la cabane de galets et du cerisier à l'écorce lisse comme un parchemin. Aussi l'arc-en-ciel qui avait brouillé la vue de Juliette, cette belle garce qui n'avait, à aucun moment, cherché à dégager ses hanches humides d'eau de pluie des larges mains du bûcheron. Mieux, elle s'était trémoussée, offerte généreusement, cramponnée des deux mains à la table chancelante, mordue la lèvre inférieure pour demeurer silencieuse.

Lui avait fait de son mieux pour ne pas avoir de reproches. Il s'était servi copieusement, comme il le faisait quand la mère Félicie mettait sur la table une tête de veau fumante et lui proposait d'en reprendre.

Juliette ne l'avait pas dissuadé de recommencer, d'enserrer une nouvelle fois sa taille de ses larges mains, sans doute envahie de plaisir, trop absorbée par l'arc-en-ciel dont elle ne distinguait que très vaguement les couleurs.

Le 2 mai 1938, Gustave avait pris le train en gare de Langeac à destination d'Arvant, là où les trains en provenance de Paris et Clermont-Ferrand bifurquaient vers leurs lointains terminus : Nîmes et Béziers.

Sur le quai, il demanda le bureau du chef de gare à un employé qui poussait une énorme brouette à deux roues, chargée de bagages. La réponse arriva, suivie d'un geste de la tête qui semblait indiquer une direction :

— Il est là-bas le chef, au bout du quai, avec sa casquette blanche. Il sera de retour dès qu'il aura donné le signal de départ au 1014, c'est le train qui va à Paris, à la gare du PLM, Paris Lyon Marseille. Si vous allez à Paname un jour, c'est dans l'un de ces wagons qu'il vous faudra monter.

— J'en descends à l'instant de ce train, c'est pas pour y grimper à nouveau.

Gustave Peyrusse, l'ancien bûcheron de Margeride et tout nouvel employé de la SNCF, venait d'apprendre que les trains avaient un numéro, et que chaque cheminot les avait au bout de la langue. Il serait donc amené, sans le moindre doute possible, à les apprendre. Encore que lui avait été embauché pour travailler sur les voies, pas pour s'occuper des trains qui circulaient, encore moins des voyageurs traînant des bagages à bout de bras.

Le chef de gare l'avait accueilli aimablement, en lui souhaitant la bienvenue dans la grande famille des cheminots du Sud-Est de la France. Il avait indiqué à Gustave qu'une chambre lui était réservée dans la cité de la SNCF, sur la route de Lorlanges, et que pour les repas il pourrait se débrouiller au buffet de la gare, au moins provisoirement, après il verrait.

— Et pour le travail ? avait questionné Gustave quelque peu soucieux.

— Sois-là à huit heures demain matin, le chef d'équipe t'expliquera. En ce moment ils sont sur la voie entre Massiac et Neussargues, mais ça c'est pas mon rayon, et tu verras aussi avec lui pour ton bleu de travail.

Gustave avait donc pris une décision, après bien des hésitations et une certaine nostalgie. Il avait réfléchi longuement, jour et nuit, à tout ce qui pouvait le retenir chez lui, là-haut, dans les bois, mais aussi à son avenir ailleurs.

Il allait devenir cheminot, travaillerait sur les voies, au grand air, le plus souvent dans les gorges de l'Allier et de l'Alagnon, là où les hivers étaient moins rudes qu'en Margeride.

Et Arvant n'était pas au bout du monde, loin s'en fallait.

Les cheminots de son équipe n'avaient pas eu à lui expliquer bien longtemps ce qu'était désormais son travail. Il consistait essentiellement à curer les fossés, à dégager les aqueducs, à déplacer le ballast pour remplacer les traverses, et à regarder le long panache des trains circulant sur cette voie unique.

Il aimait leur roulement métallique, le tremblement des rails à leur passage, les coups de sifflet des machinistes pour les saluer, les très nombreux tunnels, le signe des voyageurs dont il ignorait la destination finale. Et d'elle il était intrigué, sans trop savoir pourquoi.

Au nord de Massiac blottie dans la vallée, il avait été admiratif en voyant la chapelle Sainte-Madeleine et son vis-à-vis, Saint-Victor, perchés au sommet de rochers impressionnants. Tous deux semblaient surveiller la vallée de l'Alagnon pour mieux protéger l'accès de la petite cité Cantalienne. Comme le pic de l'Avoiron celle des Saints qui devait en compter plusieurs, forcément, entre Bard et Boudes.

Chaque fois que la draisine passait par là, transportant l'équipe de cheminots et le matériel sur le lieu de son travail, Gustave levait la tête, à l'aller comme au retour, et seul le mauvais temps le privait de son plaisir.

Plus tard, Gustave avait appris la légende de Madeleine et Victor, confrontés à d'insurmontables difficultés pour s'aimer, à cause de cette maudite et profonde vallée qui les séparait. Et seul Dieu savait pour combien de temps encore, peut-être à jamais.

Pourtant, à vol d'oiseau et avec un peu d'imagination, ils auraient pu se regarder au fond des yeux, se toucher du bout des doigts, s'embrasser tendrement. Avaient-ils réussi un jour à mêler leurs sentiments ? Était-ce si compliqué pour que des femmes et des hommes ne puissent jamais parvenir à partager un peu de bonheur ?

L'Alagnon !

Le nom de cette rivière, belle et sauvage, évoquait à Gustave le souvenir du stade combellois et de l'arbitre Maurice Corbetto, sauvé des eaux par le cul fleuri et généreux de la femme de Mario. Revenaient également à sa mémoire les lieux du Petit Boulogne, du cimetière des chevaux aveugles, le pont du Saut-du-Loup, et le visage de Wanda, la Polonaise énergique et sensuelle de la rue des Mineurs.

Le bourg d'Arvant n'était pas très éloigné de ces lieux, de Madriat non plus. Et dès qu'il aurait acheté un vélo, l'ancien bûcheron partirait, pédalerait sur les routes en direction du Lembron et du Bassin Minier, bien décidé à découvrir les puits et chevalements, à assister à des matchs, à danser avec un orchestre de mineurs dont les valses endiablées faisaient tourner les têtes, les tendres boléros chavirer les cœurs.

Gustave se plaisait à rêver, se prenait à espérer une autre vie, plus douce, peut-être à deux.

Un cheminot qui habitait Vergongheon, au lieu-dit la Source, avait parlé à Gustave d'une taupe qui faisait des monticules dans son jardin, déracinait petits pois et salades. Comme si cela avait quelque chose de rare, d'extraordinaire, d'exceptionnel. Et avec un sourire quelque peu moqueur lui avait demandé, le prenant sans doute pour un attardé, voire un idiot échappé des bois de Margeride, du pays de la bête du Gévaudan :

— La Taupe, tu connais ?

À cette question Gustave avait tardé à répondre, pris au dépourvu :

— Les taupes je les piège à la pioche, au moment où elles se mettent à travailler. Je peux t'apprendre si tu veux, mais faut pas être pressé, et ça marche pas à tous les coups, ça serait trop beau.

— C'est pas de celles-là que je te parle, mais du puits de mine qui s'appelle comme ça, du côté d'Auzon. Et tu sais pourquoi ?

— Comme si je pouvais le savoir !

— À cause qu'un jour un paysan faisait comme toi. Armé de patience il veillait une taupe, avec une pioche, en fumant sa cigarette, et voilà que la bête a fait sortir de terre des petits morceaux de charbon. Il a essayé d'y foutre le feu avec son briquet, a soufflé dessus et ça a marché. Alors les HBA ont creusé un puits qui s'appelle la Taupe. Tu vois, c'est pas bien compliqué à comprendre. Et dans les galeries c'est des hommes qui creusent à présent. Les taupes ont foutu le camp plus loin. Tu t'attendais pas à ça, hein ?

— Ma foi non. Et si c'en était une de là-bas qui serait venue dans ton jardin par les raccourcis des galeries, t'y as pensé ?

— T'as peut-être pas tort, même si ça fait loin de la Taupe à Vergongheon…

Gustave n'avait pas tardé à commander une bicyclette Hirondelle à Manufrance. La couleur qu'il avait choisie, vert foncé, lui rappelait celle des résineux de Margeride, et il n'avait eu aucun mal à régler la hauteur de la selle et du guidon. La machine était rutilante, équipée d'un porte-bagages et d'une sonnette, maniable et légère. Et quelques coups de pédale suffisaient à le transporter au-delà de Vergongheon, vers Mégecoste, Arrest et Brassac-les-Mines.

En novembre de la même année, un dimanche, Gustave avait fait le déplacement de Madriat, alors que l'alambic stationnait sur la place, devant le vieux four banal. L'odeur du marc de raisin enveloppait tout le village, et les pigeons domestiques peuplaient le clocher de l'église.

Les Bournerie avaient été surpris de le voir rappliquer, d'apprendre qu'il avait quitté la Besseyre-Saint-Mary pour devenir cheminot à Arvant.

Et Martin lui avait appris une nouvelle : Juliette Lestival avait eu un enfant, un garçon qui s'appelait Adrien.

— Tu pourrais aller leur dire bonjour, ça leur ferait plaisir, lui avait-il conseillé.

Gustave avait réfléchi un instant, demandé des nouvelles du père Boisseul, de Diocane qui, aux dires de Martin, fréquentait l'alambic matin et soir.

En fin de compte, le cheminot avait poussé le portail des Chabassol, accueilli avec le sourire par la Félicie qui donnait de la luzerne aux lapins. Il la trouva vieillie, fatiguée. Elle l'avait écouté parler de son travail de cheminot, et accompagné à la cave où le père préparait un tonnelet d'une trentaine de litres pour loger la gnole.

— On distille demain lui avait-il précisé. Alors je prépare le nécessaire. Je peux guère faire que ça, et soigner Bijou qui tousse, à cause d'une pneumonie qui finira par l'emporter, selon les dires du vétérinaire. Il va sur ses vingt-cinq ans, c'est déjà bien pour un cheval, et des services il en a rendus. Il me manquera, mais que veux-tu, c'est la vie. Tu te rappelles quand Wanda lui avait fait des tresses à la queue et aussi à la crinière ? C'était l'année où la vendange était si belle. Elle a eu un garçon à ce qu'il paraît, l'année d'après. Et Juliette a même pensé que ça pouvait être toi le père du gamin, vu que t'avais basculé la Polonaise dans la meule. Mais tu la connais ma fille, elle croit tout savoir, et elle aime en rajouter, surtout quand ça l'arrange. Elle sait toujours pas, et quand bien même, ça changerait quoi ?

Gustave n'avait pas répondu. À n'en pas douter, le père Chabassol était heureux de le revoir. Il remplit une bouteille de vin et l'invita à le suivre dans la cuisine :

— Viens, suis moi, j'ai quelqu'un à te montrer, et on boira un canon.

— Faut pas trop que je traîne, j'ai du chemin à faire pour rentrer à Arvant, et je voudrais pas vous déranger trop longtemps, vous avez à faire il me semble.

Le père Chabassol avait regardé Gustave en souriant et répondu :

— Nous déranger ! Il manquerait plus que ça que toi tu déranges.

Au fond de la pièce, entre le buffet et la porte de la souillarde, un enfant était couché dans un petit lit en bois blanc. Une couverture lui montait jusqu'au menton, de sorte que seuls le nez, les yeux et le front du bambin étaient visibles. Le gamin dormait à poings fermés.

Le père de Juliette avait sorti deux verres qu'il remplit de vin, et tous deux trinquèrent à la santé du petit, sans se préoccuper de la Félicie qui venait de rentrer. Elle demanda :

— Comment tu le trouves ce petit Adrien ?

— J'en ai pas vu grand-chose, à part qu'il est joufflu, mais en tout cas il fait pas de bruit. Quel âge ça peut lui faire ?

— Il est né fin avril de cette année, le trente. Ça lui fera bientôt sept mois. Elle en a vu sa mère pour le faire, avec ses presque huit livres. Juliette est fière de sa progéniture, aussi le gendre qui n'y croyait plus guère. Il était temps pour elle. Mais un ça suffit, elle en veut pas d'autre, et dit à qui veut l'entendre qu'il est bien réussi, même si ses oreilles sont un peu grandes… Moi je trouve pas.

À de tels propos, Gustave reconnaissait bien la fille Chabassol. Cette femme savait ce qu'elle voulait, faisait tout pour l'avoir, et quand elle l'avait !

Le cheminot s'était levé du banc, s'apprêtant à quitter Madriat sans avoir vu Juliette et Claudius qui étaient partis à Issoire pour affaire. La Félicie prit la bouteille, posa sa main gauche sur l'épaule droite de l'ancien bûcheron et compléta son verre en lui disant :

— C'est notre fille qui va être déçue de t'avoir loupé. Elle parle souvent de toi à table, mais tu pourras revenir chercher une bouteille de blanche, t'as bien vu l'alambic sur la place. Pour sûr qu'elle aurait eu des choses à te dire ma Juliette, beaucoup de choses…

Et le père Chabassol avait rajouté sans plaisanter en regardant Gustave :

— Quand on parle de gnole mon gars, je vais t'en raconter une bien bonne. Tu sais que j'en avais donné une bouteille à Diocane avec une poire dedans. Et bien l'autre jour, à l'arrivée de l'alambic, je lui ai demandé de me la ramener pour que je la lui mette au mâle, que je la lui remplisse si tu préfères. Tout couillon il m'a répondu, en bégayant, qu'il demandait pas mieux mais que c'était trop tard, qu'il pouvait plus. Pas pouvoir ramener une bouteille vide, t'as vu ça où toi ? Je l'ai pressé de questions le Baldo, et il a bien fallu qu'il s'explique le Sicilien, tu t'en doutes bien. Je tenais à lui faire plaisir et faut bien vider les bonbonnes. Et je te dis pas le mal que je m'étais donné pour la faire rentrer dans la bouteille cette poire bon-papa. À sa réponse les bras m'en sont tombés raides le long du corps, comme à un pendu :

— J'ai cassé la bouteille pour manger la poire, qu'il m'a répondu, une fine tranche après ma chique du soir. Elle m'a fait de l'usage, mais bordel qu'elle était dure !

Autant Gustave se plaisait à travailler le long des voies, le plus souvent en pleine nature, autant son retour le soir à la cité, sur la route de Lorlanges, le contrariait, le rendait taciturne.

Sa chambre était pourtant agréable, claire et confortable. De sa fenêtre il apercevait les voies ferrées de Nîmes et Béziers maintenant séparées. Un chemin reliait la route de Lorlanges à celle de Bournoncle-Saint-Pierre, traversant les voies des deux lignes de chemin de fer, et justifiant les deux maisonnettes construites là par la SNCF. Des familles de cheminots y habitaient, les femmes assurant l'ouverture et la fermeture des barrières aux heures de passage des trains. Après leur journée, les hommes cultivaient le jardin attenant, alors que les enfants jouaient sur le chemin peu fréquenté. Le cheminot de la barrière du Nîmes, originaire de Borne, près du Puy-en-Velay, avait quatre enfants dont trois filles, quelques poules et un coq, aussi des lapins. Une cabane en bois au fond du jardin laissait à penser qu'elle était utilisée par la famille pour y faire ses besoins. En effet, Gustave apercevait des va-et-vient, et ici il n'y avait pas d'étable pour aller s'y soulager au chaud, dans le bruit paisible des bêtes qui ruminaient. En hiver on ne devait pas s'y éterniser en ce lieu d'aisance, avait-il pensé.

Gustave restait de longs moments accoudé à la fenêtre, peu fier de rester là sans rien faire, comme un fainéant, un tire-au-cul, alors qu'il aurait pu travailler quand les jours étaient longs, se rendre utile, utiliser ses bras à retourner la terre, à fendre du bois.

Regarder les enfants des deux barrières jouer à la marelle et aux billes dans le chemin ne convenait pas à son tempérament, pas plus que de regarder passer les trains dans les deux sens.

Il faudrait qu'il en parle au chef de gare à la première occasion. Pour l'heure rien ne pressait. Son vélo lui donnait des envies et du plaisir, aussi du fil à retordre pour monter les côtes. Mais vers Brassac c'était plat, aussi pour aller à Jumeaux, quasiment plat comme un terrain de football.

Ça tombait plutôt bien. En gare d'Arvant une affiche annonçait un tournoi de foot à Brassac, à la Couarde, sur les bords de l'Allier, le dimanche suivant.

En ce jour du Seigneur de fin novembre 1938, le temps n'était pas au beau. Cependant, une éclaircie se décida à montrer le bout du nez au moment où le cheminot cycliste venait de traverser Vergongheon, arrivait à hauteur du cimetière, peu avant Mégecoste. D'ici qu'il arrive à Brassac et le temps serait levé.

Gustave avait revêtu son unique tenue de sortie faite de moleskine, enfilé des chaussures montantes soigneusement lacées, et mis sa casquette préférée, choisie parmi les deux à carreaux qu'il possédait pour les sorties. Celle-là, il l'avait achetée à Langeac, pour la Sainte-Catherine, l'autre à Saugues un jour de Saint-Bénilde. L'élégance ne le poursuivait pas, mais il ne négligeait nullement sa propreté corporelle, de bas en haut. Il avait les cheveux coupés courts, était rasé du matin, parfumé par quelques gouttes d'eau de Cologne. Il se trouvait plutôt pas mal, ayant appris à soigner sa personne depuis qu'il était devenu cheminot. Pour ses oreilles, il ne pouvait rien faire d'autre que les nettoyer soigneusement avec une allumette et du coton, devait les garder grandes et décollées. Il s'y était habitué, les autres pouvaient faire de même, et si ça ne leur allait pas !

Sur le stade de Brassac il y avait une armada de gamins. À croire que les mineurs savaient les faire et ne s'en privaient pas le moins du monde. Leurs maillots étaient multicolores, leurs mines réjouies. Une rencontre était en cours lorsqu'il s'accouda à la buvette pour demander un verre de vin. Gustave reconnut Mario qui sans doute était venu prêter main-forte pour ce tournoi. Il ne lui adressa pas la parole, l'Italien étant suffisamment occupé à décapsuler les bouteilles et rincer les verres dans un grand baquet de bois.

Il fit le tour du terrain sur lequel de jeunes garçons d'une dizaine d'années s'appliquaient, donnaient le meilleur d'eux-mêmes. Il demanda à un arbitre de touche qui avait le nez rouge :

— C'est qui les équipes qui courent après le ballon en ce moment ?

— En bleu c'est Charbonnier, et en rouge Vergongheon, mais ça se termine dans quelques minutes, ils sont un à un. Et après c'est Brassac qui joue contre la Combelle. Elles vont pas se faire des cadeaux ces deux-là, c'est pas dans leurs habitudes, et j'ai intérêt à avoir l'œil, sinon…

Gustave n'avait pu laisser passer ce « sinon » sans poser une question spontanée et empreinte de moquerie :

— C'est y pas que t'aurais peur d'être balancé dans l'Alagnon des fois ?

— Tu sais ça toi ? Mais tu te goures mon gars. Ici c'est l'Allier qui coule, pas l'Alagnon, et puis les bains sont réservés à quelques arbitres, à ceux du Cantal et des Combrailles, pas à ceux de chez nous. Et y a qu'à la Combelle qu'on voit ça, pas ici. Et puis c'est pas si souvent, presque jamais !

Sans le vouloir, Gustave retrouvait l'ambiance sportive du bassin minier qu'il gardait en mémoire. Les gamins couraient vers le ballon, driblaient, centraient, faisaient des passes aussi rapides et précises que possible, tapaient de la tête, haletaient à en perdre le souffle. Le ballon semblait leur donner des ailes.

Le cheminot resta planté sur le bord de la touche jusqu'à la fin de la partie, attendant l'arrivée des joueurs supposés vouloir en découdre pour gagner. Sinon pourquoi courir après un ballon ? avait pensé l'homme de la Besseyre-Saint-Mary.

Les équipes suivantes prirent possession du terrain, vivement encouragés par les jeunes supporters de chaque camp et leurs parents.

Finalement, c'est Brassac qui avait gagné deux à un. Mais la partie s'était déroulée dans un climat sportif où chaque joueur avait donné le meilleur de lui-même. Dans l'équipe de la Combelle, Gustave avait facilement reconnu Jiji au poste d'arrière droit. Et ce n'est qu'à la fin de la rencontre que le cheminot se décida à lui adresser la parole comme s'il était connaisseur :

— Salut Jiji ! T'as pas eu de chance au 2e but, le goal était sorti trop loin et le gars de Brassac l'a mis en finesse. T'as rien pu faire pour l'empêcher de rentrer ce ballon ! C'est pas de ta faute si la Combelle a perdu.

Le sourire du gamin s'éclaira à la vue des grandes oreilles de l'homme de Margeride. Jean Jakowski courut vers lui et tendit sa main droite qui disparut dans celle de Gustave.

— Tu m'as regardé jouer pendant toute la rencontre contre Brassac ?

— Presque. Fallait aussi que je regarde les autres. Elle est bonne cette équipe de Brassac, tu crois pas ?

Le gamin hésita un instant, le temps sans doute de trouver une parade pour excuser la défaite :

— On les aura la prochaine fois, mais j'ai eu chaud, j'ai soif.

— Alors je te paye un verre de limonade à la buvette, mais avant attache ton lacet de godasse, tu pourrais marcher dessus et tomber.

— Avec de la grenadine, c'est le même prix. T'as vu ma mère ?

— Je l'ai pas cherchée, mais si je pouvais lui dire bonjour ça serait avec plaisir, et à ta grand-mère aussi.

— Ma mère est sans doute à la buvette, à cause que Mario lui a demandé de venir aider à servir, aussi le père Frétière de la Couarde. Entre clubs on se bagarre, on s'aide aussi. Et ma grand-mère est au chaud à la maison, en train de tricoter, à moins qu'elle soit allée au cimetière à Auzat-sur-Allier.

Gustave ne s'était pas éternisé à la buvette, seulement pour parler à Wanda, alors que Jiji sirotait sa limonade et discutait avec des copains. Elle avait été surprise de le rencontrer, apparemment heureuse d'apprendre qu'il était maintenant cheminot à Arvant, à côté de Vergongheon. Elle lui parla sans détour :

— Maintenant que t'as un vélo tu pourras venir voir les matchs dans le Bassin Minier, et aussi au Petit Boulogne. C'est la saison de la tripe et des pieds de cochon, aussi de la tête de veau. Et le père Lanarce pourra toujours te faire une omelette. Y a aussi du jambon et du saucisson, même s'il est un peu rance.

— C'est un goût qui me gêne pas plus que ça. Ton patron m'avait dit qu'il m'apprendrait à pêcher à la belle saison, au-dessus et en dessous du pont de Beaulieu.

— À la main, à la ligne ou au filet ?

— Ah pauvre monde ! comme si j'en savais quelque chose. C'est lui qui verra.

— Il t'a à la bonne pour t'avoir invité à pêcher avec lui.

Wanda avait réfléchi un court instant et questionné :

— T'es allé à Madriat avec ton vélo ?

— Pas plus tard que la semaine dernière. L'alambic y était installé à côté de la fontaine.

— Il paraît que la Juliette a eu un enfant, un garçon. Tu l'as vu ?

— Le père Chabassol me l'a montré, et pas peu fier qu'il était le vigneron, heureux comme tout que la succession soit assurée. Les parents étaient à Issoire pour affaire. J'aurai bien l'occasion d'y retourner, au moins pour ramener une bouteille de blanche.

— Il en a mis du temps le Claudius pour le lui faire cet enfant. Mais il y est arrivé quand même. Y a longtemps qu'elle en voulait un, la Juliette, le Claudius me l'avait dit un jour de marché à Saint-Germain-Lembron.

— Et toi Wanda, tu l'as pas encore trouvé ce papa pour Jiji ?

— J'ai une idée, faut que j'y réfléchisse, et tu me donneras ton avis le moment venu.

Au début de 1939, Gustave avait rencontré le chef de gare d'Arvant pour lui faire part de son désir de quitter la cité de la route de Lorlanges, à proximité des écoles. Dans sa chambre il manquait d'espace, tournait en rond à longueur de soirées. Heureusement qu'il avait son Hirondelle, le vélo avec lequel il découvrait la campagne de tous les environs.

Il pédalait comme un forcené vers Bournoncle-Saint-Pierre, Saint-Géron, Lempdes, Chambezon, Moriat… La vallée de l'Alagnon l'attirait irrésistiblement en direction de Massiac, jusqu'à Lanau et au Babory-de-Blesle. Pour monter à Léotoing il avait dû mettre pied à terre, ses yeux fixant le vieux château et ses pensées le guidant vers ceux qui l'avaient construit de leurs mains. Ils ne souffraient plus de rage de dents ni d'incurable mal d'amour.

En fond de vallée, l'Alagnon paisible partait rejoindre l'Allier au pont du Saut-du-Loup, près du Petit Boulogne. Là où Wanda travaillait aussi souvent que le père Lanarce faisait appel à ses services.

Bien des fois, le soir dans son lit, Gustave pensait à elle, à ses rondeurs, à son odeur, à sa sensualité. La brune Polonaise occupait souvent son esprit, tout comme son village de la Besseyre-Saint-Mary.

Devant le vaste bâtiment de la SNCF, l'homme à la casquette blanche avait écouté Gustave sans broncher, convaincu qu'une telle force de la nature ne pouvait, après sa journée de travail sur les voies, rester accoudé à la fenêtre à regarder passer les trains. Il avait bien une solution à proposer au bûcheron reconverti, mais celle-ci convenait seulement à un cheminot marié, pas à un homme qui vivait seul.

Le chef de gare fit de son mieux pour le conseiller, lui apporter toute l'aide nécessaire dans le cadre des responsabilités qui étaient les siennes :

— Cherche une petite maison avec un champ, ou à faire du bois le long des voies. Du côté de Lempdes et Lanau les acacias bons à couper manquent pas, ça pourrait t'occuper et te faire un peu d'argent. Le bois ça te connaît, et si un jour tu prends une femme !

— Elle viendra m'aider à faire des fagots ?

— Baste pour ça, la question n'est pas là. Mais la SNCF pourrait te proposer le gardiennage d'une barrière sur les lignes que tu connais. Tu serais logé, chauffé et éclairé. Et même que t'aurais un jardin. Qu'est-ce que tu voudrais de mieux pour élever une famille et lui donner assez de pain ? Sur le chemin de Bournoncle-Saint-Pierre, celle du Béziers sera libre au printemps prochain, aussi celle de la Cagousse à l'automne. À toi de voir ce que tu comptes faire et d'y réfléchir un tant soit peu.

Gustave n'avait pas eu à réfléchir bien longtemps. Dans sa tête il avait une solution qui pouvait lui convenir, régler de nombreux problèmes, et pas seulement les siens auxquels il faisait face sans trop de difficultés d'ailleurs. Il devait plus que jamais songer à trouver une femme, à se marier avant de prendre de mauvaises habitudes dont il ne pourrait plus se défaire.

Ainsi il ne dormirait plus seul, en aurait fini de manger du lard maigre et des boîtes de pilchards, de laver ses chaussettes et de parler en attendant des réponses qui ne venaient jamais. Et il avait tant à donner cet homme qui connaissait tous les chemins des bois de Margeride !

Le 30 avril 1939 à 11 heures, alors que le train des Cévennes quittait la gare du Saut-du-Loup en direction de Brassac-les-Mines, d'Arvant, de Saint-Georges-d'Aurac et Chapeauroux, Gustave Peyrusse épousait Wanda Jakowski dans la chapelle de la Combelle.

La rue des Mineurs était proche du petit édifice religieux, aussi le chevalement, la chambre chaude et le puits des Graves.

À la proposition de mariage du cheminot dans la cuisine de la guinguette, la fille du mineur de fond lui avait sauté au cou, ayant dû se mettre sur la pointe des pieds pour appliquer sa joue contre celle de l'homme des bois. Seul le patron du Petit Boulogne sembla contrarié un court instant et ne s'en cacha nullement. Gustave lui enlevait la Polonaise en qui il avait toute confiance, qu'il aimait comme si elle avait été sa propre fille.

Le père Lanarce se remit très vite de la surprise et leur annonça bougon :

— Ce n'est pas une bonne nouvelle pour moi, mais quelle importance? C'est votre bonheur qui compte avant tout, et les filles de mineurs qui veulent travailler c'est pas ça qui manque. Je veux bien être le témoin de Wanda, et pour votre repas de mariage vous serez les bienvenus au Petit Boulogne. Je me chargerai de vous servir quelques truites de l'Alagnon. Je peux pas vous dire mieux.

Le bistrotier avait marmonné, regardé en direction du pont de Beaulieu avant de rajouter souriant à l'adresse du cheminot :

— C'est Jiji qui va être content, et tu peux déjà apprendre à jouer au ballon, le gamin saura te montrer comment c'est qu'il faut faire !

Le chef de gare d'Arvant ayant fait le nécessaire auprès de la direction régionale de la SNCF, Gustave et Wanda s'étaient installés courant mai à la barrière du Nîmes.

Dans cette maisonnette construite en hauteur, seul Jiji dormait profondément dans sa chambre sous le toit. Les trains pouvaient circuler, la maison trembler, rien ne venait troubler son sommeil. Pour Gustave et Wanda il en allait différemment. Les longs mais peu nombreux convois les réveillaient, emportant des voyageurs vers des destinations lointaines, des vies différentes, des destins inconnus.

Alors ils se serraient l'un contre l'autre et s'aimaient éperdument, comme s'ils avaient voulu rattraper le temps passé. Quelquefois, dans son sommeil, Wanda faisait de mauvais rêves, criait, transpirait, se réveillait en sursaut. Alors elle cherchait à se blottir contre cette force de la nature qui l'apaisait, dont les paroles la rassuraient, que les larges mains caressaient.

Mais le bonheur avait été de courte durée. En septembre 1939, sans grande surprise pour certains, un nouveau conflit armé plongeait le pays dans la tourmente. En quelques mois, la déroute des armées Françaises avait été complète, la débâcle générale et le pays coupé en deux.

Suite à ce désastre politique et militaire, qui allait rendre des comptes au pays meurtri, à la population plongée dans le désarroi le plus profond, à toutes ces petites gens qui avaient d'excellentes raisons de se sentir méprisées, trahies ?

Au cimetière d'Auvers, le père Bournerie devait se retourner dans sa tombe, comme tant d'autres parents décédés qui avaient perdu leurs enfants durant la Grande Guerre, la dernière.

Adrien et tous les autres étaient-ils donc morts pour rien dans les tranchées de l'Est ? Que nos dirigeants dont les femmes pétaient dans la soie aillent donc demander au père Boisseul de Madriat ce qu'il en pensait, lui qui avec deux doigts en moins avait le plus grand mal à déboutonner sa braguette pour pisser et rouler ses cigarettes.

Puis, de Londres, un général avait appelé à la lutte contre l'envahisseur d'outre-Rhin.

Gustave ne comprenait pas grand-chose à ces événements, ignorant tout de la politique. Il entendait parler de Vichy, d'une ligne de démarcation, de Paris affamé, de rafles, de trains entiers à destination de l'Allemagne nazie.

En mai 1944, de très nombreux jeunes hommes venant de Clermont-Ferrand avaient transité par la gare d'Arvant. Incités à chasser l'occupant nazi, ils grimpaient dans les trains en direction de Saint-Flour pour rejoindre les réduits de Venteuges, de la Truyère et du mont Mouchet.

Parmi tous ces jeunes bien décidés à en découdre avec les forces Allemandes, il y avait des ouvriers Michelin, des employés de bureaux, des fonctionnaires, des mineurs, des paysans, des réfractaires... avec pour seul bagage une musette. Ces départs massifs ressemblaient à la mobilisation d'une armée de soldats sans arme et sans uniforme, qui avaient tout à apprendre de ce qui ne pouvait être qu'un semblant de vie militaire. Les soldats de l'ombre n'avaient que des prénoms ou des sobriquets. Guidés à travers bois par des gars du pays, dont Gustave Peyrusse le cheminot et Joseph Bournerie le bûcheron, tous ces jeunes n'avaient qu'une seule et unique volonté : celle de harceler, retarder et anéantir les troupes allemandes en route pour les plages du débarquement.

Mais à quel prix Seigneur ?

À Lair, durant toute la journée du 6 juin 1944, Marie-Lisa et Toma avaient entendu le grondement des avions comme un incessant orage lointain. La mère Bournerie avait bien tenté de leur expliquer, puis avait renoncé au moment ou le père des enfants était venu à nuit tombante chercher quelques provisions. Et il était reparti à travers bois en direction des quatre routes de Pinols, là où passerait forcément la division SS revenant d'Oradour-sur-Glane, y ayant accompli son funeste et macabre carnage le 10 juin 1944.

Engagés dans la résistance pour obtenir la victoire sur l'occupant, les combattants de la Margeride, sans expérience des choses de la guerre, allaient résister avec courage, aidés par la population éprise d'indépendance et de Liberté.

La bataille du Mont Mouchet allait être déterminante pour la victoire, sanglante aussi.

Gustave, le cheminot de la Besseyre-Saint-Mary, avait repris son travail sur les voies, bien au-delà de Massiac, jusqu'à Neussargues. Depuis Arvant, les trains reprirent bientôt leur cheminement dans les gorges, faisant au passage trembler la maisonnette de la barrière du Nîmes gardée par Wanda Peyrusse. La belle Polonaise et fille du mineur de la Combelle avait retrouvé un timide sourire, travaillait le jardin tout en surveillant Jiji qui jouait au ballon sur le chemin des deux barrières, au-delà des cités.

En septembre de la même année, Wanda, Gustave et Jiji avaient pris le train jusqu'au Saut-du-Loup. Ils avaient ensuite marché en direction du stade de Basse-Combelle, du pont de Beaulieu, du cimetière des chevaux aveugles…

Wanda avait questionné son mari :

— Tu te souviens de Bijou ? le cheval étoilé des Chabassol de Madriat, et des tresses que je lui avais faites.

— Si je m'en souviens ! Comme si c'était hier, mais il doit être mort à présent. Quelle brave bête quand j'y pense.

— On pourrait y retourner en octobre, au moment des vendanges. J'aimerai tant manger de ces raisins dorés au soleil des collines de Champveix et des Chausses !

Gustave avait tardé à répondre, pensant subitement à la famille de Martin Bournerie, à Diocane, au père Boisseul, au pic de l'Avoiron, à la butte de Montcelet... Dans sa tête tout se bousculait, devait retrouver place.

Wanda l'avait sollicité à nouveau, alors qu'ils arrivaient à la guinguette du Petit Boulogne :

— Tu m'as pas encore répondu !

— Ça me ferait plaisir d'y retourner, de revoir les vignes, les rases pleines d'eau qui font le tour du pays, Piavarate, les Terres Rouges... Et j'ai besoin d'oublier toutes les souffrances de la Margeride. C'est mon pays, tu comprends ? Et tous ces gens qui sont morts, là-haut, dans les bois, sur les routes, et aussi dans les villages que les Allemands ont brûlés !

Aux sanglots retenus de son époux, la Polonaise avait compris qu'il souffrait en silence, qu'elle devait l'aider de son mieux, elle qui avait suivi son chemin de croix, pleuré tant de fois, cherché et trouvé compréhension et réconfort auprès de lui.

Devant eux, sur le chemin de sable ombragé par les grands peupliers et les vergnes, Jiji tapait dans son ballon, heureux et insouciant, comme un gamin de son âge.

Wanda porta son regard vers les eaux claires de l'Alagnon, serra fort la main de Gustave et s'appuya contre son épaule, lui parlant à voix douce :

— C'est promis, on ira faire un tour à Madriat. Mais avant je t'ai trouvé un travail, ni compliqué, ni pénible, et je t'aiderai de mon mieux, c'est promis.

— Ah oui ! Et lequel ?

— Celui de me faire un enfant.

avril 2008

Edmond BORDES

Table des matières

Partie I

Adrien 11
De Margeride en Gévaudan 21
L'espoir renaît, la vie continue. 31
Les vendanges à venir 49
Le pain en Margeride 61
Vers un autre pays 73
La Saint-Cochon 119
Joli mois de mai 137

Partie II

Le grand départ 157
Marie-Lisa et Toma 165
Le trou de la Jeanne 175
La foire du 1er juin 187
La Venise des canards 207
Le bonheur en face. 217
Basse-Combelle 229
L'orage sur la vallée des Saints 265
Le train du changement 289
Au secours de la liberté 297

Achevé d'imprimer en janvier 2009
sur les presses de l'imprimerie LA SOURCE D'OR
63039 CLERMONT-FERRAND
pour les Éditions de la Montmarie
63880 OLLIERGUES
Tel. : 04 73 95 50 80
Fax : 04 73 72 92 17
editions-montmarie.com

IMPRIMÉ EN FRANCE

ISBN : 978-2-915841-42-8

Dépôt légal : 2e trimestre 2008
Imprimeur n° 14046